21世纪会计系列规划教材

应用型

会计学原理

彭　芳主　编
陈垚睿　刘兴莉　副主编

Accounting Principles

东北财经大学出版社　大连
Dongbei University of Finance & Economics Press

图书在版编目（CIP）数据

会计学原理 / 彭芳主编. —大连：东北财经大学出版社，2020.1
（21世纪会计系列规划教材·应用型）
ISBN 978-7-5654-3759-5

Ⅰ. 会… Ⅱ. 彭… Ⅲ. 会计学-高等学校-教材 Ⅳ. F230

中国版本图书馆CIP数据核字（2020）第008041号

东北财经大学出版社出版
（大连市黑石礁尖山街217号 邮政编码 116025）
网 址：http://www.dufep.cn
读者信箱：dufep@dufe.edu.cn

大连永盛印业有限公司印刷 东北财经大学出版社发行

幅面尺寸：185mm×260mm 字数：360千字 印张：15.5
2020年1月第1版 2020年1月第1次印刷

责任编辑：李智慧 李 栋 王芃南 周 晗 周 慧 责任校对：王芃南 周 晗 尚玉影
封面设计：冀贵收 版式设计：钟福建

定价：36.00元

教学支持 售后服务 联系电话：（0411）84710309

如有印装质量问题，请联系营销部：（0411）84710711

前 言

在大学本科会计教育中，“会计学原理”课程（含同类不同名称的课程）是会计学、审计学、财务管理等会计类专业的基础入门课程，也是其他经济、管理类专业重要的专业基础课程。为了服务于“会计学原理”课程的教学，兄弟院校专家、学者编写出版了很多优秀教材。

为了适应应用型人才培养的需求，我们组织在会计教学第一线承担教学工作的教师编写了这本《会计学原理》教材。本书除了借鉴、尊重和传承经典教材中的合理结构、精华内容之外，主要具有以下特性：

第一，易于理解——本书结构体系完整、章节安排简洁合理，全书内容的阐述脉络清晰，由浅入深，易于读者对教材内容的整体理解和把握，保证了教材内容的可读性。

第二，时效性强——本书在编写中吸纳了当代会计理论研究、会计实务的最新成果，在会计法律、会计人员管理、会计人员专业技术职务、会计人员继续教育、会计档案管理等方面借鉴了最新的会计规范，保证了内容的时效性。

第三，实用性好——根据我国减税降费改革的实际，本书在企业经济业务的账务处理中，采用了最新的增值税税率，保证了教材内容的实用性。

第四，仿真性高——本书涉及的会计凭证、账簿账页、财务报表等，尽可能采用会计实务中的格式，保证了教材内容的仿真性。

本书由兴义民族师范学院经济与贸易学院院长彭芳提出编写框架并担任主编，由兴义民族师范学院和贵州财经大学部分教师合作撰写。撰写本书的教师是：彭芳（第一章）、刘兴莉（第二、三章）、陈垚睿（第四、九章）、梁媛媛（第五、十一章）、俞颖奇（第六、十章）、蒙锡敏（第七、八章）。

本书的编写参阅了在国内具有广泛影响的多部教材，教材编写得到了兴义民族师范学院的大力支持，贵州财经大学会计学院原院长张志康教授在百忙之中审阅了全部书稿，教材出版得到了出版社相关同志们的鼎力帮助。在此，谨向他们表示由衷的敬意和谢意。

由于时间仓促，作者编写水平有限，本书难免有疏漏、不妥和错误之处，恳请各位同仁及读者指正。

彭 芳

2019年11月

目录

第一章

总　论

第一节　会计的基本概念

一、会计的产生、发展

会计是社会生产发展到一定历史阶段的产物。社会生产的发展、经济管理的客观要求是会计产生和发展的前提条件。

会计的产生源于人类的生产行为。人类进行的生产活动是劳动所得和劳动耗费的矛盾统一体。在生产过程中，人们自然会关心劳动所得与劳动所费之间的联系。经过长期的生产管理实践，当人类逐步认识到要了解生产过程中的劳动消耗和劳动成果情况，要处理好劳动所费与劳动所得的关系，客观上必须从数量方面对生产活动过程进行观察、计算、登记、分析和比较时，会计就应运而生了。据考证，人类的原始计量、记录行为产生于10万～30万年前的旧石器时代中晚期。一般认为，会计的产生始于人类社会的早期生产。随着社会生产的不断发展和管理要求的不断提高，会计得以不断发展、丰富和完善。

会计从其产生起一直发展到今天，经历了漫长的历史过程，这一过程大致可以分为古代会计、近代会计和现代会计三个发展时期。一般认为，从旧石器时代的中晚期至公元15世纪末为古代会计时期，其重要特征是采用单式簿记法，复式簿记法尚处于初创阶段。从15世纪末到20世纪初，属于近代会计时期。在这一时期，会计的重要特征之一是复式簿记的广泛传播和运用。1494年11月10日，近代会计之父、意大利数学家卢卡·帕乔利（Luca Pacioli，1445—1517）在威尼斯出版了《算术、几何、比及比例概要》（亦译《数学大全》）一书。该书第一部分中的第九篇第十一论"计算与记录要论"对复式簿记作了相当全面、系统的描述，成为会计发展史上的重要里程碑，标志着近代会计的开始。从20世纪初会计学创立开始，会计发展的历史进入了崭新的现代会计时期。

纵观古今中外的会计，其产生、发展的历史表明：起源于生产实践活动的会计随着社会生产的发展和经济管理的需要，经历了一个由简单到复杂、由低级到高级的漫长历史发展过程。发展到今天，会计已经成为一种重要的经济管理活动；社会生产越发展，经济管理要求越高，会计就越重要。

二、会计的基本概念

对会计概念进行科学的理论概括，首先应当了解会计产生、发展的历史，并从会计工作实践出发，认识会计的职能、特征，把握住会计的本质属性。

（一）会计的职能

会计职能是指会计在经济管理中所固有的功能，它说明会计客观上存在着什么样的能力。我国会计学界对会计职能的探讨始于20世纪60年代，其研究成果非常丰富，形成了多种流派。受马克思关于会计是“对过程的控制和观念总结”论述的启发，我国会计学界比较公认的看法是会计具有反映和监督两大基本职能。

1.会计的反映职能

会计的反映职能也称核算职能，是指会计具有以货币作为主要计量尺度，借助于专门的核算方法，对特定组织的经济活动进行确认、计量、记录和报告，为有关各方提供有用会计信息的功能。反映职能是会计最基本的职能，也是全部会计管理工作的基础。

会计的反映职能主要表现为会计的事后核算，也就是对特定组织已经完成或已经发生的经济活动进行记录、计算、分类和汇总，得到有用的会计信息。在实际工作中，它体现为取得和填制会计凭证、登记会计账簿、编制财务会计报告等一系列会计核算工作。当然，会计的反映职能不仅仅是进行事后核算。随着社会生产的发展，组织的经营规模不断扩大，经济活动日趋复杂，市场竞争和经营风险加剧，要求会计管理必须增强预见性和计划性，从而要求会计通过信息反馈，对组织的经济活动进行事前和事中核算。事前核算要求会计对市场前景、经济效益等进行预测，参与组织各项计划的制订和措施的落实，参与各种经济决策等。事中核算则要求会计在经济活动进行过程中，通过反映和监督有机结合的方法，对经济活动进行控制，使其遵循计划或预期目标正常地进行。

通过会计反映，可以将特定组织的经济活动内容转换成反映其财务状况、经营成果和现金流量情况等的会计信息，从而满足有关各方的不同需要。

2.会计的监督职能

会计的监督职能也称控制职能，是指会计具有按照一定的目的和标准，借助会计反映提供的会计信息，通过预测、决策、控制、分析和考评等方法，对特定组织经济活动的合法性、合理性进行督促、控制、干预，使其正常进行的功能。它是会计又一重要的基本职能。

会计监督主要表现为会计对特定组织经济活动过程的干预、控制和督促。监督的目标是经济活动的合法性、合理性，监督的标准和依据包括国家的有关政令、法规、制度和组织的经营方针、计划、定额以及客观经济规律和经济管理的客观要求等。监督的目的是要保证上述目标的顺利实现。

会计监督的对象是特定组织经济活动的全过程，包括事前、事中和事后监督。事前监督是在经济活动开始前审查未来的经济活动是否符合有关政令、法规、制度的规定，是否符合客观经济规律的要求，在经济上是否可行等；事中监督是审查正在发生的经济活动及取得的核算资料，借以纠正经济活动进程中的偏误，调整经济活动运行轨迹，促使其正常运行；事后监督是对已经发生的经济活动以及取得的核算资料进行审查、分析、考核和评价，借以检查目标实现情况，找出差距，分析原因，提出改进建议和措施。

会计监督是各种经济监督形式中的主体形式，也是会计管理工作的重要基础和内容。通过会计监督，既可以将特定组织的经济活动完整、连续、系统地置于严格的监管之下，实现必要的自我约束，保证其正常运行，又可以促进国家有关政令、法规和制度等得以贯彻执行，有利于形成和维护良好的社会经济秩序。

需要指出，会计的反映职能和监督职能是相辅相成、密不可分的。会计反映是会计监督的基础，不通过会计反映弄清特定组织的经济活动和取得相应的会计信息，会计监督就失去了对象，不能有的放矢；会计监督是会计反映的延伸和保证，不通过会计监督保证特定组织经济活动的合法性和合理性，会计反映提供的会计信息的真实性、可靠性和及时性就缺乏保障，会计信息就会失去应有的意义。

此外，会计职能的内容不是一成不变的。随着生产的发展和管理的加强，会计的作用日益重要，会计职能的内容也会不断丰富和发展。我国会计学界有学者认为，除了反映和监督是会计的基本职能外，预测经济前景、参与经济决策、评价经营业绩等也是会计的重要职能。

（二）会计的特点

会计作为经济管理活动的重要组成部分，在对特定组织经济活动进行反映和监督的过程中，表现出与其他经济管理活动不同的特性。

1.会计以货币作为主要计量单位

计量单位也称计量尺度、量度，是计算和衡量事物数量采用的标准，主要包括实物量度、劳动量度和货币量度三类。会计对组织的经济活动进行反映和监督，需要对经济活动从数量和质量上进行说明，因而必然要使用计量单位。但由于会计对组织的经济活动要进行的是综合性的反映和监督，实物量度、劳动量度自然就存在一定的局限性。因此，采用货币量度并在必要时辅之以实物量度和劳动量度，是当前经济条件下会计计量单位的最优选择。

2.会计以凭证作为主要依据

会计信息讲求可验证性、可靠性、真实性，而其最主要的条件就是反映的经济活动必须有凭有据，这就要求会计对特定组织所发生的任何经济交易或事项都必须取得或填制合法的会计凭证，并加以审核，经审核无误的会计凭证才能作为登记会计账簿的依据。会计的这一特点是会计区别于统计、业务核算的一个重要标志。

3.会计要运用一套专门核算方法

会计对特定组织的经济活动进行反映和监督，为有关各方提供会计信息，是借助一套专门核算方法实现的。会计采用的最为基本的方法包括设置会计科目、复式记账、填制和审核会计凭证、登记会计账簿、成本计算、财产清查和编制财务会计报告等，它们相互联系、密切配合，构成一个完整的会计核算方法体系。这一独特会计核算方法体系的运用，也是会计区别于统计、业务核算的一个重要标志。

4.会计核算具有连续性、系统性、完整性和综合性

连续性是指会计对特定组织的各项经济活动能按发生的时间先后顺序不间断地记录；系统性是会计对特定组织的各项经济活动能够科学分类，从而分门别类并相互联系

地对其计量和记录；完整性或称为全面性，是指会计对特定组织的各项经济活动的来踪去迹都能完整地加以计量和记录，而不能有所遗漏；综合性是会计借助于货币计量尺度，能够提供总括反映特定组织各项经济活动情况的综合性价值指标，实现对经济活动的价值管理。会计对特定组织的经济活动进行连续、系统、完整、综合的反映和监督，决定了会计能够提供特定组织连续、系统、完整、综合的会计信息，满足有关各方对会计信息的不同需要。

（三）会计的本质

纵观中外会计学界对会计本质的认识，主要有“管理活动论”“信息系统论”“控制系统论”等多种不同观点。“管理活动论”认为，会计是一种管理活动，是一项经济管理工作；“信息系统论”认为，会计是一个以提供财务信息为主的经济信息系统；“控制系统论”则认为，会计是对一个实体的经济事项按货币计量及公认的原则与标准进行分类、记录、汇总、传达的控制系统，是管理者实现对产权关系、价值运动过程及其结果系统控制的一种具有社会意义的控制活动。

由于会计是随着社会生产的发展和经济管理的需要而不断发展变化的，人们对会计本质属性的理解和认识自然就会受到会计所处的社会政治、经济、科技、教育和文化等环境因素的制约和影响，由此导致对会计本质属性具有不同的看法。

我们认为，将会计视为一种经济管理活动，能够较为准确地反映会计的本质。首先，从会计产生的历史动因看，会计是适应生产管理需要而产生的经济管理活动。其次，从会计发展的历史结果看，会计已经逐步发展成为一种以价值管理为主要特征的经济管理活动。再次，从会计所处的地位看，会计既是微观经济管理的主要信息来源，也是宏观经济管理中加强宏观经济调控和管理的重要信息来源。最后，会计工作具有专门的机构、专职的人员、完备的规范体系、明确的职能和专门的管理对象，会计机构和会计人员的主要职责以及会计规范的内容都属于经济管理的范畴，会计机构是组织中重要的经济管理机构，会计人员是组织中重要的经济管理者，会计所要研究和解决的问题是现代经济管理所要研究和解决的重要问题，会计知识是运用范围最为广泛和最为有效的经济管理知识，会计学是置身于经济活动中的所有管理人员都应当了解并能运用的一门科学。所有这些都表明，今天的会计已经是一种重要的经济管理活动。

（四）会计的概念

在当今的会计学界，会计的概念或定义尚无一个完全公认的理论概括。

通过对前述会计产生、发展历史的了解，特别是通过对会计本质、职能和特点的认识，并综合各家所长，我们认同对当今会计概念的如下表述：会计是以货币计量为基本形式，以凭证为主要依据，运用专门的方法，对特定组织的经济活动进行连续、系统、完整、综合的反映和监督，为有关各方提供有用会计信息，旨在提高经济效益的一种经济管理活动。简言之，会计是对特定组织的经济活动进行反映和监督的一种经济管理活动。

第二节 会计目标和会计信息质量要求

一、会计目标

（一）会计目标的含义

会计是一种主观的、有目的经济管理活动。在从事会计活动之前，人们必须确立会计目标，然后根据会计目标的要求去规划会计活动的方向，组织会计活动的实施，指导人们的会计行为。所谓会计目标，就是在一定的客观经济环境条件下，会计活动所应达到的目的或标准。

会计目标是会计活动中一切矛盾的“焦点”，是会计活动的出发点和归宿，它规定着会计活动的基本方向。会计目标属于财务会计概念中的最高层次，是会计理论框架的起点和会计理论体系的重要构成内容之一，在会计理论中占有十分重要的地位。研究和合理确定会计目标，具有十分重要的理论指导意义和现实意义。

（二）会计目标的内容

会计目标应当包括会计的总体目标和具体目标。

会计是整个经济管理的重要组成部分，会计的总体目标或终极目标应当与经济管理的目标一致。因此，讲求和提高经济效益就成为会计的总体目标。

就企业财务会计而言，会计的具体目标应当是会计所提供的会计信息能够满足不同使用者的需要。至于会计应当提供什么样的会计信息，满足什么样的会计信息使用者的何种需要，在学术界则存在不同看法。西方国家会计界十分重视会计目标的研究，在20世纪70年代和80年代已经形成了“受托责任说”和“决策有用说”两大学派。前者认为会计目标是向资源提供者报告资源受托管理情况，以提供客观信息为主；后者认为会计目标是向会计信息使用者提供进行决策的有用信息。

我国会计学界在20世纪80年代才开始对会计目标进行研究。《企业会计准则——基本准则》第四条指出：企业应当编制财务会计报告。财务会计报告的目标是向财务会计报告使用者提供与企业财务状况、经营成果和现金流量等有关的会计信息，反映企业管理层受托责任的履行情况，有助于财务会计报告使用者作出经济决策。显然，我国《企业会计准则——基本准则》的这一表述，既强调受托责任的履行，也要求有助于经济决策，反映了“受托责任说”和“决策有用说”两大学派的基本思想。

（三）会计目标的确立

确立会计目标，需要解决的问题包括：谁是会计信息的使用者，会计信息使用者需要哪些会计信息，会计如何提供这些会计信息。

1.会计信息的使用者

归纳而言，企业会计信息使用者包括企业外部信息使用者和内部信息使用者两类。

企业外部信息使用者即财务会计报告使用者，泛指企业外部的组织和人士，主要包括投资者、债权人、政府及有关部门和社会公众等。在社会主义市场经济体制下，企业的投资者更加关心其投资的风险和报酬，更加关心企业支付股利的能力等，显然，投资者是企业财务会计报告的首要使用者。企业的债权人包括向企业发放贷款的银行和其他金融机构、向企业供货的往来单位、企业债券的购买者等，他们要作出信贷决策，通常十分关心企业的偿债能力、财务风险和支付能力等。政府及有关部门作为经济管理、监管部门，为了保证经济资源分配的公平、合理和市场经济秩序的公正、有序等，需要借助会计信息来进行国民经济宏观调控、管理和实现对企业的监管。此外，社会公众也十分关心企业的生产经营活动及其在增加就业、刺激消费、提供社区服务、环境保护等方面对所在地经济作出的贡献。

企业内部信息使用者则主要是指企业内部各阶层的管理人员，包括企业负责人、各职能机构负责人、企业职工及工会等。

2.会计信息的内容

通常，会计所提供的会计信息，应集中于各类使用者都普遍关心的信息。一般说来，会计所提供的主要应当是能够客观地、完整地、及时地反映企业一定日期财务状况、一定时期经营成果和一定时期现金流量等情况的会计信息。从满足会计信息使用者需要的角度看，会计所提供的主要应当是有助于投资者进行投资决策和债权人进行信贷决策、有助于国家进行宏观经济调控和管理、有助于企业经营者和管理者作出各种经济决策和加强经营管理所需要的会计信息。

3.会计信息的表达形式

总结会计实践经验，企业对外提供会计信息，较为恰当的方式是编制和报送财务会计报告，以财务会计报告作为会计信息的载体。

财务会计报告是指企业对外提供的反映企业某一特定日期的财务状况和某一会计期间的经营成果、现金流量等会计信息的文件。按照我国企业会计准则的要求，企业财务会计报告应当包括会计报表和其他应当在财务会计报告中披露的相关信息和资料。会计报表是对企业财务状况、经营成果和现金流量的结构性表述，它至少应当包括资产负债表、利润表、现金流量表、所有者权益变动表、附注，其中，资产负债表是反映企业在某一特定日期的财务状况的会计报表；利润表是反映企业在一定会计期间的经营成果的会计报表；现金流量表是反映企业在一定会计期间的现金和现金等价物流入和流出的会计报表；所有者权益变动表是反映构成所有者权益各组成部分当期增减变动情况的会计报表；附注是对资产负债表、利润表、现金流量表、所有者权益变动表等报表中列示项目所作的文字描述或明细资料，以及对未能在这些报表中列示项目的说明等。

二、会计信息质量要求

（一）会计信息质量要求的含义

会计要实现前述目标，所提供的会计信息自然必须具备相应的质量要求。会计信息质量要求也即会计信息应当具有的质量特征、质量标准，是对企业财务会计报告提供高质量会计信息的基本规范，它主要回答的是财务会计报告应当提供什么样的会计信息的问题。

会计信息质量要求是人们对长期以来的会计实践经验所进行的高度理论概括和总结，

是会计理论体系的重要组成部分，研究和明确会计信息质量要求，具有十分重要的意义。明确会计信息质量要求，有利于增进会计信息使用者了解企业提供的会计信息的有用性和局限性，进而帮助他们更好地作出经济决策；同时，会计信息质量要求是企业会计准则的重要内容并在其中居于主导地位，指导着会计准则的制定；相应地，会计信息质量要求也是用以指导会计实践，使会计行为达到一定目标的指针，是用以约束和规范会计机构、会计人员处理具体会计业务和提供会计信息的行为准绳、标准及基本限制条件，是会计信息提供者在选择信息披露的不同方法时应当遵循的重要指南，它决定着会计核算的基本模式，制约着会计方法的选择和会计政策的制定，影响着会计核算工作的整个进程。

（二）会计信息质量要求的内容

总结多年会计实践经验和中外会计理论研究成果，我国《企业会计准则——基本准则》概括了八项会计信息质量要求，即可靠性、相关性、可理解性、可比性、实质重于形式、重要性、谨慎性、及时性。

1.可靠性

可靠性亦可称客观性、真实性，是指企业应当以实际发生的交易或者事项为依据进行会计确认、计量和报告，如实反映符合确认和计量要求的各项会计要素及其他相关信息，保证会计信息真实可靠，内容完整。

可靠性既是对会计信息质量的要求，也是对会计核算的总体性要求，是高质量会计信息的重要基础和关键所在。可靠性应当包括客观性、可验证性等多方面的含义。按照这一要求，会计核算必须以真实、合法、可靠的凭证为依据，加强对会计凭证的审核，如实反映企业发生的各项交易或者事项；所提供的会计信息必须客观、真实地反映企业财务状况、经营成果和现金流量的实际情况，不得提供虚假和歪曲的会计信息；对会计凭证、会计账簿和财务会计报告等会计记录，不得涂改和伪造；对诸如固定资产使用年限的确定等一些确实无法完全避免会计人员一定程度主观意志影响的事项，应尽可能取得间接证据，说明其所作的某些主观判断是接近实际的，务必使主观成分减少到最低程度，尽量降低可能发生的误差，保证会计信息的准确性。

2.相关性

相关性亦称有用性，是指企业提供的会计信息应当与财务会计报告使用者的经济决策需要相关，有助于财务会计报告使用者对企业过去、现在或未来的情况作出评价或者预测。

相关性既是对会计信息质量最根本的要求，也是对会计核算的总体性要求，是实现会计目标的重要表现形式。会计信息是否具有价值，是否有用，关键是看其与使用者的决策需要是否相关，是否有助于决策。相关的会计信息应当能够有助于使用者评价企业过去、现在的情况，应当具有预测价值，有助于使用者预测企业未来的财务状况、经营成果和现金流量。

应当指出，相关性并不是要求企业的会计信息完全满足财务会计报告使用者的所有要求。企业对外编报的财务会计报告只能反映通用的会计信息，只要使用者通过对其进行适当加工能够得到所需要的信息，能够满足投资者、债权人等有关各方了解企业财务状况、经营成果和现金流量的基本需要，能够满足国家宏观经济管理的基本需要，能够满足企业加强内部经营管理的基本需要，会计信息就必然有助于财务会计报告使用者的经济决策，会计信息就很好地达到了相关性的质量要求。

3.可理解性

可理解性又可称明晰性、清晰性，是指企业提供的会计信息应当清晰明了，便于财务会计报告使用者理解和使用。

会计信息的价值在于决策有用，而可理解性是会计信息有用性的一个重要条件。即使是可靠、相关的会计信息，如果其内涵不清，含义不明，内容不为人们所理解，也无助于财务会计报告使用者的经济决策从而可能变成无用的信息。按照可理解性要求，会计对交易或者事项的处理应采用规范的操作程序和方法，会计凭证、会计账簿和财务会计报告等会计记录要能清晰地反映企业交易或事项的来龙去脉，财务会计报表应当一目了然地反映企业的财务状况、经营成果和现金流量，对一些不易理解的问题还应在附注中作出相应解释，从而使会计信息清晰明了，简明易懂，便于利用。

4.可比性

可比性是指企业提供的会计信息应当具有纵向、横向可比性：同一企业不同时期发生的相同或相似的交易或者事项，应当采用一致的会计政策，不得随意变更，确需变更的，应当在附注中说明；不同企业发生的相同或相似的交易或者事项，应当采用规定的会计政策，确保会计信息口径一致、相互可比。会计信息质量的可比性要求，主要是为了有助于财务会计报告使用者判断一个企业的优劣得失从而作出经济决策。

会计信息的纵向可比性，主要是基于企业会计核算中，在处理诸如发出存货的计价、固定资产折旧的计提等若干交易或事项时往往存在多种备选方法可供选择的现实状况提出的要求，而横向可比性，则主要是满足财务会计报告使用者判断不同企业的优劣提出的要求。会计信息的纵向可比与横向可比实际上是一个问题的两个方面，二者都强调企业会计信息具有可比的共同基础，不同之处仅表现在：前者要求同一企业在不同时期尽可能采用一致的会计处理方法；后者要求不同企业在同一时期尽可能采用统一规定的会计处理方法。

5.实质重于形式

实质重于形式是指企业应当按照交易或者事项的经济实质进行会计确认、计量和报告，不应仅以交易或者事项的法律形式为依据。

在多数情况下，企业发生的交易或者事项的法律形式与其经济实质是一致的，因而，在会计核算中，为了简便易行而又能反映交易或者事项的经济实质，企业通常以交易或事项的法律形式为依据提供会计信息。然而，企业发生的交易或事项的法律形式与其经济实质并不总是吻合的。当二者在某些情况下出现不一致时，按照实质重于形式的要求，企业应当按照交易或事项的经济实质进行会计确认、计量和报告，不应仅以交易或事项的法律形式为依据，应体现对交易或事项的经济实质的尊重，保证会计信息与客观经济事实相符。

6.重要性

重要性是指企业提供的会计信息应当反映与企业财务状况、经营成果和现金流量等有关的所有重要交易或者事项。

在实务中，企业发生的各种交易或事项对企业的财务状况、经营成果和现金流量都会产生影响。但是，按照重要性要求，企业在对外提供会计信息时，应当区别交易或事项的重要程度，在全面反映企业财务状况、经营成果和现金流量的同时，重点反映与企业财务状况、经营成果和现金流量等有关的所有重要交易或事项，对于那些相对次要的交易或事项则可适当简化或合并反映。

就会计信息而言，其重要性是指当一项会计信息被遗漏或错误表达时，可能使依赖该会计信息的财务会计报告使用者所作的经济决策、判断受到影响或改变的程度。通常，一项会计信息是否重要，是否应单独反映或披露，除了严格遵照会计法规的规定外，更重要的是依赖会计人员所作出的职业判断。一般说来，会计人员应当结合企业自身实际，既要看其发生的金额大小，也要视其本身的性质和对财务会计报告使用者作出经济决策的影响等，综合判定会计信息的重要性。

7.谨慎性

谨慎性又称稳健性、审慎性，是指企业对交易或者事项进行会计确认、计量和报告应当保持应有的谨慎，不应高估资产或者收益、低估负债或者费用。

按照会计信息质量的谨慎性要求，企业对交易或者事项进行会计确认、计量和报告时，不应高估资产价值或资产计价应从低；不应高估收益或不应当确认任何可能实现的收入和利得；不应低估负债或负债估价应从高；不应低估费用或应当合理预计可能发生的费用和损失。在会计实务中，对坏账损失的核算选用备抵法，对固定资产折旧的计提选用加速折旧法，对可能发生的资产减值损失计提资产减值准备等，都是会计信息质量的谨慎性要求的具体体现。

应当指出，我国的会计法规不允许企业设置秘密准备，企业不得故意低估资产或者收益，也不得故意高估负债或者费用，以避免扭曲企业真实的财务状况和经营成果，影响会计信息的可靠性、有用性，损害会计信息的质量，误导财务会计报告使用者的经济决策。

8.及时性

及时性是指企业对于已经发生的交易或者事项，应当及时进行会计确认、计量和报告，不得提前或者延后。

按照会计信息及时性要求，企业对于当期发生的交易或者事项应当在当期内进行会计处理，不得延至下期；财务会计报告应当在会计期间结束后的规定日期内编制完毕并及时呈报，不得拖延。会计信息的及时性虽然本身并不能增加会计信息的效用，但如果不及时提供会计信息，即使有用的会计信息也会失效。因此，及时性是会计信息相关性的限制因素，确保及时性是满足会计信息有用性要求的重要保证。

应当指出，以上八项会计信息的质量特征相互联系、紧密配合，共同反映会计信息应当具备的质量要求，其中，可靠性、相关性、可理解性和可比性是会计信息的首要质量特征，是会计信息应具备的基本质量要求；实质重于形式、重要性、谨慎性和及时性是会计信息的次要质量特征，是对可靠性、相关性、可理解性和可比性等质量特征的补充和完善。企业在对交易或者事项进行会计确认、计量和报告时，应当对其综合运用，确保会计信息的质量。

第三节 会计对象和会计要素

一、会计对象

（一）会计对象的一般含义

会计对象也称会计客体、会计内容，是指会计在行使反映和监督职能时所面对的客体，也就是会计反映和监督的内容，它回答会计对什么进行反映和监督的问题。

会计是管理经济的一种活动。一切企业、行政和事业单位都是国民经济的基础单位，具体进行着社会再生产活动和管理活动，都要进行会计管理，但由于各单位工作性质和内容不同，各单位的会计对象也不尽相同。因此，关于会计对象问题，应有两个认识角度：一是从各单位会计对象的不同特点说明会计的具体对象；二是从各单位会计对象的共同特点说明会计的一般对象。

会计的一般对象，概括地说就是社会再生产过程中能够以货币表现的经济活动。

首先，各个企业、行政和事业单位的工作性质、内容虽然不同，但它们的经济活动或多或少都不同程度地与社会再生产过程中的生产、交换、分配和消费四个环节相关，社会再生产过程的各个环节及整个过程，是通过各单位的经济活动来实现的，无论是企业还是行政、事业单位的经济活动，显然都是社会再生产过程的组成部分，对社会再生产过程中的经济活动进行反映和监督，就是会计的对象。

其次，在商品货币经济条件下，社会再生产过程中的经济活动既表现为各种物资的运动，又表现为价值的运动。由于会计对经济活动的反映和监督主要以货币作为计量尺度，因此，会计所要反映和监督的社会再生产过程中各单位的经济活动，必须能够用货币计量，社会再生产过程中发生的能够以货币表现的经济活动才构成会计的一般对象。

（二）会计对象的基本表现形式

会计的一般对象是对会计反映和监督的内容所作的一种抽象、概括的描述。为了满足会计反映和监督的实际需要，应将会计的一般对象具体化，弄清社会再生产过程中能够以货币表现的经济活动在会计上的基本表现形式。

就任何一个企业而言，要从事经营活动，都必须有一定的货币资金、原材料、机器、设备、生产经营用房屋、办公用房屋等经济资源作为物质基础，并且这些经济资源应为企业拥有或控制且能以货币计量，企业通过对它们的使用能够在未来带来一定的经济利益。在会计上，这些经济资源称为企业的资产。另一方面，企业经营活动所需资产要么是通过发行股票或直接接受实物等方式向投资者筹集的，要么是通过发行债券或其他借贷方式等向债权人筹集的。在会计上，投资者对企业资产的所有权称为企业的所有者权益，债权人对企业资产的索偿权称为企业的负债。

与此同时，企业经营者依赖投资者、债权人提供的经济资源从事经营活动，必然要借助为满足社会需求提供商品或劳务等方式获取一定量的经济利益流入，在会计上，这些经济利益的总流入称为企业的收入。另一方面，企业为获取一定量的收入，必然又会发生相

应的资金流出或各种劳动耗费，在会计上，这些资金的流出或各种劳动耗费称为企业的费用。追求收入大于费用的余额，是企业从事经营活动的最为重要的目标，在会计上，收入大于费用的余额称为利润，反之则称为亏损。

从上述分析来看，企业再生产过程中能够以货币表现的经济活动用会计术语来说，就是企业的资产、负债、所有者权益、收入、费用和利润。同时，随着企业经济活动的开展，企业的资产、负债、所有者权益、收入、费用和利润相互之间还会形成错综复杂、互相影响的一系列数量关系，这种关系可以较为生动地说明企业再生产过程中能够以货币表现的经济活动的内容。

总之，资产、负债、所有者权益、收入、费用和利润是从会计角度对企业再生产过程中能够以货币表现的经济活动具体内容进行的高度概括，是会计对象具体内容在会计上的基本表现形式，其中，资产、负债、所有者权益是企业财务状况的静态表现，反映企业一定时点的经济活动；收入、费用、利润是企业经营成果的动态表现，反映企业一定时期的经济活动。会计通过对资产、负债、所有者权益、收入、费用和利润进行反映、监督，就可以完整地描述企业再生产过程中能够以货币表现的经济活动。

二、会计要素

会计要素又称为财务报表要素，简言之就是会计对象的构成要素。如前所述，企业会计对象是企业社会再生产过程中能够以货币表现的经济活动，其基本表现形式是企业的资产、负债、所有者权益、收入、费用和利润，因而企业会计要素相应就有六项，即资产、负债、所有者权益、收入、费用、利润。

会计要素是对会计对象最基本的带有规律性的科学分类，这种划分在会计核算中具有十分重要的作用，它是会计确认、计量、记录和报告的重要依据和基础，是设置会计科目的基本依据，是设计会计报表的基本框架。

以下结合本书后续内容的需要，对企业会计要素的主要内容进行介绍。

（一）资产

1.资产的定义及特征

资产是指企业过去的交易或者事项形成的、由企业拥有或者控制的、预期会给企业带来经济利益的资源。这里的经济利益是指现金及可以转化为现金的非现金资产。

根据上述资产的定义，资产具有显著的特征：第一，资产必须是企业过去的交易或者事项形成的资源。企业过去的交易或者事项包括购买、生产、建造行为或其他交易或者事项，预期在未来发生的交易或者事项不形成资产。第二，资产必须是企业拥有或可以控制的资源。也就是说，资产必须是企业享有所有权从而能够排他性地从中获得经济利益的资源，或者是虽然并不拥有所有权但企业能够对其实施控制并从中获得经济利益的资源。第三，资产必须是预期会给企业带来经济利益的资源。如果某一项目不能给企业带来经济利益则不能将其确认为企业的资产，前期已确认为资产的项目一旦完成了为企业带来未来经济利益的使命也应将其予以注销。

2.资产的主要内容

在会计上，按其流动性或变现程度的高低，企业的资产分为流动资产和非流动资产两大类。

（1）流动资产

流动资产是指可以在一年内或者超过一年的一个营业周期内变现或耗用的资产。按照我国企业会计准则的规定，资产满足下列条件之一的，应当归类为流动资产：一是预计在一个正常营业周期中变现、出售或耗用；二是主要为交易目的而持有；三是预计在资产负债表日起一年内变现；四是自资产负债表日起一年内，交换其他资产或清偿负债的能力不受限制的现金或现金等价物。

正常营业周期是指企业从购买用于加工的资产起至取得现金或现金等价物的期间。正常营业周期通常短于一年。因生产周期较长等导致正常营业周期长于一年的，尽管相关资产往往超过一年才变现、出售或耗用，仍应当划分为流动资产。正常营业周期不能确定的，应当以一年（12个月）作为正常营业周期。

企业的流动资产主要包括货币资金、交易性金融资产、应收及预付款项、存货、合同资产等。其中，货币资金是企业在经营活动中存在于货币形态的资产，主要包括库存现金和银行存款等；交易性金融资产主要是指企业为了近期内出售所持有的金融资产，如以赚取差价为目的而从二级市场购入的股票、债券、基金等；应收及预付款项是企业在经营活动中，在与债务人结算款项时，由于赊销、采用转账结算方式、发生垫付或预付款项、产生交易纠纷等原因形成的短期性债权，主要包括应收票据、应收账款、预付账款、其他应收款等；存货是企业在日常活动中持有以备出售的产成品或商品、处在生产过程中的在产品、在生产过程或提供劳务过程中耗用的材料和物料等；合同资产是企业已向客户转让商品而有权收取对价的权利，且该权利取决于时间流逝之外的其他因素。

（2）非流动资产

非流动资产又可称为长期资产，是指不符合流动资产定义的资产，也即不能在一年内或者超过一年的一个营业周期内变现或耗用的资产。

企业的非流动资产内容繁多，常见的主要有债权投资、其他债权投资、长期股权投资、固定资产、无形资产等。其中，债权投资是企业以摊余成本计量的长期债权投资；其他债权投资是企业以公允价值计量且其变动计入其他综合收益的长期债权投资；长期股权投资是指企业对子公司、合营企业以及联营企业的投资；固定资产是指企业为生产商品、提供劳务、出租或经营管理而持有的使用寿命超过一个会计年度的有形资产，如房屋、建筑物、机器、设备、运输工具等；无形资产是指企业拥有或控制的没有实物形态的可辨认非货币性资产，包括专利权、非专利技术、商标权、著作权、土地使用权等。

（二）负债

1.负债的定义及特征

负债亦称债权人权益，是指企业过去的交易或者事项形成的、预期会导致经济利益流出企业的现时义务。

根据上述负债的定义，负债具有显著的特征：第一，负债是由企业过去的交易或者事项形成的。企业将在未来发生的承诺、签订的合同等交易或者事项，不形成企业的负债。第二，负债是企业承担的现时义务。未来发生的交易或者事项形成的义务不属于现时义务，不应当确认为负债。第三，负债需要清偿，因而负债预期会导致经济利益流出企业。

2.负债的主要内容

企业的负债按其流动性的强弱（偿还期的长短）分为流动负债和非流动负债两大类。

（1）流动负债

流动负债是指将在一年或者超过一年的一个营业周期内偿还的债务。按照我国企业会计准则的规定，负债满足下列条件之一的，应当归类为流动负债：一是预计在一个正常营业周期中清偿；二是主要为交易目的而持有；三是自资产负债表日起一年内到期，应予以清偿；四是企业无权自主地将清偿推迟至资产负债表日后一年以上。

常见的流动负债主要包括短期借款、应付票据、应付账款、预收账款、合同负债、应付职工薪酬、应交税费、应付利息、应付股利、其他应付款等。

（2）非流动负债

非流动负债又称长期负债，是企业流动负债以外的负债，也就是偿还期在一年或者超过一年的一个营业周期以上的债务。

常见的非流动负债主要包括长期借款、应付债券、长期应付款等。

（三）所有者权益

1.所有者权益的定义及特征

所有者权益是指企业资产扣除负债后由所有者享有的剩余权益。在股份有限公司，所有者权益又称为股东权益。

所有者权益的特征主要是：首先，所有者权益在数量上等于企业全部资产减去全部负债后的余额即净资产，因而所有者权益金额的确认、计量依赖于资产和负债；其次，所有者仅对净资产即企业全部资产减去全部负债后的余额享有权益。

2.所有者权益的主要内容

在企业会计核算中，通常将所有者权益按其永久性递减顺序依次分为实收资本、资本公积、其他综合收益、盈余公积和未分配利润等内容。

（1）实收资本

实收资本是投资者按照企业章程或合同、协议的约定实际投入企业的法定资本。在股份有限公司，实收资本又称为股本。

（2）资本公积

资本公积是指归投资者所共有的、非收益转化形成的资本，包括资本溢价等，它可按规定程序转增资本。资本溢价是投资者或者他人投入企业、所有权归属于投资者，并且金额上超过法定资本部分的资本。从来源看，实收资本和资本溢价都是所有者投入企业的资本。

（3）其他综合收益

其他综合收益主要包括直接计入所有者权益的利得和损失。

利得是指由企业非日常活动所形成的、会导致所有者权益增加的、与所有者投入资本无关的经济利益的流入；损失是指由企业非日常活动所形成的、会导致所有者权益减少的、与向所有者分配利润无关的经济利益的流出。利得和损失包括直接计入所有者权益的利得和损失、直接计入当期利润的利得和损失，前者是所有者权益中其他综合收益的构成内容，后者是利润的构成内容，主要包括营业外收入、营业外支出和所得税费用等。

（4）盈余公积

盈余公积是企业按规定从净利润中提取形成的归投资者所共有的积累资金，它可用来弥补亏损和按规定程序转增资本。

（5）未分配利润

未分配利润是企业实现的净利润扣除已分配利润后留待以后年度进行分配的结存利润。从来源看，盈余公积和未分配利润均是企业在历年经营活动中积累留存的净利润，二者统称留存收益。

（四）收入

1.收入的定义及特征

收入是指企业在日常活动中形成的、会导致所有者权益增加的、与所有者投入资本无关的经济利益的总流入。①

根据上述收入的定义，收入具有显著的特征：首先，收入是企业在日常活动中形成的经济利益流入。企业的日常活动是企业为实现其经营目标所从事的经常性活动以及与之相关的活动，如工业企业生产与销售商品、商业企业销售商品、运输企业提供劳务、租赁企业出租资产等。企业从事非日常活动或者从偶发的交易或事项中，也能形成企业经济利益的流入，但这属于企业的利得而不是收入。其次，收入是与所有者投入资本无关的经济利益流入。所有者投入资本会形成企业经济利益流入，但这属于企业的所有者权益而不是收入。再次，由于收入是企业经济利益的流入，因而收入的形成总是伴随着资产的增加，或者负债的减少，或者二者兼而有之。最后，收入会导致所有者权益增加。由于收入能增加资产或减少负债或二者兼而有之，而资产减负债等于所有者权益，因而企业取得收入一定能增加所有者权益。

2.收入的主要内容

不同的企业，由于从事的日常活动的经济性质不同，其收入分为销售商品收入、提供劳务收入和让渡资产使用权收入等。就一个企业而言，在企业会计核算中，通常按企业从事的日常活动的主次地位不同，将收入分为营业收入和投资收益等，其中，营业收入又分为主营业务收入和其他业务收入。

主营业务收入是企业在日常活动中，为实现其经营目标而从事经常性活动形成的经济利益流入，简言之就是企业从事主营业务形成的经济利益流入。例如，工业企业、商业企业的主营业务收入是销售商品收入，从事运输或其他以提供劳务为主的企业的主营业务收入是提供劳务收入等。

其他业务收入是企业在日常活动中，为实现其经营目标而从事与经常性活动相关的活动形成的经济利益流入，简言之就是企业从事附营业务形成的经济利益流入。例如，工业企业从事对外出售不需用的原材料、对外转让无形资产使用权等活动，所形成的经济利益流入即为其他业务收入。

投资收益是企业以各种方式从事对外投资活动所形成的经济利益流入，包括因对外投资获得的利润（股利）或发生的损失、利息等。

① 收入有广义、狭义之分。这里的收入是按我国企业会计准则的规定进行定义的，是一个狭义的概念。广义上的收入既包括狭义的收入，也包括直接计入当期利润的利得（如营业外收入等）。

广义、狭义收入的相互关系及其内容如图1-1所示。

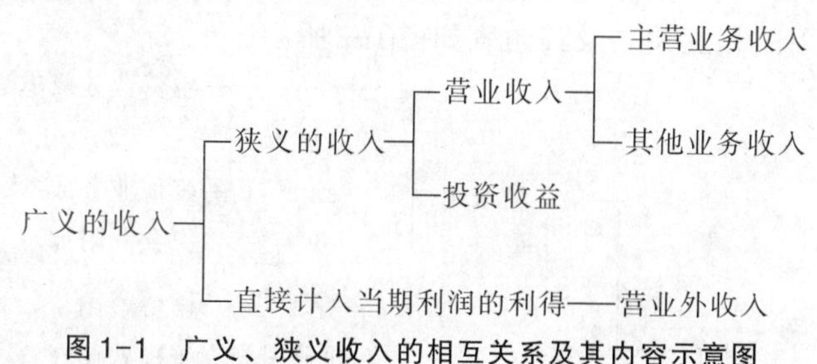

图1-1 广义、狭义收入的相互关系及其内容示意图

（五）费用

1.费用的定义及特征

费用是指企业在日常活动中发生的、会导致所有者权益减少的、与向所有者分配利润无关的经济利益的总流出。[①]

根据上述费用的定义，费用具有显著的特征：首先，费用是企业在日常活动中发生的经济利益的流出。费用产生自企业的日常活动，是为取得收入而付出的代价，费用与收入之间必须存在配比关系。企业从事非日常活动或者在偶发的交易或事项中，也会发生企业经济利益的流出，但这属于企业的损失而不是费用。其次，费用是与向所有者分配利润无关的经济利益流出。向所有者分配利润会导致企业经济利益流出，这种经济利益流出会导致所有者权益减少，但不属于企业发生的费用。再次，由于费用是企业经济利益的流出，因而费用的发生总是伴随着资产的减少，或者负债的增加，或者二者兼而有之。最后，费用会导致所有者权益减少。由于费用是为取得收入而付出的代价，是对收入的一种扣除，因而费用的发生会导致所有者权益减少。

2.费用的主要内容

在会计核算中，通常将企业的费用分为营业成本、税金及附加和期间费用，其中，营业成本又分为主营业务成本和其他业务成本，期间费用则分为销售费用、管理费用和财务费用等。

主营业务成本是企业在所从事的日常活动中为实现其经营目标而从事经常性活动发生的费用，简言之就是企业为取得主营业务收入而付出的代价。在工业企业，其主营业务成本就是已销售商品的生产成本即商品销售成本。

其他业务成本是企业在所从事的日常活动中为实现其经营目标而从事与经常性活动相关的活动发生的费用，简言之就是企业为取得其他业务收入而付出的代价。

税金及附加是企业在所从事的日常活动中为实现其经营目标而从事经常性活动以及与之相关的活动应当负担的各种税金和教育费附加。

销售费用是企业在销售商品和材料、提供劳务的过程中发生的各种费用，如广告费、展览费、包装费、运输费等。

管理费用是企业行政管理部门等为组织和管理企业生产经营所发生的各种费用。

财务费用是企业为筹集生产经营所需资金等而发生的筹资费用，包括利息支出、相关

① 与收入一样，费用也有广义、狭义之分。按照我国企业会计准则的规定，这里的费用是与狭义的收入相配比的费用，是一个狭义的概念。广义上的费用既包括狭义的费用，也包括直接计入当期利润的损失（如营业外支出、所得税费用等）。

手续费等。

广义、狭义费用的相互关系及其内容如图1-2所示。

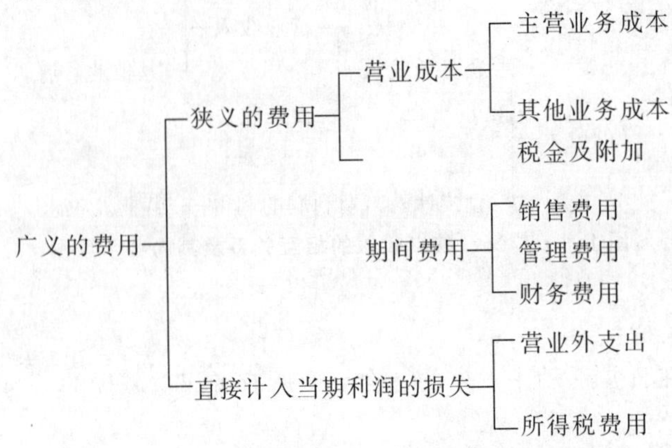

图1-2 广义、狭义费用的相互关系及其内容示意图

（六）利润

1.利润的定义及特征

利润是指企业在一定会计期间的经营成果（财务成果），也就是企业的收入减去费用后的净额与直接计入当期利润的利得和损失的总和。在我国企业会计核算中，与利润有关的概念包括营业利润、利润总额和净利润等。这里的利润是指净利润，是一个广义的概念。

利润的特征主要是：第一，利润金额的确认、计量依赖于企业的收入、费用及直接计入当期利润的利得和损失；第二，利润数额的变动往往引起所有者权益数额变动。

2.利润的主要内容

根据上述利润的定义，利润包括收入减去费用后的净额、直接计入当期利润的利得和损失等。

收入减去费用后的净额即营业利润，它是企业从事日常活动取得的成果，所反映的是企业日常活动的业绩情况。营业利润可用公式表示如下：

营业利润 = 营业收入 - 营业成本 - 税金及附加 - 销售费用 - 管理费用 - 财务费用 + 投资收益

上式中：

营业收入 = 主营业务收入 + 其他业务收入

营业成本 = 主营业务成本 + 其他业务成本

如前所述，在会计核算中，直接计入当期利润的利得主要有营业外收入，直接计入当期利润的损失主要有营业外支出、所得税费用等。

企业的营业利润加上营业外收入再减去营业外支出即为利润总额，用公式表示如下：

利润总额 = 营业利润 + 营业外收入 - 营业外支出

企业的利润总额减去所得税费用即为净利润（税后利润），用公式表示如下：

净利润 = 利润总额 - 所得税费用

企业一定会计期间实现的净利润应按照国家有关规定和投资者的决议进行分配。通过分配，净利润的一部分作为应支付给投资者的利润形成负债中的应付股利，另一部分转化为所有者权益中的留存收益，并分别形成盈余公积和未分配利润。

第四节 会计假设和会计记账基础

一、会计假设

（一）会计假设的意义

为了顺利地组织企业会计核算工作，保证会计信息的质量，确保会计目标的实现，需要在进行会计确认、计量、记录和报告之前对会计核算工作所需的若干相关前提条件进行设定。会计假设就是为了组织会计核算工作、生成会计信息，针对会计确认、计量、记录和报告的有关空间、时间范围和计量形式等设定的前提条件。

在会计理论中，会计假设不仅本身是重要的会计理论问题，而且它也为发展会计理论、构建会计理论体系的大厦奠定了重要基石。在会计实务中，会计活动面对的是变化不定的社会经济环境，并受其规范和限制。如果对组织会计核算工作必须具备的前提条件不作出设定，就无法确立会计目标，无法提出会计信息质量要求，从而也就无法有效地开展会计活动，最终导致会计活动混乱无序。因此，会计假设是组织、指导会计活动的理论基础，是生成会计信息、保证实现会计目标的重要前提条件。

（二）会计假设的内容

从国际会计界已经达成的共识并结合我国具体情况看，会计假设应当包括四项内容，即会计主体假设、持续经营假设、会计分期假设和货币计量假设。

1.会计主体假设

会计主体亦称会计实体、会计个体，是指会计工作所服务的特定单位或组织。就营利性组织看，随着社会生产发展和经济管理的加强，企业会计面临着更高的要求，即不仅要反映企业整体的经济活动，而且要反映企业内部各所属单位的经济活动；不仅要反映集团公司整体的经济活动，而且要反映集团公司内部所属母公司、子公司的经济活动。这样，不但企业是会计主体，企业内部所属的分公司、分厂、车间等单位也可以成为会计主体；由母公司和若干子公司通过控股关系组建的集团公司整体上是会计主体，母公司和子公司均为独立的企业法人，也是会计主体。可见，会计主体不同于法律实体。一般说来，作为法律实体的企业法人通常是会计主体，而会计主体则不一定是企业法人。

会计主体假设是指会计工作总是在某一个会计主体里进行的，会计所反映的是一个特定单位经济活动中的交易和事项。它明确了会计核算工作的空间范围，解决了会计确认、计量、记录和报告的立场问题。按照会计主体假设，就能将某个会计主体的经济活动与该会计主体的投资者的经济活动区分开来，也能将某个会计主体的经济活动与其他会计主体的经济活动区分开来，从而就能针对某个会计主体的经济活动组织会计核算工作。

2.持续经营假设

持续经营是指在可以预见的将来，企业将会按照当前的规模和状态继续经营下去，不会停业，也不会大规模削减业务。持续经营假设是指会计核算应当以会计主体持续、正常的生产经营活动为前提，而不考虑其是否破产、解散和清算。

就企业而言，持续经营假设是在确定了企业是会计主体之后，针对作为会计主体的企业面临着激烈的市场竞争，其经营活动的持续时间具有不确定性而提出的，它明确了会计核算工作的时间范围。

持续经营假设并非意味着企业将永远存在下去，在市场竞争条件下，任何企业都存在破产、解散、清算的可能。因此，当有证据预示企业将不能持续存在下去而面临破产清算时，会计人员应当放弃持续经营假设下所采用的会计程序、会计政策和会计方法，并着眼于如何在破产清算条件下客观地反映企业的财务状况、经营成果和现金流量。

3.会计分期假设

会计分期是对会计期间的划分。会计分期假设是指把会计主体持续不断的生产经营过程分割为若干较短的、等距的、连续的会计期间，以便分期结算会计账目，按期编制财务会计报告。会计分期假设是对持续经营假设的必要补充，是对会计核算工作时间范围的具体划分，它要求不属于本会计期间的经济业务不能反映在本期会计账目和财务会计报告中。

会计期间是指会计核算工作中为核算生产经营活动或预算执行情况所规定的起讫日期，通常分为会计年度和会计中期。会计中期是指短于一个完整的会计年度的报告期间，包括会计半年度、会计季度、会计月度。按照我国会计法规的规定，企业会计年度应当采用公历年度制，相应地，会计中期的起讫日期也与公历日历日期相同。

4.货币计量假设

货币计量假设是指会计主体持续不断的生产经营情况都通过价值稳定的货币予以综合反映。

货币计量假设明确了会计核算工作的计量尺度。在我国，人民币是国家法定货币，会计法规规定会计核算以人民币作为记账本位币。在存在多种货币的情况下，或某种业务采用外币结算时，要把有关外币按规定汇率折算为记账本位币。业务收支以外币为主的企业也可以选定某种外币作为记账本位币，但编制的财务会计报告应当折算为人民币反映。境外企业报送国内有关部门的财务会计报告，应当折算为人民币反映。

应当注意的是，一些影响企业财务状况和经营成果的因素，如企业经营战略、研发能力、市场竞争力等，往往难以用货币来计量，而这些信息对信息使用者作出决策又很重要。因此，企业可以在财务会计报告中补充披露有关非财务信息来弥补货币计量的不足。

二、会计记账基础

所谓会计记账基础，就是在会计核算中，以何种标准确认、计量、记录和报告特定会计期间交易或者事项引起的收入、费用的方法。会计上主要有两种不同的记账基础，即权责发生制和收付实现制。

（一）权责发生制

权责发生制亦称应收应付制、应计制，是指以货币资金的应收、应付作为标准，计算本期收入、费用的一种会计记账基础。

权责发生制要求按权利和责任的归属期来确认、计量、记录和报告特定会计主体的收入和费用，也即按款项是否应当收到和付出作为标准来计算本期的收入和费用，而不论本期是否实际收到和付出款项。其主要内容是：凡是本期实现的收入和发生的费用，不论其款项在本期是否实际收到和付出，均作为本期的收入和费用入账；凡不属于本期实现的收入和发生的费用，也不论其款项在本期是否实际收到和付出，均不作为本期的收入和费用入账。

权责发生制是国际公认的企业会计记账基础。我国企业会计准则也规定，企业在会计确认、计量、记录和报告中应当采用权责发生制这一会计记账基础。此外，我国境内各级各类独立核算的公立医院，包括综合医院、中医院、专科医院、门诊部（所）、疗养院等，其会计确认、计量、记录和报告也采用权责发生制基础。

（二）收付实现制

收付实现制也称为实收实付制、现金制，是指以货币资金的实收、实付作为标准，计算本期收入和费用的一种会计记账基础。

与权责发生制不同，收付实现制要求按款项实际收到和付出的会计期间来确认、计量、记录和报告特定会计主体的收入和费用，而不论本期是否应当收到和付出款项。其主要内容是：凡是本期实际收到款项的收入和付出款项的费用，不论其款项在本期是否应当收到和付出，均作为本期的收入和费用入账；凡是本期没有实际收到和付出款项，不论其款项在本期是否应当收到和付出，均不作为本期的收入和费用入账。

目前，我国行政单位会计采用收付实现制；在事业单位会计中，除经营业务采用权责发生制外，其他大部分业务采用收付实现制；在由政府举办的独立核算的城市社区卫生服务中心（站）、乡镇卫生院等基层医疗卫生机构会计中，也采用收付实现制。

第五节　会计程序和会计方法

会计提供有用的信息，除了要受会计假设、会计信息质量要求的制约和指导外，还必须遵循一定的会计程序，并采用一系列专门的会计方法。

一、会计程序

会计程序是指会计为了满足会计信息质量要求，实现会计目标，对一个企业的经济活动进行反映和监督的整个过程及步骤，即会计信息的加工处理程序。在长期的会计实践中，经过人们的不断总结，形成了以会计确认、会计计量、会计记录和会计报告为主要环节的会计程序。

（一）会计确认

在整个会计核算过程中，会计确认是确定企业的经济交易或者事项及其数据能否和何时进入会计信息系统的关键环节，是加工处理和输出会计信息的重要前提，它从根本上影响着会计信息质量，决定着会计目标的实现。

所谓会计确认，是指依据一定的标准和条件进行筛选、辨认，以确定企业生产经营活动引发的各项经济交易或事项涉及的项目是否能够和何时进入会计处理过程的工作。在企业会计核算过程中，由于能够以货币表现的经济活动具体化为资产、负债、所有者权益、收入、费用和利润等六个会计要素，因此，会计确认实际上就是会计要素的确认。

1.资产的确认

就资产的确认而言，将一项资源确认为资产，必须符合资产的定义和特征，即资产必须是企业过去的交易或者事项形成的、由企业拥有或者控制的、预期会给企业带来经济利益的资源。

此外，资产的确认还必须同时满足两个条件：首先，与该资源有关的经济利益很可能流入企业；其次，该资源的成本或者价值能够可靠地计量。

2.负债的确认

就负债的确认而言，将一项现时义务确认为负债，必须符合负债的定义和特征，即负债必须是企业过去的交易或者事项形成的、预期会导致经济利益流出企业的现时义务。

此外，负债的确认还必须同时满足两个条件：首先，与该义务有关的经济利益很可能流出企业；其次，未来流出的经济利益的金额能够可靠地计量

3.所有者权益的确认

就所有者权益的确认而言，所有者权益不能像资产、负债那样单独确认。由于所有者权益是企业资产扣除负债后由所有者享有的剩余权益，因此，所有者权益的确认主要依赖于资产和负债的确认，所有者权益金额的计量也主要取决于资产和负债的计量。

4.收入的确认

就收入的确认而言，除了应当符合收入的定义和特征外，也应当满足严格的条件。由于企业的收入具有多种多样的来源，其确认条件也往往存在差异。一般来说，企业的收入只有在经济利益很可能流入从而导致企业资产增加或者负债减少，且经济利益的流入额能够可靠计量时才能予以确认。由此看来，收入的确认至少应当符合以下条件：第一，与收入相关的经济利益应当很可能流入企业；第二，经济利益流入企业的结果会导致资产的增加或者负债的减少；第三，经济利益的流入额能够可靠计量。

5.费用的确认

就费用的确认而言，除了应当符合费用的定义和特征外，也应当满足严格的条件。一般来说，企业的费用只有在经济利益很可能流出从而导致企业资产减少或者负债增加、且经济利益的流出额能够可靠计量时才能予以确认。由此看来，费用的确认至少应当符合以下条件：第一，与费用相关的经济利益应当很可能流出企业；第二，经济利益流出企业的结果会导致资产的减少或者负债的增加；第三，经济利益的流出额能够可靠计量。

6.利润的确认

就利润的确认而言，利润与所有者权益类似，不能单独确认。由于利润是指企业一定会计期间的收入减去费用后的净额与直接计入当期利润的利得和损失的总和，因此，利润的确认主要依赖于收入、费用、直接计入当期利润的利得、直接计入当期利润的损失的确认，利润金额的计量也主要取决于收入和费用、直接计入当期利润的利得和损失金额的计量。

（二）会计计量

计量就是对一个暂时未知的量用一个已知的量对其进行比较，以确定这个未知量的过程。这里所说的已知的量，通常称作计量尺度。所谓会计计量，就是选择运用一定的计量尺度和计量基础对已确认的会计要素项目进行定量反映，使之转化为会计信息的工作。会计计量在会计核算中处于核心地位，贯穿于整个会计核算过程。会计计量与会计确认密不可分，未经确认就不能计量，而没有会计计量解决会计确认的量化问题，会计确认也就失去了意义。同时，会计计量是会计记录、会计报告的重要前提，没有会计计量解决会计要素的量化问题，会计记录、会计报告也就无从谈起。

会计计量的对象是已经确认的会计要素。对会计要素进行会计计量，一是要确定计量尺度，二是要选择计量属性。

1.会计计量尺度

会计计量尺度的确定经历了漫长的发展历史。在商品货币经济条件下，为了对企业的经济活动进行综合反映，会计计量以货币量度作为统一计量尺度，以实物量度、劳动量度作为辅助计量尺度。按照国际会计惯例，会计计量以货币作为统一计量尺度时，其货币一般都采用本国法定的名义货币。

2.会计计量属性

会计计量属性也称会计计量基础，是指所要确定的会计要素在数量方面的经济属性，是确定会计要素金额的基础。

按照我国企业会计准则的规定，会计计量属性主要有历史成本、重置成本、可变现净值、现值、公允价值等。企业在对会计要素进行计量时，一般应当采用历史成本，采用重置成本、可变现净值、现值、公允价值计量的，应当保证所确定的会计要素金额能够取得并可靠计量。

（三）会计记录

会计记录是指按照一定的账务处理要求，将经过确认、计量的会计要素项目的名称、金额等登记在记账载体上，以便对会计信息进行加工处理，最终获得所需会计信息的工作。由于会计要素要经过确认、计量才能记录，而会计记录又必须以货币来量化反映，因而会计记录过程中同样存在会计确认与计量问题。

会计记录是会计程序的一个重要环节，只有通过这一环节对会计信息进行分类、汇总及加工处理，才能生成有用的会计信息。在这一环节中，会计记录的手段或记账载体主要是会计凭证、会计账簿、财务会计报告等。在实务中，通过对设置会计科目、复式记账、填制和审核会计凭证、登记会计账簿、成本计算、财产清查和编制财务会计报告等会计核算专门方法的应用，才能实现会计记录。

（四）会计报告

会计报告是指以恰当的方式汇总日常会计确认、计量和记录所得到的会计信息并提供给财务会计报告使用者的工作，简言之就是编制和报送财务会计报告的工作。它是会计程序的最后环节。

会计报告涉及以什么方式向财务会计报告使用者传递会计信息的问题。总结会计实践经验，企业对外报告会计信息，较为恰当的载体是财务会计报告。

此外，会计报告还涉及哪些会计信息应当列入财务会计报告、如何列入财务会计报告的问题，也就是应当编制哪些财务会计报告、财务会计报告如何编制的问题。显然，会计报告不是重新简单罗列账簿资料，而是一个再确认、再计量、再记录的过程。

综上所述，会计对一个企业的经济活动进行反映和监督的整个过程及步骤，概括地说就是会计确认、会计计量、会计记录和会计报告。通过这四个紧密联系、相互交织、相互继起的环节，就能够按照会计信息质量特征的要求向财务会计报告使用者传递会计信息，实现会计目标。

二、会计方法

（一）会计方法的含义

会计方法是用来反映和监督会计对象、实现会计目标的手段。

现代会计方法究竟包括哪些内容，会计界存在着不同认识。一般认为，会计方法包括会计核算方法、会计监督方法、会计分析方法、会计预测方法和会计决策方法等。由于会计核算是会计的基本环节，会计监督、会计分析、会计预测和会计决策等都是在会计核算的基础上利用会计核算提供的资料进行的，因而会计核算方法自然就成为最基本的会计方法。

（二）会计核算方法体系

会计核算方法是指为了实现会计目标，在遵循会计信息质量要求对会计主体的经济活动（具体化为各项会计要素）进行完整、连续、系统的确认、计量、记录和报告过程中所应用的各种专门手段。

会计核算方法包括相互联系、密切配合的若干专门方法，是一个完整的方法体系。概括说来，会计核算方法包括设置会计科目、复式记账、填制和审核会计凭证、登记会计账簿、成本计算、财产清查和编制财务会计报告等七种。

1.设置会计科目

会计科目是对会计要素具体内容进行分类核算所规定的项目，是对会计要素进一步分类的项目名称。设置会计科目就是对会计要素具体内容事先进行科学划分，以便为填制和审核会计凭证、设置账户提供依据，为登记会计账簿、设计和编制财务会计报告提供帮助，最终为财务会计报告使用者提供所需要的会计信息服务。

2.复式记账

复式记账是指对发生的每一项经济交易或事项都必须以相等的金额在两个或两个以上账户中相互联系地进行登记的一种记账方法。世界各国通用的复式记账法是借贷记账法。采用复式记账就会在有关账户中形成对应关系，从而可据以了解有关经济交易或事项的来踪去迹，了解经济交易或事项的合理性、合法性、真实性，了解账户记录的正确性。

3.填制和审核会计凭证

会计凭证是记录经济交易或事项、明确经济责任的书面证明，是登记账簿的依据。对于已经发生或完成的经济交易或事项，都应按规定手续取得或填制原始凭证，并经审核无误后用以填制记账凭证，编制会计分录。填制和审核会计凭证是会计核算工作的起点，是会计工作的重要环节，也是对经济活动进行日常监督的重要环节。

4.登记会计账簿

会计账簿是用来连续、系统地记录一定时期各项经济交易或事项的簿籍，是会计数据资料的重要载体。登记账簿就是根据审核无误的会计凭证，将其所记录的经济交易或者事项连续地、系统地过记到账簿中，并定期进行结账、对账，以便为编制财务会计报告提供完整而系统的会计数据资料，为会计分析和考核提供日常核算资料。

5.成本计算

成本计算是指对生产经营过程中所发生的各种费用，按照一定对象进行归集和分配，以计算确定各该对象的总成本和单位成本的一种专门方法。成本计算应当选用一定的方法并遵循一定的基本要求和程序进行。通过成本计算可以正确核算会计要素，可以考核企业生产经营过程中劳动耗费的发生情况，并为正确计算企业盈亏提供数据资料。

6.财产清查

财产清查就是借助特定的方法，确定货币资金、实物资产和债权债务等财产在一定日期的实存数并进行账实对比的一种会计核算方法。财产清查是对账的重要手段，通过财产清查，可以保证会计核算资料的真实可靠，有利于保证会计信息的质量，同时也有利于保证各项财产的安全完整和维护财经纪律的严肃性。

7.编制财务会计报告

财务会计报告是会计信息的重要载体，它是以账簿记录的数据资料作为主要依据编制的书面报告文件。财务会计报告能够总括地反映企业一定时点的财务状况和一定时期的经营成果、现金流量等财务信息。编制和报送财务会计报告是企业对财务会计报告使用者提供会计信息的重要方式。企业应当按照会计准则的规定编报财务会计报告，并做到内容完整、数字真实、计算准确、编报及时。

上述七种会计核算方法是相互联系、密切配合的，构成一个完整的方法体系，在会计核算工作中必须全面地、综合地加以运用。具体说来，对于日常发生的各项经济交易或者事项，经办人员要填制或取得原始凭证，经会计人员审核整理后，按照设置的会计科目，运用复式记账法编制记账凭证，并据以登记账簿；对于生产经营过程中所发生的各项费用要依据凭证和账簿记录进行成本计算；期末要进行财产清查，在保证账证、账账、账实相符的基础上，根据账簿记录定期编制财务会计报告。

在一个会计期间依次连续运用七种会计核算方法的过程，就构成一个会计循环。一个会计循环包括三个主要环节，即填制和审核会计凭证、登记会计账簿、编制财务会计报告。

[本章思考题]

1.会计的职能、特点有哪些？

2.如何通过对会计职能、特点、本质的认识，正确理解会计的概念？

3.如何全面认识会计的目标？

4.会计信息质量要求的内容有哪些？

5.企业会计要素有哪些？企业会计要素是如何表现企业经济活动的？

6.资产、收入、费用的定义分别是什么？资产、收入、费用的特征各有哪些？

7.采用权责发生制、收付实现制是如何计算收入、费用的？

8.会计核算方法体系的内容及其相互关系是怎样的？

第二章

会计科目和账户

第一节　会计等式

一、会计等式的含义和意义

会计等式是利用数学公式对相关会计要素之间的内在经济关系所作的概括表达。会计等式也称会计基本等式、会计恒等式、会计方程式，它指的是在任何时点上，一个企业的资产总额与负债总额和所有者权益总额之和必然存在的数量相等关系，用公式表示为：

资产＝负债＋所有者权益

由于负债也称为债权人权益，它与所有者权益可统称为权益，因而上述会计等式也可用公式表示为：

资产＝权益

同时，由于债权人对企业资产的要求权优先于投资者，有时为了反映所有者权益是企业资产扣除负债后由所有者享有的剩余权益，前述会计等式也可用公式表示为：

资产－负债＝所有者权益

在特定时点上，任何一个企业的资产与权益（含负债和所有者权益）之所以在数量上必然相等，主要是因为二者存在着相互依存关系，二者是同一笔资金的两个不同侧面。一个企业要从事经营活动，就必须拥有或控制一定数量的经济资源作为物质基础，如货币资金、原材料、房屋、机器设备等，在会计上，这些经济资源称为企业的资产。从另一个角度讲，企业的这些资产又总是形成于一定的来源和渠道，是投资者、债权人以一定方式向企业经营者提供的，投资者、债权人对这些资产拥有要求权，在会计上，这种要求权称为权益，其中属于投资者的部分称为所有者权益，属于债权人的部分称为负债或债权人权益。可见，资产表明企业拥有多少和拥有什么经济资源，表明权益存在的具体形态，权益则表明是谁提供了这些经济资源，表明资产的要求权归谁。显然，资产与权益之间存在着相互依存关系，没有无资产的权益，也没有无权益的资产，若从数量上看，则有一定数额的资产必然有相应数额的权益，有一定数额的权益也必然有相应数额的资产。因此，在特定时点上，任何一个企业的资产与负债和所有者权益在数量上必然存在相等关系。

上述会计等式揭示了企业资产、负债、所有者权益三个会计要素之间的内在规律性联系和它们之间的数量关系，高度概括了企业一定时点上的财务状况，它在企业会计核算的整个过程中具有十分重要的指导意义，是设置会计科目和账户、复式记账、编制资产负债表的理论依据。

会计等式所揭示的资产、负债、所有者权益三者之间的数量平衡关系，通常反映在企业所编制的资产负债表中，资产负债表简表见表2-1。

表2-1 资产负债表

编制单位：新天地蓝股份有限公司 2019年8月31日 单位：元

资　产	期末余额	负债和所有者权益	期末余额
		短期借款	50 000
库存现金	42 800	应付账款	36 800
银行存款	186 800	应付票据	34 200
应收账款	40 000	应付股利	26 000
固定资产	67 000	应付债券	72 200
库存商品	52 000	实收资本	156 000
原材料	48 000	资本公积	74 000
无形资产	60 000	未分配利润	47 400
总　计	496 600	总　计	496 600

资产负债表是根据会计等式的平衡原理设计、编制的，它能反映企业一定时点的财务状况。表2-1所列示的资产负债表就直观地反映出了新天地蓝股份有限公司2019年8月31日资产总额与负债和所有者权益总额之间的数额相等关系，同时也能够表明新天地蓝股份有限公司2019年8月31日资产、负债、所有者权益的分布、构成情况。

二、经济业务对会计等式的影响

（一）引起资产、负债、所有者权益变动的经济业务对会计等式的影响

所谓经济业务，是指企业在生产经营过程中发生的能以货币计量并引起会计要素发生增减变化的各种会计业务事项，也即经济交易或事项。其中，经济交易一般是指企业在与其他企业、单位之间的经济活动往来过程中发生的涉及其他企业、单位的各种会计业务事项；经济事项一般是指企业开展经济活动过程中其内部所发生的不涉及其他企业、单位的各种会计业务事项。在我国长期以来的会计实务中，人们一直习惯将经济交易或事项称为经济业务。

企业的经济活动是由各种经济业务构成的，经济业务显然是企业经济活动的细胞。因此，一个企业要开展生产经营活动，必然总是经常不断地发生各种各样的经济业务，从而引起会计要素发生增减变化，进而对会计等式产生影响。

前述表2-1表明，在2019年8月31日（2019年9月1日）这一特定时点上，新天地蓝股份有限公司的资产总额为496 600元，负债和所有者权益总额也为496 600元，资产与负债和所有者权益在数量上保持平衡关系。以下以新天地蓝股份有限公司2019年9月份发生的各项经济业务为例，分析经济业务发生引起的会计要素的增减变化及其对会计等式产生的影响。

【例2-1】新天地蓝股份有限公司2019年9月份发生的经济业务及其所引起的会计要素的增减变化、对会计等式产生的影响如下：

[业务事项1] 2日，新天地蓝股份有限公司从银行借入期限为3个月的短期借款80 000元。

这项经济业务发生后，公司的一项资产（银行存款）增加了80 000元，一项负债（短期借款）同时增加了80 000元，即会计等式左右两边等额增加，其平衡关系保持不变。该项经济业务发生后的会计等式如下：

资产576 600元 = 负债299 200元 + 所有者权益277 400元

[业务事项2] 7日，新天地蓝股份有限公司收到投资者投入的机器一台，价值50 000元。

这项经济业务发生后，公司的一项资产（固定资产）增加了50 000元，一项所有者权益（实收资本）同时增加了50 000元。该项经济业务发生后的会计等式如下：

资产626 600元 = 负债299 200元 + 所有者权益327 400元

[业务事项3] 10日，新天地蓝股份有限公司以银行存款20 000元偿还前欠货款。

这项经济业务发生后，公司的一项资产（银行存款）减少了20 000元，一项负债（应付账款）同时减少20 000元。该项经济业务发生后的会计等式如下：

资产606 600元 = 负债279 200元 + 所有者权益327 400元

[业务事项4] 15日，新天地蓝股份有限公司股东大会决定减少注册资本30 000元，以银行存款向投资者退回其相应投入资本。

这些经济业务发生后，公司的一项资产（银行存款）减少了30 000元，一项所有者权益（实收资本）同时减少了30 000元。该项经济业务发生后的会计等式如下：

资产576 600元 = 负债279 200元 + 所有者权益297 400元

[业务事项5] 18日，新天地蓝股份有限公司从银行提取现金20 000元备用。

这项经济业务发生后，公司的一项资产（库存现金）增加20 000元，另一项资产（银行存款）同时减少20 000元。该项经济业务发生后的会计等式如下：

资产576 600元 = 负债279 200元 + 所有者权益297 400元

[业务事项6] 23日，新天地蓝股份有限公司已到期的应付票据25 000元因无力支付转为应付账款。

这项经济业务发生后，公司的一项负债（应付账款）增加了25 000元，另一项负债（应付票据）减少了25 000元。该项经济业务发生后的会计等式如下：

资产576 600元 = 负债279 200元 + 所有者权益297 400元

[业务事项7] 27日，新天地蓝股份有限公司经批准，用资本公积30 000元转为实收资本。

这项经济业务发生后，公司的一项所有者权益（实收资本）增加了30 000元，另一项所有者权益（资本公积）同时减少了30 000元。该项经济业务发生后的会计等式如下：

资产576 600元 = 负债279 200元 + 所有者权益297 400元

[业务事项8] 30日，经批准新天地蓝股份有限公司已发行的债券50 000元转为实收资本。

这项经济业务发生后，公司的一项负债（应付债券）减少50 000元，一项所有者权益（实收资本）增加50 000元。该项经济业务发生后的会计等式如下：

资产576 600元 = 负债229 200元 + 所有者权益347 400元

［**业务事项9**］31日，新天地蓝股份有限公司宣布向投资者分配股利10 000元。

这项经济业务发生后，公司的一项负债（应付股利）增加10 000元，一项所有者权益（未分配利润）减少10 000元。该项经济业务发生后的会计等式如下：

资产576 600元 = 负债239 200元 + 所有者权益337 400元

从期末（2019年9月30日）来看，新天地蓝股份有限公司2019年9月份所发生以上各项经济业务对会计等式的综合影响结果，可以通过编制资产负债表的方式得到总括反映，资产负债表简表见表2-2。

表2-2 **资产负债表**

编制单位：新天地蓝股份有限公司 2019年9月30日 单位：元

资　产	期末余额	负债和所有者权益	期末余额
		短期借款	130 000
库存现金	62 800	应付账款	41 800
银行存款	196 800	应付票据	9 200
应收账款	40 000	应付股利	36 000
固定资产	117 000	应付债券	22 200
库存商品	52 000	实收资本	256 000
原材料	48 000	资本公积	44 000
无形资产	60 000	未分配利润	37 400
合　计	576 600	合　计	576 600

从以上所列举的新天地蓝股份有限公司2019年9月份发生的各项经济业务来看，一个企业在生产经营活动中总是不断地发生着各种各样的经济业务，而每一项经济业务的发生又必然引起会计要素中至少两个具体项目发生增减变化。同时，通过分析还可以发现，企业经营活动中发生的引起资产、负债、所有者权益要素发生增减变化的各种经济业务，归纳起来不外乎以下九种基本类型：

（1）资产与负债同时增加相等金额的经济业务（如业务事项1）；

（2）资产与所有者权益同时增加相等金额的经济业务（如业务事项2）；

（3）资产与负债同时减少相等金额的经济业务（如业务事项3）；

（4）资产与所有者权益同时减少相等金额的经济业务（如业务事项4）；

（5）资产中不同项目同时等额有增、有减的经济业务（如业务事项5）；

（6）负债中不同项目同时等额有增、有减的经济业务（如业务事项6）；

（7）所有者权益中不同项目同时等额有增、有减的经济业务（如业务事项7）；

（8）负债减少，所有者权益同时等额增加的经济业务（如业务事项8）；

（9）所有者权益减少，负债同时等额增加的经济业务（如业务事项9）。

若将负债和所有者权益统称为权益，则以上经济业务的九种基本类型还可进一步归纳为以下四大类：

（1）资产与权益同时增加相等金额的经济业务（含上述1、2类型）；

（2）资产与权益同时减少相等金额的经济业务（含上述3、4类型）；

（3）资产中不同项目同时等额有增、有减的经济业务（即第5类型）；

（4）权益中不同项目同时等额有增、有减的经济业务（含上述6、7、8、9类型）。

显然，以上四大类、九种基本类型的经济业务发生后，可能改变企业的资产总额与负债和所有者权益总额（如第1、2大类业务类型），也可能不会改变企业的资产总额与负债和所有者权益总额（如第3、4大类业务类型），但不论怎样变化，都不会破坏会计等式的平衡关系。由于这四大类、九种基本类型的经济业务代表着引起资产、负债、所有者权益要素发生增减变化的各种各样的经济业务，因此，企业生产经营活动中发生的引起这三大会计要素产生变化的任何经济业务，都不会破坏会计等式的平衡关系，也就是说，在经济业务发生前，企业的资产等于负债加所有者权益，在经济业务发生后，企业的资产仍然等于负债加所有者权益。

（二）引起收入、费用变动的经济业务对会计等式的影响

企业从事生产经营活动，除了发生引起资产、负债、所有者权益要素增减变化的经济业务外，还必然发生引起收入、费用要素增减变化的各种经济业务，其基本类型主要有以下四种：

（1）收入的形成伴随着相等金额资产的增加；

（2）收入的形成伴随着相等金额负债的减少；

（3）费用的发生伴随着相等金额资产的减少；

（4）费用的发生伴随着相等金额负债的增加。[①]

如前所述，在一定会计期间之初，企业的资产与负债和所有者权益总是存在数额上的相等关系，这种关系可用公式表示为会计基本等式，即：

资产 = 负债 + 所有者权益

在一定会计期间内，企业从事生产经营活动，必然发生引起收入、费用要素增减变化的经济业务。由于收入的形成总是伴随着相等金额资产的增加或者相等金额负债的减少，费用的发生总是伴随着相等金额资产的减少或者相等金额负债的增加，因此，发生引起收入、费用要素增减变化的经济业务，必然使得会计基本等式中资产、负债的数额在原有基础上发生变化，进而使会计基本等式发生变化、拓展。拓展的会计等式可用公式表示为：

资产 = 负债 + 所有者权益 + 收入 - 费用

在一定会计期间之末，由于收入减去费用的余额为利润，利润在期末要转化为所有者权益，因此，拓展的会计等式又还原为会计基本等式，即：

资产 = 负债 + 所有者权益

由此看来，任何引起收入、费用要素增减变化的经济业务都不会破坏会计等式的平衡关系。

综上所述，企业在经营活动中发生的任何经济业务，不论其引起什么会计要素发生增

① 从第一章第四节的内容看，收入、费用均有广义和狭义之分。为了简便起见，这里的收入、费用均采用其广义的概念。同时，由于利润是收入减去费用的余额，因此，引起收入、费用要素增减变化的各种交易或事项也就是引起利润要素增减变化的各种交易或事项，或者说，没有单独引起利润要素增减变化的交易或事项。

减变化，都不会破坏会计等式的平衡关系。也就是说，在任何时点上，一个企业的资产与负债和所有者权益总是存在数额上的相等关系即恒等关系。

第二节 设置会计科目的基本原理

一、会计科目的概念及意义

企业在生产经营过程中要不断地发生各种各样的经济业务，经济业务的发生又必然引起会计要素的有关项目发生增减变动。为了分门别类地反映和监督各项经济业务以及由此引起的各项会计要素的增减变动情况，就必须通过设置会计科目，对会计对象的具体内容进行科学的分类，对每一类别，根据其内容特征取一个名称。

会计科目就是对会计对象的具体内容（会计要素）进行科学分类的项目。每一个会计科目都应有其特定的经济内容。例如，企业有各种房屋、建筑物、机器设备等，这些资产有一个共性，就是劳动资料，它们与生产产品所耗用的材料不同，材料是劳动对象的性质，因此，房屋、建筑物、机器设备与各种材料就不能归为一类，两者必须分开。把房屋、建筑物、机器设备等归为一类，根据其特点取名为“固定资产”。企业的各种材料，虽然具体品种、形态各式各样、千姿百态，但其共性都是劳动对象。因此，把它们归为一类，根据其特点，取名为“原材料”。

又如企业的资金来源，有的是投资者投资形成的，有的是企业负债形成的。为了核算投资者实际投入的资本，设置“实收资本”科目；企业所欠其他单位、个人的债务有各种各样，为了核算所欠供货单位的货款，设置“应付账款”科目；为了核算企业应交的税费，设置“应交税费”科目，等等。

会计科目的设置，为全面、系统、分类地反映和监督各项经济业务的发生情况，以及由此而引起的各项会计要素的增减变动情况创造了条件。

设置会计科目，对会计要素具体内容进行科学分类，具有十分重要的意义，它既是一种重要的会计核算方法，也是运用其他会计核算方法的重要基础，是正确组织会计核算工作所必须遵守的重要规则和条件。通过设置会计科目，明确会计要素具体内容中每一项目的含义、范围和名称，可以为设置账户、填制和审核凭证提供依据，可以为设置和登记账簿、设计和编制报表提供帮助，有利于为财务会计报告使用者提供有用的分类信息，满足各有关方面的不同需要。从这一意义出发，可以把会计看成是一门关于分类的艺术科学。

二、设置会计科目的基本原则

一个企业要将其会计要素具体内容科学地划分为若干项目进而设置会计科目，主要应当遵循以下基本原则或要求进行：

1.统一性

不同企业之间设置的会计科目应当尽可能一致、统一，以便对不同企业的会计信息进行对比、分析和汇总，保证会计信息的可比性。例如，不论什么企业，对库存现金都设置

“库存现金”科目，对存入银行的各种存款都设置“银行存款”科目，对应交纳的各种税金和教育费附加都设置“应交税费”科目，对实际收到投资者投入的资本都设置“实收资本”或“股本”科目。在实务中，我国企业单位使用的会计科目是由国家财政主管部门在企业会计准则中规定的，一个企业设置会计科目，首先应当遵从企业会计准则的统一规定。

2.灵活性

在不违反会计准则中确认、计量、记录和报告规定以及在不影响会计信息可比性的情况下，各企业可以根据其规模大小、业务繁简及不同管理要求等，对国家财政主管部门统一规定的会计科目进行适当的增、删、拆、并。例如，企业可将各车间、部门周转使用的备用金从其他应收款中单列出来，在“其他应收款”科目之外增设“备用金”科目；可将核算各项生产费用的“生产成本”科目分设为“基本生产”和“辅助生产”两个科目；预付货款业务不多的企业可以不设置统一规定的“预付账款”科目而将其并入“应付账款”科目；预收货款业务不多的企业可以不设置统一规定的“预收账款”科目而将其并入“应收账款”科目；可将“其他应收款”和“其他应付款”科目合并设置“其他往来”科目等。同时，不同企业会计科目名称的规定也有一定的灵活性。例如，核算实际收到投资者投入资本的科目，一般企业称“实收资本”科目，股份有限公司称“股本”科目。

3.完整性

企业一定时期所设置的会计科目必须涵盖其会计要素的各项具体内容，全面地反映企业各项交易或者事项的发生情况，不能有任何遗漏。同时，由于受社会经济环境变化的影响，企业势必会发生一些新的交易或事项，其会计要素具体内容也就会随之变化。为了完整地反映会计要素的各项具体内容，会计科目的设置应当适应企业交易或事项发展的需要。例如，企业从事商品流通而不从事工业性生产业务时，不设置“生产成本”“制造费用”科目，如果根据业务发展需要开展工业性生产时，就应设置“生产成本”“制造费用”科目；企业发生以发行债券方式筹集资金的交易或事项时，应设置“应付债券”科目等。

4.准确性

企业在设置会计科目时，必须严格、明确地界定每一个会计科目的含义、范围，使每一个会计科目都具有特定的核算内容，不能模棱两可，不可相互交叉。例如，“库存现金”和“银行存款”科目，虽然都核算现金，但前者核算出纳人员保管的现金，后者核算存入银行的现金；“固定资产”和“累计折旧”科目，虽然都核算固定资产，但前者核算固定资产的原始价值，后者核算固定资产的累计折旧额；“短期借款”和“长期借款”科目，虽然都核算企业的借款，但前者核算向银行或其他金融机构借入的期限在一年及一年以下的各种借款，后者核算向银行或其他金融机构借入的期限在一年以上的各种借款；“实收资本”和“资本公积”科目，虽然都核算所有者权益，但前者核算实际收到投资者投入的资本，后者核算归所有者共有的、非收益转化而形成的资本；“制造费用”和“管理费用”科目，虽然都核算劳动耗费，但前者核算企业生产部门（车间）为组织、管理产品生产发生的各项生产费用，后者核算企业为组织、管理生产经营活动发生的各项间接性费用。

5.适用性

在设置会计科目时，其名称要字义相符，简洁明了，尽量采用在日常生活中和经济生活中人们已经习惯的名称，以便于识别、掌握和运用；同时，对所设置的每一个会计科目都应当正确归类和固定编号，以便于填制和审核会计凭证、登记会计账簿、查阅会计账目、编制财务会计报告和实行会计电算化。企业也可结合实际情况自行确定会计科目的编号。

6.稳定性

为了使所提供的会计信息具有纵向可比性，以便于按照相同计算口径对一个企业不同时期的会计信息进行比较、分析和在一定范围内对不同企业会计信息进行综合、汇总，企业设置的会计科目应当保持相对稳定，不能经常随意改变会计科目的名称、核算内容、范围和编号。与此同时，会计科目的设置也要适应社会经济环境的变化和本企业业务发展的需要，当客观环境因素发生改变时，也应积极对设置的会计科目作出相应改变。

三、设置会计科目的方法

设置会计科目就是按照会计核算要求，结合设置会计科目的基本原则，将会计要素具体内容科学地划分为若干项目进而明确、严格地界定每一个会计科目的名称、含义、范围，使其具有特定的核算内容。

以下结合本书后续内容的需要，对企业常用会计科目的设置方法进行简要介绍。

（一）资产类科目的设置方法

资产类科目的设置方法，就是将会计要素中资产的具体内容科学地划分为若干项目进而明确、严格地界定每一个项目的名称、含义、范围，使其具有特定的核算内容。企业常用资产类科目的设置方法主要是：

设置“库存现金”科目，用以核算企业的库存现金；

设置“银行存款”科目，用以核算企业存入银行的各种存款；

设置“交易性金融资产”科目，用以核算企业为了近期内出售所持有的金融资产，如以赚取差价为目的而从二级市场购入的股票、债券、基金等；

设置“应收票据”科目，用以核算企业因销售商品、提供劳务等收到的商业汇票，包括银行承兑汇票和商业承兑汇票；

设置“应收账款”科目，用以核算企业因从事销售商品、提供劳务等经营活动应向购货单位或接受劳务单位收取的款项；

设置“预付账款”科目，用以核算企业按照购货合同规定预付给供应单位的款项；

设置“其他应收款”科目，用以核算企业除应收票据、应收账款、预付账款等以外的其他各种应收、暂付款项，包括应收的各种赔款、罚款，应向职工收取的各种垫付款项等；

设置“材料采购”科目，用以核算企业购入材料时发生的构成材料采购成本的买价、采购费用以及在途材料的实际成本等；

设置“原材料”科目，用以核算企业库存各种材料的成本，包括原料及主要材料、辅助材料、外购半成品（外购件）、修理用备件（备品备件）、包装材料、燃料等的成本；

设置“库存商品”科目，用以核算企业库存各种商品、产成品的实际成本等；

设置“合同资产”科目，用以核算企业已向客户转让商品而有权收取对价的权利，且该权利取决于时间流逝之外的其他因素；

设置“债权投资”科目，用以核算企业以摊余成本计量的长期债权投资；

设置“其他债权投资”科目，用以核算企业以公允价值计量且其变动计入其他综合收益的长期债权投资；

设置“长期股权投资”科目，用以核算企业对子公司投资、对合营企业投资以及对联营企业投资；

设置“固定资产”科目，用以核算企业持有的固定资产的原价；

设置“累计折旧”科目，用以核算企业固定资产的累计折旧额；

设置“无形资产”科目，用以核算企业持有的专利权、非专利技术、商标权、土地使用权等各种无形资产的成本；

设置“长期待摊费用”科目，用以核算企业发生的应由本期和以后各期负担的分摊期限在一年以上的各项费用，如以经营租赁方式租入的固定资产发生的改良支出等。

设置“待处理财产损溢”科目，用以核算企业在清查财产过程中查明尚待处理的各种财产盘盈、盘亏和毁损的价值。

（二）负债类科目的设置方法

负债类科目的设置方法，就是将会计要素中负债的具体内容科学地划分为若干项目进而明确、严格地界定每一个项目的名称、含义、范围，使其具有特定的核算内容。企业常用负债类科目的设置方法主要是：

设置“短期借款”科目，用以核算企业向银行或其他金融机构等借入的期限在一年以下（含一年）的各种借款的本金；

设置“应付票据”科目，用以核算企业购买材料、商品和接受劳务供应等开出、承兑的商业汇票，包括银行承兑汇票和商业承兑汇票；

设置“应付账款”科目，用以核算企业因购买材料、商品和接受劳务供应等经营活动而应付给供应单位的款项；

设置“预收账款”科目，用以核算企业按照合同规定向购货单位预收的款项；

设置“应付职工薪酬”科目，用以核算企业根据有关规定应付给职工的各种薪酬，包括应付给职工的工资总额、福利费等；

设置“合同负债”科目，用以核算企业已收或应收客户对价而应向客户转让商品的义务；

设置“应交税费”科目，用以核算企业按照税法等规定应交纳的各种税费，包括增值税、消费税、所得税、城市维护建设税、教育费附加等；

设置“应付利息”科目，用以核算企业按照合同约定应支付的利息等；

设置“应付股利”科目，用以核算企业经股东大会或类似机构审议批准的应支付给投资者的利润或现金股利；

设置“其他应付款”科目，用以核算企业除应付票据、应付账款、预收账款、应付职工薪酬、应付利息、应付股利、应交税费等以外的其他各项应付、暂收的款项；

设置“长期借款”科目，用以核算企业向银行或其他金融机构借入的期限在一年以上的各项借款；

设置“应付债券”科目，用以核算企业为筹集长期资金而发行债券的本金和利息；

设置“长期应付款”科目，用以核算企业除长期借款和应付债券以外的其他各种长期应付款，包括应付融资租入固定资产的租赁费、以分期付款方式购入固定资产等发生的应付款项等。

（三）所有者权益类科目的设置方法

所有者权益类科目的设置方法，就是将会计要素中所有者权益的具体内容科学地划分为若干项目进而明确、严格地界定每一个项目的名称、含义、范围，使其具有特定的核算内容。企业常用所有者权益类科目的设置方法主要是：

设置“实收资本”科目，用以核算企业实际收到投资者投入的法定资本；

设置“资本公积”科目，用以核算企业非收益转化形成的属于投资者共有的资本，包括收到的投资者出资额超出其在注册资本中所占份额的部分、发生直接计入所有者权益的利得和损失等；

设置“其他综合收益”科目，用以核算企业发生可供出售金融资产的公允价值变动额等直接计入所有者权益的利得和损失。

设置“盈余公积”科目，用以核算企业从净利润中提取的盈余公积；

设置“本年利润”科目，用以核算企业在本年度实现的净利润（或发生的亏损）；

设置“利润分配”科目，用以核算企业净利润的分配（或亏损的弥补）和历年分配（或弥补）后的结存余额。

（四）成本类科目的设置方法

为了反映企业进行工业性生产的特点，在会计实务中，通常将本属于资产性质的专门核算生产费用的发生、生产成本补偿情况的会计科目单独分类设置，形成成本类科目。企业常用成本类科目的设置方法主要是：

设置“生产成本”科目，用以核算企业从事工业性生产时，因进行商品（产品）生产等所发生的各项生产费用；

设置“制造费用”科目，用以核算企业从事工业性生产时，生产部门（车间）为组织、管理商品生产发生的各项间接性生产费用。

（五）损益类科目的设置方法

损益类科目的设置方法，就是将会计要素中收入、费用、利润的具体内容科学地划分为若干项目进而明确、严格地界定每一个项目的名称、含义、范围，使其具有特定的核算内容。企业常用损益类科目的设置方法主要是：

设置“主营业务收入”科目，用以核算企业在所从事的日常活动中为实现其经营目标而从事经常性活动形成的经济利益流入，简言之就是企业从事主营业务形成的经济利益流入，例如，工业企业、商业企业的销售商品收入等；

设置“其他业务收入”科目，用以核算企业在所从事的日常活动中为实现其经营目标而从事与经常性活动相关的活动形成的经济利益流入，简言之就是企业从事附营业务形成的经济利益流入，包括出租固定资产、出租无形资产、出租包装物、销售材料等实现的收入；

设置“投资收益”科目，用以核算企业以各种方式从事对外投资活动所形成的经济利益流入，包括因对外投资获得的利润（股利）或发生的损失等；

设置“营业外收入”科目，用以核算企业发生的与其日常活动无直接关系因而应当直接计入当期利润的各项利得，包括捐赠利得、罚没利得等；

设置“主营业务成本”科目，用以核算企业在所从事的日常活动中为实现其经营目标而从事经常性活动发生已销售商品的生产成本、进货成本（即商品销售成本）；

设置“其他业务成本”科目，用以核算企业在所从事的日常活动中为实现其经营目标而从事与经常性活动相关的活动发生的实际成本；

设置“税金及附加”科目，用以核算企业在所从事的日常活动中应当负担的各种税金和教育费附加，包括企业负担的消费税、城市维护建设税和教育费附加等；

设置“销售费用”科目，用以核算企业在销售商品和材料、提供劳务的过程中发生的各种费用，如广告费、展览费、包装费、运输费等；

设置“管理费用”科目，用以核算企业为组织和管理生产经营所发生的各种费用；

设置“财务费用”科目，用以核算企业为筹集生产经营所需资金等而发生的筹资费用，包括利息支出（减利息收入）、相关手续费等；

设置“营业外支出”科目，用以核算企业发生的与其日常活动无直接关系因而应当直接计入当期利润的各项损失，包括非常损失、公益性捐赠支出、非流动资产报废损失、盘亏损失等；

设置“所得税费用”科目，用以核算按税法规定应由企业负担需从本期利润总额中扣除的所得税。

在实务中，为了便于查阅和使用，企业所设置的会计科目一般应编成会计科目表，其中应列明科目的类别、名称和编号，见表2-3。

四、会计科目的分类

一个企业所设置的会计科目是一个相互联系、相互补充的完整体系，它包括科目的内容和科目的级次。科目的内容是指设置会计科目时所规定的会计科目核算的经济内容，它反映各个科目之间的横向联系；科目的级次是指设置会计科目时所规定的提供指标的详细程度，它反映某一科目内部的纵向联系。为了便于掌握和运用会计科目，有必要按其经济内容和级次进行适当分类。

（一）会计科目按经济内容分类

会计科目按经济内容分类，习惯上也称按科目性质分类，也就是按科目反映的会计要素具体内容分类。由于企业有六个会计要素，因而会计科目应当分为资产、负债、所有者权益、收入、费用和利润六类。但是，由于利润最终要转化为所有者权益，故可将利润类科目并入所有者权益类科目；由于收入和费用最终要体现在当期损益的计算中，因而也可将收入类科目和费用类科目归并为损益类科目；同时，为了清晰地反映制造类企业生产费用的发生和成本计算情况，有必要从资产类科目中单列出成本类科目。因此，我国企业会计准则通常将会计科目按经济内容分为五类，即：资产类、负债类、所有者权益类、成本类、损益类，见表2-3。

表2-3 企业常用会计科目表

序号	科目名称	序号	科目名称
	一、资产类	27	其他应付款
1	库存现金	28	长期借款
2	银行存款	29	应付债券
3	交易性金融资产	30	长期应付款
4	应收票据		三、所有者权益类
5	应收账款	31	实收资本
6	预付账款	32	资本公积
7	其他应收款	33	盈余公积
8	材料采购	34	本年利润
9	原材料	35	利润分配
10	库存商品		四、成本类
11	债权投资	36	生产成本
12	其他债权投资	37	制造费用
13	长期股权投资		五、损益类
14	固定资产	38	主营业务收入
15	累计折旧	39	其他业务收入
16	无形资产	40	投资收益
17	长期待摊费用	41	营业外收入
18	待处理财产损溢	42	主营业务成本
	二、负债类	43	其他业务成本
19	短期借款	44	税金及附加
20	应付票据	45	销售费用
21	应付账款	46	管理费用
22	预收账款	47	财务费用
23	应付职工薪酬	48	营业外支出
24	应交税费	49	所得税费用
25	应付利息		
26	应付股利		

（二）会计科目按级次分类

会计科目按级次分类，也就是按其提供指标的详细程度分类。一般说来，会计科目按其提供指标的详细程度分为总分类科目和明细分类科目两个级次。

总分类科目又称总账科目、一级科目，是为了对会计要素具体内容进行总括分类以提供总括核算指标所设置的科目。总分类科目的设置有利于企业提供外部财务会计报告使用者需要的会计信息，满足企业对外提供会计信息的需要。表2-3所列的会计科目都是总分类科目。

明细分类科目又称明细科目，是为了提供详细、具体的核算指标而对某一个总分类科目核算的内容作进一步分类所设置的科目。明细分类科目的设置有利于满足企业对内提供会计信息，加强内部经营管理的需要。例如，在“应收账款”总分类科目下按债务人（购货单位或接受劳务单位）名称设置明细分类科目，可以具体反映应收哪个单位的款项。再如，在“生产成本”总分类科目下按所生产的产品名称设置明细分类科目，可以具体反映各种产品在生产过程中发生生产费用的情况。

此外，当某个总分类科目下所设的明细分类科目太多时，为了便于归类和汇总，企业还可增设二级科目，从而使会计科目的级次变为三级，即一级科目、二级科目、明细科目。

表2-4说明了某企业设置的“原材料”总分类科目与其所属明细分类科目之间存在的级次关系。

表2-4 **会计科目按提供指标详细程度分类示意表**

总分类科目（一级科目）	明细分类科目	
	二级科目（子目）	明细科目（细目）
原材料	原料及主要材料	槽　钢 角　钢 圆　钢
	辅助材料	油　漆 润滑油
	燃　料	煤　炭 柴　油

按照我国企业会计准则的规定，总分类科目一般由国家财政主管部门统一规定，明细分类科目除企业会计准则规定设置的以外，由各企业根据经营管理需要比照企业会计准则的规定自行设置。在会计实务中，除“库存现金”“银行存款”“累计折旧”等少数总分类科目不必设置明细分类科目以外，大多数总分类科目都需要设置明细分类科目。

第三节　账户及其基本结构

一、账户的概念及意义

账户是指根据会计科目在账簿中开设的具有一定结构和格式，用来对会计对象的具体内容进行分类反映和监督的一种工具。设置账户是会计核算的一种重要方法。

设置会计科目是对会计对象的具体内容进行分类，规定每一类的名称。但是，如果只有分类的项目，而没有一定结构和格式的记账载体，就不能把经济业务的发生引起的各项会计要素的增减变动情况，分门别类地进行反映和监督，提供经济管理所需要的核算指标。因此，还必须根据设置的会计科目在账簿中开设相应的账户，在账户上对会计对象具体内容的增减变动进行分类反映和监督。账户应以会计科目作为它的名称，并具有一定的结构和格式。

应当强调的是，账户和会计科目是会计学中两个不同的概念。账户和会计科目的区别主要表现在：账户具有一定结构，记录会计要素具体内容增减变化情况及其结果，是进行分类核算的载体、工具，而会计科目是对会计要素内容进一步分类的项目，是进行分类核算的依据，不存在结构问题。另一方面，账户和会计科目又存在着紧密的联系，主要表现在：会计科目是设置账户的依据，而账户是根据会计科目设置的，在习惯上会计科目被理解为账户的名称；根据某一会计科目设置的账户与该会计科目核算相同的经济内容。正是由于账户和会计科目存在着密切的联系，人们在会计实务中常将二者混用，不加区别。

二、账户的基本结构

为了在账户中记录经济业务的具体内容，账户要有一定的结构。由于各项经济业务发生所引起的各项会计要素的变化，从数量上看，不外乎是增加和减少两种情况。因此，用来分类记录经济业务的账户，在结构上也相应地分为两个基本部分，用来记录会计要素的增加和减少。这就形成账户的基本结构：一个账户分为左、右两方，以一方登记增加额，另一方登记减少额。

然而，不论采用何种记账方法，也不论是何种性质的账户，其结构或格式大体是相同的，一般都应当包括以下几个部分：（1）账户名称：用以记录会计科目；（2）日期和摘要：分别用以记录交易或事项的日期和概括说明交易或事项的内容；（3）凭证字号：用以记录记账的依据；（4）金额：用以记录会计要素具体内容增减变化及其结果。账户的结构或格式见表2-5。

表2-5 账户基本结构

账户名称：

日　期	凭证字号	摘　　要	金　　额

表2-5所示账户结构或格式是手工记账时经常采用的结构或格式。由于交易或事项引起的会计要素具体内容的数量变化不外乎增加和减少两种情况，加之会计必须提供这种增减变化结果的信息，因而金额部分往往应细分为增加金额、减少金额、余额（或结存金额）三栏，见表2-6。

表2-6 账户基本结构

账户名称：

日　期	凭证字号	摘　　要	增加金额	减少金额	余　额

此外，账户中所记录的余额，通常还应按其所处日期的不同分为期初余额和期末余额。因此，账户所能提供的金额指标就有期初余额、本期增加额、本期减少额和期末余额四项，其数量关系可用公式表示为：

期末余额＝期初余额＋本期增加额－本期减少额

在会计教学、研究中，为了简便起见，人们常常将账户具体结构中的日期、凭证字号、摘要部分和金额部分中的余额栏略去，将账户简化为"T"字形，形成账户的基本结构。所谓账户的基本结构，就是将账户分为左右两方两个部分（即"T"字形），用以记录会计要素增减结存情况，如图2-1所示。

左方　　　　账户名称　　　　右方	

图2-1　"T"字账示意图

在"T"字账中，如果用一方登记增加数，则应当用相反的另一方登记减少数；同时，由于账户的余额是增加金额与减少金额相抵后的差额，因而余额一般在登记增加金额的那一方。

应当指出的是，在"T"字账中，账户左右两方的具体名称取决于采用的记账方法。例如，采用增减记账法时，账户的左方称为"增方"，右方称为"减方"；采用收付记账法时，账户的左方称为"收方"，右方称为"付方"；采用借贷记账法时，账户的左方称为"借方"，右方称为"贷方"。[①]

三、账户的分类

企业根据会计科目而开设的各个账户之间不是彼此孤立，而是相互联系的，共同构成一个完整的账户体系。研究账户体系，对账户进行科学适当的分类，从而在了解各个账户特性的基础上概括它们的共性，探讨账户之间的内在联系和各类账户在提供核算指标方面的规律性，有利于更好地掌握和运用账户。

认识账户的角度是多方面的，对账户进行分类就可以采用多种标准。由于账户是根据会计科目设置的，会计科目可按经济内容和提供指标的详细程度分类，相应地账户也可按经济内容和提供指标的详细程度分类。同时，账户具有特定的用途和结构，因而账户还可按用途结构分类。账户按用途结构的分类，将在第四章中通过对企业设置和运用的若干账户建立感性认识后再介绍，这里先说明账户按经济内容分类和按提供指标详细程度分类。

（一）账户按经济内容分类

账户的经济内容是指账户反映的会计要素的具体内容，它体现账户的不同性质。账户之间的本质差别在于其性质不同，因而账户的经济内容是账户分类的基础，账户按经济内

① 记账方法的种类和在采用借贷记账法时账户借贷两方哪一方记录增加数、哪一方记录减少数，将在第三章中详细介绍。

容分类是对账户最基本的分类。

如前所述，账户是根据会计科目设置的，会计科目反映的经济内容决定着账户反映的经济内容。会计科目按经济内容分为资产、负债、所有者权益、成本和损益等五类，与此相适应，账户按经济内容也可以分为资产、负债、所有者权益、成本和损益等五类。

1.资产类账户

资产类账户是用来反映企业各项资产的增减变动及其结存情况的账户。它可按所反映资产的流动性分为三类：第一类是反映流动资产的账户，如“库存现金”“银行存款”“交易性金融资产”“应收票据”“应收账款”“预付账款”“其他应收款”“材料采购”“原材料”“库存商品”等账户；第二类是反映非流动资产的账户，如“债权投资”“长期股权投资”“固定资产”“累计折旧”“无形资产”等账户；第三类是既反映流动资产也反映非流动资产的账户，可称其为资产混合账户，主要有“待处理财产损溢”账户等。

2.负债类账户

负债类账户是用来反映企业各类负债的增减变动及其结存情况的账户。它可按所反映负债的偿还期的长短分为两类：第一类是反映流动负债的账户，如“短期借款”“应付票据”“应付账款”“预收账款”“应付职工薪酬”“应交税费”“应付利息”“应付股利”“其他应付款”等账户；第二类是反映长期负债的账户，如“长期借款”“应付债券”“长期应付款”等账户。

3.所有者权益类账户

所有者权益类账户是用来反映企业各项所有者权益的增减变动及其结余情况的账户。它可按所有者权益的构成分为两类：第一类是反映投资者投入资本的账户，主要有“实收资本”“资本公积”账户等；第二类是反映留存收益的账户，它又分为反映盈余公积的账户和反映未分配利润的账户两类，前者如“盈余公积”账户等，后者如“本年利润”“利润分配”账户等。

4.成本类账户

成本类账户是用来归集企业一定时期内发生的生产费用，计算产品生产成本的账户，如“生产成本”“制造费用”等账户。由于成本类账户归集的生产费用就其性质而言属于企业的资产，其期末余额应列入企业资产中的存货，因此，也可将成本类账户视为资产类账户。只从事商品流通业务的企业因不发生工业性生产费用，因而一般不设置成本类账户。

5.损益类账户

损益类账户是用来反映企业一定时期内各项收入的形成和费用的发生，据以计算当期损益的账户。它可按与损益计算的关系不同分为两类：第一类是反映各项收入、利得的账户，它可进一步分为反映收入的账户和反映利得的账户两类，前者如“主营业务收入”“其他业务收入”“投资收益”等账户，后者如“营业外收入”等账户；第二类是反映各项费用、损失的账户，它可进一步分为反映费用的账户和反映损失的账户两类，前者如“主营业务成本”“其他业务成本”“税金及附加”“销售费用”“管理费用”“财务费用”等账户，后者如“营业外支出”“所得税费用”等账户。

以上账户按经济内容的分类见表2–7。通过这种分类，可以明确各类账户反映的会计要素的具体内容，从而便于在设置和运用账户的过程中区分其性质，更好地掌握和运用账户。

表2-7 账户按经济内容的分类

类别		账户
资产类账户	流动资产账户	库存现金、银行存款、交易性金融资产、应收票据、应收账款、预付账款、其他应收款、材料采购、原材料、库存商品
	非流动资产账户	债权投资、其他债权投资、长期股权投资、固定资产、累计折旧、无形资产、长期待摊费用
	资产混合账户	待处理财产损溢
负债类账户	流动负债类账户	短期借款、应付票据、应付账款、预收账款、应付职工薪酬、应交税费、应付利息、应付股利、其他应付款
	非流动负债账户	长期借款、应付债券、长期应付款
所有者权益类账户	投入资本账户	实收资本、资本公积
	利得和损失账户	其他综合收益
	留存收益账户	盈余公积、本年利润、利润分配
成本类账户		生产成本、制造费用
损益类账户	收入、利得账户	主营业务收入、其他业务收入、投资收益、营业外收入
	费用、损失账户	主营业务成本、其他业务成本、税金及附加、销售费用、管理费用、财务费用、营业外支出、所得税费用

（二）账户按提供指标详细程度分类

如前所述，会计科目按其提供指标的详细程度分为总分类科目和明细分类科目两个级次。与此相适应，根据会计科目设置的账户也按提供指标的详细程度分为总分类账户和明细分类账户两个级次。

总分类账户又称总账账户、一级账户，它是为了提供会计要素具体内容增减变动及其结存情况的总括核算指标而根据总分类科目设置的账户。由于要提供总括核算指标，因而总账账户的记录通常只采用货币计量尺度。表2-7所列账户都是总账账户。

明细分类账户又称明细账户，它是为了提供会计要素具体内容增减变动及其结存情况的详细、具体核算指标而在某个总分类账户下根据明细分类科目设置的账户，所提供的核算指标主要用于满足企业内部经营管理的需要。明细账户的记录除了使用货币计量尺度外，必要时还需采用实物计量尺度或劳动计量尺度，以提供实物量指标或劳动量指标。

在会计核算中，并非所用的总账账户都要设置明细账户，明细账户的设置与否主要取决于内部管理的需要。在某个总账账户需要设置明细账户的情况下，二者必然存在密切的关系，表现在：首先，二者反映的经济内容相同，性质相同，都反映同一会计要素，只是反映的详细程度不同；其次，二者存在着从属关系，即总账账户是所属明细账户的统驭账户，对明细账户起着统驭、控制的作用，而明细账户是其总账账户的从属账户，对总账账户起着补充、辅助的作用；最后，总账账户记录的金额应等于其所属明细账户记录的金额之和。

将账户按其提供指标的详细程度分类，可以明确账户的级次，从而便于在设置和运用账户的过程中提供不同详细程度的核算指标，满足各有关方面对不同会计信息的需要。

[本章思考题]

1. 为什么说任何一个企业一定时点的资产与负债和所有者权益之间必然存在数额相等关系？

2. 企业发生的引起资产、负债、所有者权益、收入和费用变动的经济业务有哪些基本类型？它们对会计等式的影响是怎样的？

3. 企业应当如何设置会计科目？常用会计科目各自的核算内容是什么？

4. 简述会计科目、账户的概念及二者的联系、区别。

第三章

复式记账原理

第一节　会计记账方法概述

一、会计记账方法的含义

正如第二章指出的那样，会计科目是对会计要素具体内容的进一步分类，是对会计要素具体内容进一步分类的项目、名称，是对会计要素具体内容进行分类核算的依据；根据会计科目设置的账户是具有一定结构或格式的记账载体，是对会计要素具体内容进行分类核算的工具、手段。显然，设置会计科目和设置账户，都还没有解决以什么方式、方法进行分类核算的问题。要对企业生产经营过程中发生的各项经济业务和由此引起的会计要素具体内容的增减变动及结存情况加以记录，还必须采用一定的会计记账方法。

会计记账方法就是指为了将发生的经济业务按其涉及的会计科目在有关账户中加以记录所采用的方式。会计记账方法一般由记账符号、账户结构、记账规则、试算平衡等内容构成。

就世界会计发展历史看，曾经出现过多种不同的会计记账方法。总体而言，记账方法按照记录一项交易或事项时涉及的账户是否单一，可以分为单式记账法和复式记账法两类。

二、单式记账法

所谓单式记账法，是指对发生的每一项经济业务一般只在一个账户中进行登记，或者有时虽然也记入两个或两个以上账户，但账户之间的记录没有必然联系、没有相互平衡的概念的记账方法。

单式记账法主要是在古代会计发展时期所采用的记账方法。采用单式记账法时，通常只登记库存现金、银行存款收付的经济业务和应收、应付款结算的经济业务等。与此同时，除了对于有关应收、应付款结算涉及现金、银行存款收付的经济业务需要在两个或两个以上账户中进行登记外，对于其他经济业务一般只在一个账户中进行登记甚至不予登记。

显然，采用单式记账法时，由于不需要全面反映经济业务的发生情况，因而不需要完整地设置账户，所设置的账户不能构成一个完整的体系；对于发生的经济业务，账户之间的记录不存在直接联系，也没有相互平衡的关系，因而账户记录不能全面地、系统地反映经济业务的来踪去迹，也不便于检查经济业务的真实性、合法性和账户记录的正确性。由于单式记账法是一种不太严密、不够科学的记账方法，目前的企业单位除登记备查账簿外，一般已不再采用。

三、复式记账法概述

（一）复式记账法的产生和传播

复式记账法也称为借贷复式记账法，它是为了适应12世纪至13世纪初意大利北方商业和金融业的振兴特别是资本主义经济关系萌芽和发展的需要，在单式记账法的基础上逐步演变形成的。1494年，近代会计之父、意大利数学家卢卡·帕乔利在其著作《算术、几何、比及比例概要》一书中最早对复式记账法的基本理论和方法作了系统阐述，由此也开创了近代会计史的先河。此后，这一记账方法迅速在法、德、荷、英、美等欧美国家得到继承和发展，并逐步在世界范围内传播，到今天，它已成为举世公认的科学记账方法。

在我国，1858年后由英国人控制的海关较早采用了借贷复式记账法。我国最早介绍借贷复式记账法的书籍是1905年由蔡锡勇所著的《连环账谱》，这一方法在我国会计实务中的应用则始于1908年创办大清银行之时。此后，我国著名会计学家潘序伦、赵锡禹、徐永祚先生等在引进借贷复式记账法及会计方法改良中作出了重要贡献。1949年中华人民共和国成立后，由于全面学习苏联的会计理论、方法和制度，借贷复式记账法在我国得到了广泛应用。

（二）复式记账法的基本原理

企业的资产与负债及所有者权益是同一笔资金的两个不同侧面，它们存在着相互依存的内在经济联系，在数量上存在着恒等关系。企业发生的任何一项经济业务，都会引起至少两个会计要素项目发生数量上的增减变化，但不论是同时引起会计等式左方项目和右方项目增加相等金额或者减少相等金额，还是同时引起会计等式左方项目增加和减少相等金额或者右方项目增加和减少相等金额，都不会破坏会计等式。会计等式的这一平衡原理，显然要求所采用的记账方法必须能够使会计记录系统地、完整地反映发生的各项经济业务的全貌，不能破坏会计等式。复式记账法就是以会计等式作为理论依据建立的一种记账方法。

所谓复式记账法，是指对发生的每一项经济业务都必须以相等的金额在两个或两个以上账户中相互联系地进行登记的一种记账方法。

从复式记账法的概念看，掌握这一方法时应当注意其三个方面的基本内容：一是对发生的每一项经济业务都必须按照规定的会计科目，在两个或两个以上账户中进行记录；二是记录每一项经济业务的两个或两个以上账户之间是相互关联的；三是记录每一项经济业务的两个或两个以上账户的金额必须是相等的。这三项内容是复式记账法区别于单式记账法的不同点，因而也可视为复式记账法的显著特点。

复式记账法是迄今为止最为科学完备的一种会计记账方法。采用复式记账法，必须事先建立完善的会计科目体系和账户体系。在此基础上，由于复式记账法对发生的每一项经济业务都必须记录在相互关联的两个或两个以上账户中，因此，采用复式记账法，不仅可以通过账户记录反映每一项经济业务引起的会计要素增减变动的来踪去迹，清晰地反映经济业务的内容，全面、系统地反映经济活动的过程和结果，而且能够通过所形成的账户对应关系检查经济业务的真实性和合法性；同时，由于发生的每项经济业务都是以相等的金额记入两个或两个以上账户的，因而对记录的结果可以进行试算平衡，以检查账户记录的正确性。

20世纪60年代以后，我国在改革传统中式簿记的过程中，先后革新和创立了钱物收付记账法、资金收付记账法、现金收付记账法和增减记账法等新的记账方法，从而形成了借贷记账法、收付记账法（包括钱物收付记账法、资金收付记账法、现金收付记账法）、增减记账法等三种复式记账法并存的局面。为了使我国会计与国际会计尽快接轨，并为把会计真正变成国际通用的商业语言创造条件，我国1992年11月30日颁布的《企业会计准则》和1997年5月28日颁布的《事业单位会计准则（试行）》均作出规定，会计记账采用借贷记账法。到今天，借贷记账法已成为我国法定的会计记账方法。

应当指出，复式记账法不仅是一种会计核算方法，而且还体现在填制和审核会计凭证、登记会计账簿的过程中，会计凭证的填制和会计账簿的登记都要采用复式记账法，它在会计核算方法体系中占有十分重要的地位。

第二节 借贷记账法的基本原理

一、借贷记账法的基本内容

借贷记账法是以“借”“贷”作为记账符号，以“有借必有贷、借贷必相等”作为记账规则的一种复式记账方法。它是世界各国通用的一种复式记账法，也是我国法定的会计记账方法。

在本章第一节中曾经指出，会计记账方法一般由记账符号、账户结构、记账规则、试算平衡等内容构成。以下从这四个方面介绍借贷记账法的基本内容。

（一）记账符号

任何一种记账方法都必须规定记账符号。所谓记账符号，是指表示记账方向的记号。

借贷记账法的记账符号是“借”和“贷”。“借”“贷”二字的含义，最初是从借贷资本家的角度来解释的，即用来表示债权和债务的增减变动。借贷资本家对于吸收的存款，记在贷主的名下，表示“欠人”，即债务；对于放出的贷款，记在借主的名下，表示“人欠”，即债权。这时，借、贷二字表示债权债务的变化。随着商品货币经济的发展，借贷记账法被广泛地应用到各行各业，用来记录各种经济业务。这样，借、贷二字就逐渐失去了原来的字面含义，而转化为纯粹的记账符号，变成会计学上的一个专门术语，用来标明记账的方向。

（二）账户结构

在借贷记账法下，账户的金额部分分为左右两方，所有账户的左方均为借方，右方均为贷方。账户的借方和贷方哪一方登记增加金额，哪一方登记减少金额，是由账户反映的经济内容决定的。

1.资产、成本类账户的结构

用来记录资产、成本的账户，其结构一般是：借方登记资产、成本的增加额，贷方登记资产、成本的减少额或转销额，期末余额一般在借方，表示期末资产、成本的结存数额。如果用“T”字账，则资产、成本类账户的结构如图3-1所示。

借方　　　　账户名称　　　　贷方

借方		贷方	
期初余额	××××	本期减少额或转销额	××××
本期增加额	××××		⋮
	⋮		
本期发生额	××××	本期发生额	××××
期末余额	××××		

图3-1　资产、成本类账户的结构

对于资产、成本类账户，其借方期末余额等于借方期初余额加上借方本期发生额再减去贷方本期发生额，用公式表示如下：

期末余额＝期初余额＋借方本期发生额－贷方本期发生额

2.负债、所有者权益类账户的结构

用来记录负债、所有者权益的账户，由于所记录的经济内容（即权益）与资产、成本类账户所记录的经济内容（即资产）是同一事物的两个不同方面，二者体现为对立统一的关系，因而其结构与资产、成本类账户的结构是截然相反的。具体说来，负债、所有者权益类账户的结构为：贷方登记负债、所有者权益的增加额，借方登记负债、所有者权益的减少额，期末余额一般在贷方，表示期末负债、所有者权益的结存数额。如果用“T”字账，则负债、所有者权益类账户的结构如图3-2所示。

借方　　　　账户名称　　　　贷方

借方		贷方	
本期减少额	××××	期初余额	××××
	⋮	本期增加额	××××
			⋮
本期发生额	××××	本期发生额	××××
		期末余额	××××

图3-2　负债、所有者权益类账户的结构

对于负债、所有者权益类账户，其贷方期末余额等于贷方期初余额加上贷方本期发生额再减去借方本期发生额，用公式表示如下：

期末余额＝期初余额＋贷方本期发生额－借方本期发生额

3.费用类账户的结构

由于费用的增加表现为资产的减少或负债的增加或二者兼而有之，并最终会导致所有者权益的减少，因此，费用类账户的结构就与资产类账户的结构相近而与负债、所有者权益类账户的结构相反。具体说来，费用类账户的结构为：借方登记费用的增加额，贷方登记费用的减少额和转销额，由于期末应将费用类账户借方与贷方的差额（即借差）从贷方全部转出，故一般无期末余额。如果用“T”字账，则费用类账户的结构如图3-3所示。

借方	账户名称		贷方
本期增加额	××××	本期减少额	××××
	⋮		⋮
		本期转销额	××××
本期发生额	××××	本期发生额	××××

图3-3　费用类账户的结构

4.收入类账户的结构

由于收入的增加表现为资产的增加或负债的减少或二者兼而有之，并最终会导致所有者权益的增加，因此，收入类账户的结构就与负债、所有者权益类账户的结构相近而与资产类账户的结构相反。具体说来，收入类账户的结构为：贷方登记收入的增加额，借方登记收入的减少额和转销额，由于期末应将收入类账户贷方与借方的差额（即贷差）从借方全部转出，故一般无期末余额。如果用“T”字账，则收入类账户的结构如图3-4所示。

借方	账户名称		贷方
本期减少额	××××	本期增加额	××××
	⋮		⋮
本期转销额	××××		
本期发生额	××××	本期发生额	××××

图3-4　收入类账户的结构

综上所述，账户的借方和贷方哪一方用于记录增加额，哪一方用于记录减少额，是由账户的性质或账户反映的经济内容决定的，见表3-1。也正因为“借”“贷”二字表示的经济含义是由账户的性质所决定的，具有不确定性，因而只能认为“借”“贷”二字是借贷记账法下用以标明记账方向的纯粹的记账符号。

表3-1　各类账户结构示意表

账户类别		借方记录	贷方记录	余额方向
资产类账户		增加额	减少额	借方
负债类账户		减少额	增加额	贷方
所有者权益类账户		减少额	增加额	贷方
成本类账户		增加额	减少额和转销额	借方
损益类账户	收入类账户	减少额和转销额	增加额	无期末余额
	费用类账户	增加额	减少额和转销额	无期末余额

此外，从以上各类账户的结构可以看出，一个账户的记录往往可以提供期初余额、借方本期发生额、贷方本期发生额和期末余额四项金额指标。

账户的本期发生额是指账户的借方或者贷方在一定时期内登记的金额合计，它属于动态指标，反映的是由经济业务发生引起的会计要素增减变化情况。

账户的余额则是指一定日期账户借方金额总计与贷方金额总计相抵后的差额，它属于静态指标，所反映的是由经济业务发生引起的会计要素增减变化结果。在期末计算出的账户余额称为期末余额；本期（上期）期末余额转入下期（本期）即为下期（本期）的期初余额。一个账户的期末余额往往与其记录的本期增加额在相同方向。一般说来，当一个账户出现借方余额时，该账户反映的经济内容是资产或成本；当一个账户出现贷方余额时，该账户反映的经济内容是负债或所有者权益。

还应当指出的是，由于会计要素之间特别是属于资产的债权与属于负债的债务之间有时会相互转化，加之为了简化核算工作有时还设置双重性质的账户，因此，对以上账户结构的理解和运用不宜绝对化。

（三）记账规则

记账规则是指复式记账法的特定记账规律和原则。借贷记账法的记账规则，概括地说就是“有借必有贷，借贷必相等”。其具体含义是：“有借必有贷”是指记账的方向，每一项经济业务既要记入有关账户的借方，又要记入有关账户的贷方；“借贷必相等”是指记账的金额，每一项经济业务记入账户借方的金额与记入账户贷方的金额必须相等。

【例3-1】江东机械制造公司2019年9月发生以下经济业务，据以分析说明借贷记账法记账规则的应用。

［**业务事项1**］收到其他公司投资200 000元，存入银行。

该项经济业务涉及“银行存款”和“实收资本”两个账户，二者同时增加200 000元。“银行存款”账户属于资产类账户，其增加应记入借方，“实收资本”账户属于所有者权益账户，其增加应记入贷方，二者的金额均为200 000元。

［**业务事项2**］企业购入一台机器设备（无须安装），价值30 000元，价款以银行支票付讫。

该项经济业务涉及“固定资产”和“银行存款”两个账户，“固定资产”账户增加30 000元，“银行存款”账户减少30 000元。二者均属于资产类账户，“固定资产”账户增加应记入借方，“银行存款”账户减少应记入贷方。

［**业务事项3**］以银行存款归还原欠货款16 000元。

该项经济业务涉及“应付账款”账户减少16 000元，“银行存款”账户同时减少16 000元。“应付账款”账户属于负债类账户，其减少应记入借方，“银行存款”账户属于资产类账户，其减少应记入贷方。

［**业务事项4**］收到客户上月所欠货款20 000元，存入银行。

该项经济业务涉及“银行存款”账户增加20 000元，“应收账款”账户同时减少20 000元。二者均属于资产类账户，“应收账款”账户减少应记入贷方，“银行存款”账户增加应记入借方，金额均为20 000元。

［**业务事项5**］企业购买80 000元材料，其中55 000元已用银行存款支付，25 000元尚未支付，材料已验收入库。

该项经济业务涉及三个账户，“原材料”账户增加80 000元，同时“银行存款”账户减少55 000元，“应付账款”账户增加25 000元。“原材料”账户属于资产类账户，其增加应记入借方，“银行存款”账户属于资产类账户，其减少应记入贷方，“应付账款”账户属于负债类账户，其增加应记入贷方，借方与贷方账户的金额均为80 000元。

[业务事项6] 企业收到投资者投入货币资金100 000元；投入原材料50 000元。

该项经济业务涉及三个账户，“银行存款”账户增加100 000元，“原材料”账户增加50 000元，同时“实收资本”账户增加150 000元。“银行存款”“原材料”账户属于资产类账户，其增加应记入借方，“实收资本”账户属于所有者权益类账户，其增加应记入贷方，借方与贷方账户的金额均为150 000元。

（四）试算平衡

所谓试算平衡，是指根据会计等式的平衡原理和记账规则的要求，通过汇总计算和比较，初步检查一定时期内发生的经济业务在总分类账户中的登记是否正确的一种方法。借贷记账法的试算平衡，包括发生额试算平衡和余额试算平衡的方法，总的说来是借贷双方自动平衡。

发生额试算平衡法是由借贷记账法的记账规则决定的。按照借贷记账法的记账规则，任何一项经济业务，不论是涉及两个还是两个以上账户，其借贷双方的发生额必然是相等的。因此，将一定时期内所有经济业务都记入有关总分类账户后，全部总分类账户借方和贷方的本期发生额合计数也必然相等。用公式表示为：

全部账户借方的本期发生额合计 = 全部账户贷方的本期发生额合计

余额试算平衡是由会计等式的平衡原理决定的。如前所述，在任何时点，企业的资产总额与负债和所有者权益总额必然相等；同时，根据借贷记账法账户结构的原理，期末余额在借方的账户可视为资产类账户或成本类账户（就其本质而言，成本类账户反映的内容仍属于资产），期末余额在贷方的账户可视为负债或所有者权益类账户。因此，全部总分类账户借方和贷方各自的期末余额合计数必然相等。用公式表示为：

全部账户借方期末余额合计 = 全部账户贷方期末余额合计

发生额试算平衡和余额试算平衡通常应分别采取编制“总分类账户本期发生额试算平衡表”和“总分类账户期末余额试算平衡表”的方式来进行，其格式分别见表3-2和表3-3。在日常核算工作中，为简便起见，一般将二者合并为“总分类账户本期发生额及余额试算平衡表”（简称“总分类账户试算平衡表”），其格式见表3-4。

表3-2 **总分类账户本期发生额试算平衡表**

年 月 单位：元

会计科目	借方发生额	贷方发生额
合 计		

表3-3

总分类账户期末余额试算平衡表

年　　月

单位：元

会计科目	借方余额	贷方余额
合 计		

表3-4

总分类账户试算平衡表

年　　月

单位：元

会计科目	期初余额		本期发生额		期末余额	
	借 方	贷 方	借 方	贷 方	借 方	贷 方
合 计						

在编制“总分类账户试算平衡表”时应注意以下几点：第一，必须保证将全部总分类账户的本期发生额和余额记入该表；第二，如果该表中期初余额、本期发生额、期末余额三大栏各自的借方合计数与贷方合计数不相等，说明总分类账户记录肯定有错，应认真查找差错原因并加以更正；第三，即使三大栏借方和贷方各自的合计数相等，也不能说明总分类账户记录肯定正确，因为在记账时，如果发生借方和贷方账户都多记或都少记相同金额，或者将应借或应贷的账户记错，或者将应借应贷账户的记账方向弄反等错误，都不会影响该表中借贷双方的平衡关系。换句话说，编制该表，是不能发现前述错误的。也正是因为如此，试算平衡只能被视为检查账户记录是否正确初步采用的一种方法。

二、账户对应关系和会计分录

所谓账户（科目）对应关系，是指运用借贷记账法的记账规则记录经济业务时，该项经济业务所涉及的两个或两个以上账户（科目）之间形成的应借、应贷的相互依存关系。存在着对应关系的账户（科目）互为对应账户（科目）。例如，以银行存款归还短期借款67 000元。按照借贷记账法的记账规则，对该项经济业务应记入“短期借款”账户借方67 000元和“银行存款”账户贷方67 000元，这样，“短期借款”和“银行存款”两个账户之间就形成了应借、应贷的相互依存关系。由于二者存在对应关系，因而“短期借款”账户借方对应的贷方账户是“银行存款”账户，相应地，“银行存款”账户贷方对应的借方账户是“短期借款”账户。

认识账户对应关系，具有十分重要的意义。通过账户对应关系，可以了解经济业务的内容，弄清会计要素具体项目增减变化的来踪去迹，进而也可以检查经济业务的合理性、合法性、合规性，还可以检查账户记录的正确性。

为了保证账户记录的正确性和账户对应关系的清晰明了，在会计核算工作中，登账前通常应根据发生的经济业务编制会计分录。所谓会计分录，是指在记账凭证中标明某项经济业务应借、应贷的账户及其金额的记录。[①]它由记账符号、账户名称（会计科目）、记账金额三部分构成，其基本格式为：

记账符号“借”：借方账户名称　　　　　　借方余额

记账符号“贷”：贷方账户名称　　　　　　贷方金额

编制会计分录一般应按三个步骤进行：首先，分析所发生的交易或事项的内容，弄清涉及的会计要素，进一步明确它涉及哪两个或两个以上账户，各自是增加还是减少，金额是多少；其次，根据第一步分析结果，明确各个账户的性质；最后，根据借贷记账法账户结构的原理，确定各个账户是记入借方还是记入贷方。

以本节前述【例3-1】江东机械制造公司2019年9月份发生的六项经济业务为例，编制其会计分录如下：

（1）借：银行存款　　200 000
　　　贷：实收资本　　200 000

（2）借：固定资产　　30 000
　　　贷：银行存款　　30 000

（3）借：应付账款　　16 000
　　　贷：银行存款　　16 000

（4）借：银行存款　　20 000
　　　贷：应收账款　　20 000

（5）借：原材料　　80 000
　　　贷：银行存款　　55 000
　　　　　应付账款　　25 000

（6）借：银行存款　　100 000
　　　　原材料　　50 000
　　　贷：实收资本　　150 000

按照一项经济业务涉及账户的多少，会计分录可以分为简单分录和复合分录两种。简单分录只涉及两个账户，是由一方的一个账户与另一方的一个账户相对应所构成的分录，其表现形式为一借一贷。上例中，前四项经济业务的分录均为简单分录。复合分录涉及两个以上账户，是由一方的一个或多个账户与另一方的多个账户相对应所构成的分录，其表现形式为一借多贷或多借一贷或多借多贷。上例中，后两项经济业务的分录均为复合分录。复合分录是由若干相同类型交易或事项的简单分录组合形成的。编制复合分录有利于简化记账手续。

① 记账凭证的核心内容是会计分录，这里所说的根据发生的交易或者事项编制会计分录，在实务中主要就是根据原始凭证填制记账凭证。有关原始凭证、记账凭证的内容，将在第六章作专门介绍。

应当指出，在实际工作中，如果一项经济业务涉及多借多贷的账户时，为了全面地反映该项经济业务内容，可以编制多借多贷的复合分录。但是，不允许将不同类型的经济业务合并在一起编制多借多贷的复合分录，以尽可能地保持账户对应关系清晰明了。

三、借贷记账法的应用及实例

一个企业的日常会计核算工作，其基本步骤和内容是：开设账户，记入期初余额；编制会计分录；过账；结账；对账；编制财务会计报告。

借贷记账法作为一种记账方法，其基本原理贯穿于日常会计核算工作的全过程。为了较为完整地掌握借贷记账法，以下将结合日常会计核算工作的基本步骤，以第二章第一节中【例2-1】所举新天地蓝股份有限公司2019年9月份发生的经济业务的处理为例，进一步说明借贷记账法的基本原理。

（一）开设账户，记入期初余额

为了借助账户这一记账载体记录一定会计期间所发生的各项经济业务，应于期初将账户开设好，并记入各账户的期初余额。按照借贷记账法记账符号及账户结构的原理，资产、成本类账户的期初余额一般在借方，负债、所有者权益类账户的期初余额一般在贷方，损益类账户一般无期初余额。

根据新天地蓝股份有限公司2019年9月初账户余额（见表2-1）所开设的“T”字账如图3-5所示。

（二）编制会计分录

为了保证账户记录的正确性和账户对应关系清晰明了，对一定时期内发生的各项经济业务，应按照借贷记账法的记账规则编制会计分录。

根据新天地蓝股份有限公司2019年9月发生的各项经济业务编制的会计分录如下：

	借方	贷方
（1）借：银行存款	80 000	
贷：短期借款		80 000
（2）借：固定资产	50 000	
贷：实收资本		50 000
（3）借：应付账款	20 000	
贷：银行存款		20 000
（4）借：实收资本	30 000	
贷：银行存款		30 000
（5）借：库存现金	20 000	
贷：银行存款		20 000
（6）借：应付票据	25 000	
贷：应付账款		25 000
（7）借：资本公积	30 000	
贷：实收资本		30 000
（8）借：应付债券	50 000	
贷：实收资本		50 000

（9）借：利润分配 10 000

贷：应付股利 10 000

（三）过账

过账也称登账、记账，就是把一定时期内发生的各项经济业务所编制的会计分录，按照其涉及的账户、金额和记账方向，过记到相应的账户中去的会计工作。在过账时，如果当期经济业务的分录所涉及的某些账户因无期初余额而未开设，则应重新开设这些账户。

根据新天地蓝股份有限公司2019年9月的会计分录过记的账户如图3-5所示。

（四）结账

结账就是把一定时期内经济业务的会计分录全部过记入账后，于期末将每个账户的本期发生额和余额都结算出来并登记入账的会计工作。

根据新天地蓝股份有限公司2019年9月各账户的记录所结算的本期发生额及余额如图3-5所示。

库存现金

期初余额	42 800		
（5）	20 000		
本期发生额	20 000	本期发生额	0
期末余额	62 800		

银行存款

期初余额	186 800	（3）	20 000
（1）	80 000	（4）	30 000
		（5）	20 000
本期发生额	80 000	本期发生额	70 000
期末余额	196 800		

应收账款

期初余额	40 000		
本期发生额	0	本期发生额	0
期末余额	40 000		

固定资产

期初余额	67 000		
（2）	50 000		
本期发生额	50 000	本期发生额	0
期末余额	117 000		

库存商品

期初余额	52 000		
本期发生额	0	本期发生额	0
期末余额	52 000		

原材料

期初余额	48 000		
本期发生额	0	本期发生额	0
期末余额	48 000		

无形资产

期初余额	60 000		
本期发生额	0	本期发生额	0
期末余额	60 000		

短期借款

		期初余额	50 000
		（1）	80 000
本期发生额	0	本期发生额	80 000
		期末余额	130 000

应付账款

借方		贷方	
（3）	20 000	期初余额	36 800
		（6）	25 000
本期发生额	20 000	本期发生额	25 000
		期末余额	41 800

应付票据

借方		贷方	
（6）	25 000	期初余额	34 200
本期发生额	25 000	本期发生额	0
		期末余额	9 200

应付股利

借方		贷方	
		期初余额	26 000
		（9）	10 000
本期发生额	0	本期发生额	10 000
		期末余额	36 000

应付债券

借方		贷方	
（8）	50 000	期初余额	72 200
本期发生额	50 000	本期发生额	0
		期末余额	22 200

实收资本

借方		贷方	
（4）	30 000	期初余额	156 000
		（2）	50 000
		（7）	30 000
		（8）	50 000
本期发生额	30 000	本期发生额	130 000
		期末余额	256 000

资本公积

借方		贷方	
（7）	30 000	期初余额	74 000
本期发生额	30 000	本期发生额	0
		期末余额	44 000

利润分配

借方		贷方	
（9）	10 000	期初余额	47 400
本期发生额	10 000	本期发生额	0
		期末余额	37 400

图3-5 新天地蓝股份有限公司2019年9月账户记录

（五）对账

对账就是为了保证账户记录的正确、完整和真实性而对账户记录进行的核对工作，它主要包括账证核对、账账核对和账实核对三个方面的内容，其基本方法将在第七章作系统介绍。编制“总分类账户试算平衡表”，对总分类账户的记录进行试算平衡，实际上就是将全部总分类账户相互核对，属于账账核对的范畴。

根据新天地蓝股份有限公司2019年9月各账户记录（如图3-5所示）所编制的“总分类账户试算平衡表”见表3-5。该表期初余额、本期发生额、期末余额三大栏各自的借方合计数与贷方合计数是相等的，从而可以初步判定账户记录正确。

（六）编制财务会计报告

企业对外报送的财务会计报告包括资产负债表、利润表、现金流量表、所有者权益变动表、附注等。编制财务会计报告的基本方法将在第九章作专门介绍。

根据新天地蓝股份有限公司2019年9月各账户期末余额（如图3-5所示）所编制的资产负债表简表见表2-2。

表3-5　**总分类账户试算平衡表**

2019年9月　　单位：元

会计科目	期初余额		本期发生额		期末余额	
	借方	贷方	借方	贷方	借方	贷方
库存现金	42 800		20 000		62 800	
银行存款	186 800		80 000	70 000	196 800	
应收账款	40 000				40 000	
固定资产	67 000		50 000		117 000	
库存商品	52 000				52 000	
原材料	48 000				48 000	
无形资产	60 000				60 000	
短期借款		50 000		80 000		130 000
应付账款		36 800	20 000	25 000		41 800
应付票据		34 200	25 000			9 200
应付股利		26 000		10 000		36 000
应付债券		72 200	50 000			22 200
实收资本		156 000	30 000	130 000		256 000
资本公积		74 000	30 000			44 000
未分配利润		47 400	10 000			37 400
合　计	496 600	496 600	315 000	315 000	576 600	576 600

第三节　总账账户与明细账户的平行登记

一、平行登记的基本原理

在第二章第三节曾经指出，账户可按提供指标的详细程度分为总分类账户和明细分类账户。这就使得在过账时必然面临一个对二者应当如何进行登记的问题。

正如第二章第三节指出的那样，总账账户与其所属明细账户都是反映同一会计要素，二者之间存在着从属关系，且总账账户记录的金额应等于其所属明细账户记录的金额之和。由于总账账户与其所属明细账户之间存在着这样的密切联系，因而在过账时，对二者应采用平行登记的方法过记，以便于二者之间的相互核对，保证核算资料的正确性和完整性。

所谓平行登记，是指对经济业务涉及的某一总账账户及其所属明细账户，应当采用相同的记账依据、记账方向和记账金额，既在总账账户中进行总括登记，又在所属明细账户中进行明细登记的一种过账方法。其基本内容如下：

（1）登记依据相同。对发生的每一项经济业务，必须根据相同的会计凭证（会计分录），在同一会计期间记入有关总账账户及其所属各明细账户。

（2）登记方向一致。根据某一项经济业务的会计凭证所登记的总账账户与其所属明细账户的记账方向必须相同。

（3）登记金额相等。过记到某个总账账户的金额与其所属各明细账户的金额之和必须相等。

采用以上平行登记的方法，必然使某个总账账户与其所属明细账户之间形成相互核对的数量关系。用公式表示为：

某总账账户本期发生额=该总账账户所属明细账户本期发生额合计

某总账账户期末余额=该总账账户所属明细账户期末余额合计

总账账户与其所属明细账户之间的核对属于账账核对的范畴。在实际工作中，这种核对往往通过编制“明细分类账户本期发生额和余额明细表”的方式进行，该表格式见表3-9、表3-10。

二、平行登记的应用

平行登记只是在过账时针对总账账户与其所属明细账户采用的一种登记方法。采用这种方法，首先要求开设总账账户与其所属明细账户；其次，根据发生的经济业务编制会计分录，同时，在会计分录中应当列出有关总账账户所属明细账户，作为过账的依据；再次，按照平行登记方法的内容要求过记总账账户与其所属明细账户；最后，对过记的总账账户与其所属明细账户进行核对。

以下以腾飞电器制造厂原材料和应付账款的核算为例，说明总账账户与明细账户平行登记方法的应用。

【例3-2】腾飞电器制造厂2019年10月“原材料”和“应付账款”两个总分类账户及其所属明细分类账户的月初余额如下：

“原材料”总分类账户借方余额200 000元，其按原材料名称设置的各明细分类账户的余额为：甲材料10 000千克，单价7元，计70 000元；乙材料50 000千克，单价2.60元，计130 000元。

“应付账款”总分类账户贷方余额100 000元，其按供应单位名称设置的各明细分类账户的贷方余额为：远安电线厂60 000元；昆星制造厂40 000元。

腾飞电器制造厂2019年10月发生的有关经济业务如下：

[**业务事项1**] 2日，生产领用甲材料4 000千克，单价7元，计28 000元；乙材料10 000千克，单价2.60元，计26 000元。

[**业务事项2**] 10日，向远安电线厂购进甲材料70 000千克，单价7元，计490 000元，货款尚未支付。

[**业务事项3**] 22日，向昆星制造厂购进甲材料20 000千克，单价7元，计140 000元；乙材料100 000千克，单价2.60元，计260 000元，货款共计400 000元尚未支付。

[**业务事项4**] 30日，通过银行结算，偿还远安电线厂货款500 000元、昆星制造厂货款300 000元，共计800 000元。

根据上述资料，采用平行登记的方法过记“原材料”和“应付账款”两个总分类账户及其明细分类账户，其具体步骤和做法如下：

1.开设“原材料”和“应付账款”两个总分类账户及其明细分类账户，记入期初余额，见表3-6、表3-7和表3-8。表3-6和表3-8为三栏式账页，表3-7为数量金额式账页。

2.根据上述有关经济业务编制会计分录如下：

(1) 借：生产成本　　　　　　　　　　　　54 000

贷：原材料　　54 000

——甲材料　28 000

——乙材料　26 000

（2）借：原材料——甲材料　　490 000

贷：应付账款——远安电线厂　　490 000

（3）借：原材料　　400 000

——甲材料　140 000

——乙材料　260 000

贷：应付账款——昆星制造厂　　400 000

（4）借：应付账款　　800 000

——远安电线厂　500 000

——昆星制造厂　300 000

贷：银行存款　　800 000

3.根据上列会计分录，采用平行登记的方法过记“原材料”和“应付账款”两个总分类账户及其所属明细分类账户。明细分类账户也可以直接根据每一项经济业务的原始凭证过记。登记结果见表3-6、表3-7和表3-8。

4.结账。即期末结算出各账户的本期发生额和余额并登记入账，见表3-6、表3-7和表3-8。

表3-6

总分类账户

会计科目：原材料　　单位：元

2019年		凭证		摘要	借方	贷方	借或贷	余额
月	日	字	号					
10	1			期初余额			借	200 000
	2		（1）	生产领用		54 000	借	146 000
	10		（2）	购进	490 000		借	636 000
	22		（3）	购进	400 000		借	1 036 000
10	31			本期发生额及余额	890 000	54 000	借	1 036 000

会计科目：应付账款　　单位：元

2019年		凭证		摘要	借方	贷方	借或贷	余额
月	日	字	号					
10	1			期初余额			贷	100 000
	10		（2）	购进材料		490 000	贷	590 000
	22		（3）	购进材料		400 000	贷	990 000
	30		（4）	偿还货款	800 000		贷	190 000
10	31			本期发生额及余额	800 000	890 000	贷	190 000

表3-7

原材料明细分类账户

二级或明细科目：甲材料　　　　单位：元、千克

2019年		凭证		摘要	借方（收入）			贷方（发出）			余额（结存）		
月	日	字	号		数量	单价	金额	数量	单价	金额	数量	单价	金额
10	1			期初余额							10 000	7	70 000
	2		（1）	生产领用				4 000	7	28 000	6 000	7	42 000
	10		（2）	购进	70 000	7	490 000				76 000	7	532 000
	22		（3）	购进	20 000	7	140 000				96 000	7	672 000
10	31			本期发生额及余额	90 000	7	630 000	4 000	7	28 000	96 000	7	672 000

二级或明细科目：乙材料　　　　单位：元、千克

2019年		凭证		摘要	借方（收入）			贷方（发出）			余额（结存）		
月	日	字	号		数量	单价	金额	数量	单价	金额	数量	单价	金额
10	1			期初余额							50 000	2.6	130 000
	2		（1）	生产领用				10 000	2.60	26 000	40 000	2.6	104 000
	22		（3）	购进	100 000	2.60	260 000				140 000	2.6	364 000
10	31			本期发生额及余额	100 000	2.60	260 000	10 000	2.60	26 000	140 000	2.6	364 000

表3-8

应付账款明细分类账户

二级或明细科目：远安电线厂　　　　单位：元

2019年		凭证		摘要	借方	贷方	借或贷	余额
月	日	字	号					
10	1			期初余额			贷	60 000
	10		（2）	购进材料		490 000	贷	550 000
	30		（4）	偿还原欠货款	500 000		贷	50 000
10	31			本期发生额及余额	500 000	490 000	贷	50 000

二级或明细科目：昆星制造厂　　　　单位：元

2019年		凭证		摘要	借方	贷方	借或贷	余额
月	日	字	号					
10	1			期初余额			贷	40 000
	22		（3）	购进材料		400 000	贷	440 000
	30		（4）	偿还原欠货款	300 000		贷	140 000
10	31			本期发生额及余额	300 000	400 000	贷	140 000

5.核对总分类账户和明细分类账户的记录。结账后，应根据记入总分类账户的金额必然等于所属各明细分类账户金额之和的原理，通过编制“明细分类账户本期发生额和余额明细表”的方式，对总分类账户和明细分类账户的记录进行核对，以检查其正确性和完整性。该表中，各栏的合计数应与其总分类账户记录中的相应数额核对一致。如果核对相符，表明总分类账户与其明细分类账户的记录基本上是正确的。如果核对不符，应查明原因，予以更正。

上例中，根据原材料明细分类账户的记录编制的“原材料明细分类账户本期发生额和余额明细表”见表3-9；根据应付账款明细分类账户的记录编制的“应付账款明细分类账户本期发生额和余额明细表”见表3-10。在这两张表中，期初余额栏、本期发生额的借方栏和贷方栏、期末余额栏的合计数，均分别与其总分类账户中的相应数额完全相等，从而可判定以上总分类账户和明细分类账户的记录基本正确。

表3-9　**原材料明细分类账户本期发生额和余额明细表**

2019年10月　单位：元

二级或明细科目	期初余额		本期发生额		期末余额	
	借方	贷方	借方	贷方	借方	贷方
甲材料	70 000		630 000	28 000	672 000	
乙材料	130 000		260 000	26 000	364 000	
合　计	200 000		890 000	54 000	1 036 000	
“原材料”账户	200 000		890 000	54 000	1 036 000	

表3-10　**应付账款明细分类账户本期发生额和余额明细表**

2019年10月　单位：元

二级或明细科目	期初余额		本期发生额		期末余额	
	借方	贷方	借方	贷方	借方	贷方
远安电线厂		60 000	500 000	490 000		50 000
昆星制造厂		40 000	300 000	400 000		140 000
合　计		100 000	800 000	890 000		190 000
“应付账款”账户		100 000	800 000	890 000		190 000

[本章思考题]

1.什么是复式记账法？其主要内容有哪些？为什么说它是一种科学严密的记账方法？

2.什么是借贷记账法？其主要内容有哪些？

3.采用借贷记账法，怎样进行试算平衡？总账账户与其所属明细账户如何进行核对？

4.什么是平行登记？其要点何在？

第四章

制造企业经济业务的账务处理

本章根据设置会计科目、账户的基本原理和方法，主要以制造企业在生产经营过程中发生的主要经济业务的账务处理为例，对账户和借贷记账法的实际应用做进一步介绍。

第一节　筹集资金业务的账务处理

一、筹集资金的主要经济业务内容

资金，是企业从事一切生产经营活动的物质基础。资金是包括货币本身的各种资产的货币表现。企业主要通过两个基本渠道进行筹集资金的活动：一是向投资者筹集资金；二是向债权人筹集资金。在筹集资金的过程中涉及的主要经济业务有两个方面：一是引起投入资本发生的经济业务；二是引起各种负债形成的经济业务。

企业向投资者筹集资金，就是接受投资者以货币资金、实物资产、无形资产等的出资。在会计核算中，企业向投资者筹集资金，就会形成实收资本、资本公积，从而要求对引起投入资本发生的经济业务进行账务处理。

企业向债权人筹集资金，就是企业以各种方式向债权人举借债务。在会计核算中，企业向债权人筹集资金，就会形成企业的各种负债，从而要求对引起各种负债形成的经济业务进行账务处理。

二、筹集资金主要经济业务核算应设置的账户

为了核算和监督投资者对企业的投资、企业取得各类借款等经济业务，企业应设置实收资本、资本公积、短期借款和应付利息等账户。

（一）“实收资本”账户

“实收资本”账户是一个所有者权益类账户，反映的是企业实际收到投资者投入的法定资本（如果是股份有限公司，该账户称为“股本”账户）。该账户贷方登记企业收到投资者以现金、实物和无形资产等投入的资本，以及企业按规定将资本公积、盈余公积转增的资本，借方登记实收资本的减少额，期末余额一般在贷方，表示期末实收资本的余额，如图4-1所示。一般说来，“实收资本”账户应当按照投资者设置三栏式明细分类账户，进行明细分类核算。

实收资本（所有者权益类账户）

实收资本的减少额	实收资本的增加额
	期末余额：实收资本的实有额

图4-1 “实收资本”账户结构示意图

（二）“资本公积”账户

“资本公积”账户是一个所有者权益类账户，反映的是企业资本公积增减变动及结余情况。该账户的贷方登记增加的资本公积，主要包括因收到投资者出资额超出其在注册资本中所占份额的部分等，借方登记因资本公积转增资本等而减少的资本公积，期末贷方余额表示企业结余的资本公积，如图4-2所示。一般说来，“资本公积”账户应当设置“资本溢价”“其他资本公积”等三栏式明细分类账户。

资本公积（所有者权益类账户）

资本公积的减少额	资本公积的增加额
	期末余额：资本公积的结余额

图4-2 “资本公积”账户结构示意图

（三）“短期借款”账户

“短期借款”账户是一个负债类账户，反映的是企业向银行或其他金融机构借入的期限在一年以内的各种借款。该账户的贷方登记企业借入的各种短期借款，借方登记企业已偿还的短期借款，期末余额一般在贷方，表示期末尚未偿还的短期借款，如图4-3所示。“短期借款”账户应按债权人户名和借款种类分别进行明细分类核算。

短期借款（负债类账户）

已偿还的短期借款	借入的短期借款
	期末余额：尚未偿还的短期借款本金

图4-3 “短期借款”账户结构示意图

（四）“应付利息”账户

“应付利息”账户是一个负债类账户，反映的是企业按照合同约定应支付的利息。该账户的贷方登记发生的应当支付的利息，借方登记实际支付的利息，期末贷方余额表示企业应付未付的利息，如图4-4所示。

应付利息（负债类账户）

实际支付的利息	发生的应付利息
	期末余额：应付未付的利息

图4-4 “应付利息”账户结构示意图

三、筹集资金主要经济业务的账务处理方法

【例4-1】万峰儿童玩具制造公司主要从事玩具的生产和销售，该公司为增值税一般纳税人，增值税税率为13%。以下以该公司20××年6月份的经济业务为例，说明企业在筹

集资金过程中发生的主要经济业务的账务处理方法。

[**业务事项1**] 1日，由于生产经营需要，向银行借入款项200 000元，该借款期限为6个月，年利率为5.6%，款项存入银行。

该业务事项会计分录如下：

（1）借：银行存款　　200 000

　　贷：短期借款　　200 000

[**业务事项2**] 2日，收到A公司投入资金500 000元，款项存入银行。

该业务事项会计分录如下：

（2）借：银行存款　　500 000

　　贷：实收资本　　500 000

[**业务事项3**] 4日，收到B公司投入资金120 000元存入银行，根据双方投资合同约定，其中100 000元作为B公司的出资额，剩余20 000元作为资本溢价。

该业务事项会计分录如下：

（3）借：银行存款　　120 000

　　贷：实收资本　　100 000

　　　　资本公积　　20 000

[**业务事项4**] 5日，收到C公司投入设备一台，该设备账面原价为350 000元，累计已计提折旧20 000元，双方协议确认的价值为300 000元，设备已投入使用。

该业务事项会计分录如下：

（4）借：固定资产　　300 000

　　贷：实收资本　　300 000

[**业务事项5**] 13日，收到D公司投入一项专利权，双方投资合同约定价值为150 000元。

该业务事项会计分录如下：

（5）借：无形资产　　150 000

　　贷：实收资本　　150 000

[**业务事项6**] 16日，按规定程序，将资本公积80 000元转增资本。

该业务事项会计分录如下：

（6）借：资本公积　　80 000

　　贷：实收资本　　80 000

[**业务事项7**] 16日，按规定程序，将盈余公积60 000元转增资本。

该业务事项会计分录如下：

（7）借：盈余公积　　60 000

　　贷：实收资本　　60 000

[**业务事项8**] 30日，计提本月短期借款利息1 350元。

该业务事项会计分录如下：

（8）借：财务费用　　1 350

　　贷：应付利息　　1 350

[**业务事项9**] 30日，以银行存款支付本季度短期借款利息2 250元。

该业务事项会计分录如下：

(9) 借：应付利息　　2 250

　　贷：银行存款　　2 250

[**业务事项10**] 30日，以银行存款归还到期的短期借款30 000元。

该业务事项会计分录如下：

(10) 借：短期借款　　30 000

　　贷：银行存款　　30 000

第二节　生产准备业务的账务处理

一、生产准备的主要经济业务内容

企业在生产经营过程中，需要为了生产经营做好生产准备工作。在生产准备的过程中涉及的经济业务主要包括两个方面：一是取得固定资产的经济业务，二是储备原材料的经济业务。

企业的固定资产的取得主要有外部采购、接受投资者投入和接受捐赠等方式。企业外购固定资产，需要计算除购买价款之外的，如相关税费、使固定资产达到预定可使用状态前所发生的可归属于该资产的运输费、装卸费、安装费和专业人员服务费等作为成本入账；接受投资者投入的固定资产，按投资合同或协议约定的价值确定其原价记账；接受捐赠取得的固定资产，按照捐赠方提供的有关凭证所标明的金额确定其原价入账。

企业的原材料可以通过多种方式储备。企业以外部采购方式储备原材料时，一方面要发生各种支出，计算确定原材料的实际采购成本；另一方面，企业应当根据经济合同和结算制度等规定，与供应单位和其他有关单位结算因购买材料所应支出的款项。企业购买材料支出的款项包括：①买价，又叫货款，即供应单位发货票中所列的不含税价格；②进项增值税额；③采购费用，包括运杂费（含运输费、装卸搬运费、保险费、包装费、仓储费等）、运输途中的合理损耗、入库前的挑选整理费等。由于进项增值税额要用于抵扣企业应缴纳的增值税，因此，只有材料的买价和采购费用才共同构成材料的实际采购成本。

应当注意的是，如果企业购买一种材料，则购买该材料发生的采购费用应当直接计入该材料的实际采购成本；如果企业发生应由两种或两种以上材料共同负担的运杂费等采购费用时，则应当合理确定一种分配标准（如重量、体积、容积、买价等），将共同性采购费用分配计入各种材料的采购成本。分配共同性采购费用时，首先应当按照一定的分配标准计算采购费用分配率，然后据以计算各种材料应分配的采购费用。例如，以采用重量为分配标准时，材料采购费用的分配方法为：

采购费用分配率＝采购费用总额÷购入各种材料的总重量

某种材料应当分配的采购费用＝该种材料的重量×采购费用分配率

二、生产准备主要经济业务核算应设置的账户

企业生产准备的经济业务较为复杂，其会计核算上应当设置的主要账户包括：

（一）“固定资产”账户

“固定资产”账户是一个资产类账户，反映的是企业固定资产的原价。该账户的借方登记增加的固定资产的原价，贷方登记减少的固定资产的原价，期末借方余额表示企业所持有的固定资产的原价，如图4-5所示。

固定资产（资产类账户）

借方	贷方
增加的固定资产的原价	减少的固定资产的原价
期末余额：所持有的固定资产的原价	

图4-5　“固定资产”账户结构示意图

（二）“累计折旧”账户

核算固定资产要用两个账户：一个是“固定资产”账户，反映固定资产原始价值；一个是“累计折旧”账户，反映固定资产已损耗的价值。为了使“固定资产”账户按原始价值反映它的增减变动和结存情况，又可随时查明固定资产的净值，在计提折旧时，就不宜把折旧直接记入“固定资产”账户的贷方，而应记入“累计折旧”账户的贷方。通过“固定资产”和“累计折旧”两个账户余额的比较，既可以了解固定资产的原始价值，又可以了解固定资产的净值（即用“固定资产”账户借方余额减去“累计折旧”账户贷方余额，就是固定资产的净值）。

“累计折旧”账户属于资产类账户，它用来核算企业固定资产的累计折旧。该账户的贷方登记企业按月计提的固定资产折旧，借方登记由于报废、投资、盘亏、毁损、出售等原因减少固定资产时转销的累计已提折旧额，期末贷方余额表示已提折旧的累计数，如图4-6所示。本账户只进行总分类核算，不进行明细分类核算。需要查明某项固定资产的已提折旧，可以根据固定资产卡片上所记载的该项固定资产原价、折旧率和实际使用年数等资料进行计算。

累计折旧（资产类账户）

借方	贷方
减少旧的固定资产而应予注销的折旧额	本月从成本、费用中计提的折旧额
	期末余额：现有固定资产截至本月末止的累计折旧额

图4-6　“累计折旧”账户结构示意图

（三）“材料采购”账户[①]

“材料采购”账户是一个资产类账户，用来归集购买材料发生的买价、采购费用，据以计算材料实际采购成本。该账户的借方登记采购材料发生的买价和采购费用，贷方登记

① 在会计实务中，当库存原材料按计划成本计价核算时，为了核算购买材料发生的买价、采购费用并据以计算材料的实际采购成本，需要设置“材料采购”账户，其基本用法可参见本章第七节中计价对比账户的介绍。由于本章的出发点在于说明设置账户和借贷记账法应用的基本原理，为简便采购原材料的交易或事项的账务处理方法，本节中的“材料采购”账户和“原材料”账户均未采用会计实务中的用法。

转入“原材料”账户借方的已验收入库材料的实际采购成本，期末借方余额表示已支付款项或已开出商业汇票但尚未办理验收入库手续的在途材料的实际成本，如图4-7所示。“材料采购”账户一般应按照购入材料的名称设置多栏式明细分类账户。

材料采购（资产类账户）

借方	贷方
①材料的买价； ②材料的采购费用	转入“原材料”账户借方的已验收入库材料的实际成本
期末余额：在途材料的实际成本	

图4-7 “材料采购”账户结构示意图

（四）“原材料”账户

“原材料”账户是一个资产类账户，反映的是企业库存的各种材料，包括原料及主要材料、辅助材料、燃料、外购半成品（外购件）、修理用备件（备品备件）、包装材料等的增减变动及其结存情况。该账户的借方登记从“材料采购”账户贷方转入的已验收入库的各种材料的实际成本，贷方登记发出的各种材料的实际成本，期末借方余额表示库存各种材料的实际成本，如图4-8所示。“原材料”账户一般应按库存材料的名称设置数量金额式明细分类账户。

原材料（资产类账户）

借方	贷方
从“材料采购”账户贷方转入的已验收入库的各种材料的实际成本	发出的各种材料的实际成本
期末余额：库存各种材料的实际成本	

图4-8 “原材料”账户结构示意图

（五）“应付票据”账户

“应付票据”账户是一个负债类账户，反映的是企业因购买材料和接受劳务供应等而向供应单位开出、承兑的商业汇票。该账户的贷方登记开出、承兑的商业汇票，借方登记到期的商业汇票，期末贷方余额表示尚未到期的已开出、承兑的商业汇票，如图4-9所示。“应付票据”账户一般应按照供应单位的名称设置三栏式明细分类账户。

应付票据（负债类账户）

借方	贷方
到期的商业汇票	开出、承兑的商业汇票
	期末余额：尚未到期的商业汇票

图4-9 “应付票据”账户结构示意图

（六）“应付账款”账户

“应付账款”账户是一个负债类账户，反映的是企业因购买材料物资和接受劳务供应等应付给供应单位的款项。该账户的贷方登记由于购买材料等发生的应付供应单位的款项，借方登记偿付供应单位的欠款，期末余额为应付未付给供应单位的款项，如图4-10所示。“应付账款”账户一般按供应单位设置三栏式明细分类账户，进行明细分类核算。

应付账款（负债类账户）

借方	贷方
偿还供应单位的款项	应付给供应单位的款项
	期末余额：尚未偿还供应单位的款项

图4-10　“应付账款”账户结构示意图

（七）“预付账款”账户

“预付账款”账户是一个资产类账户，反映的是核算按照合同规定预付款项给供应商而与其发生的债权的增减变动情况。该账户的借方登记预付给供应单位的款项，贷方登记收到材料等物资时应予冲销的预付账款，期末余额一般在借方，表示尚未结清的预付款项，如图4-11所示。“预付账款”账户一般按供应单位设置三栏式明细分类账户。

预付账款（资产类账户）

借方	贷方
预付给供应单位的款项	应予冲销的预付账款
期末余额：尚未结清的预付款项	

图4-11　“预付账款”账户结构示意图

当企业预付款项的经济业务不多时，可以不设置“预付账款”账户，而将预付的款项经由“应付账款”账户核算。此时，“应付账款”账户即为双重性质的账户，其结构为：贷方既登记应付账款的增加数，也登记预付账款的减少数；借方既登记应付账款的减少数，也登记预付账款的增加数；期末余额若在贷方，即为应付账款大于预付账款的差额，表示债务净额，若在借方，即为预付账款大于应付账款的差额，表示债权净额。在这种情况下，企业债权（预付账款）、债务（应付账款）的实际数，应根据“应付账款”账户下设的各明细分类账户余额所在的方向具体加以确定。

（八）“应交税费”账户

“应交税费”账户是一个负债类账户，反映的是企业按照税法等规定计算应缴纳的各种税费，包括增值税、所得税、城市维护建设税、教育费附加等。该账户的贷方登记应缴纳的各种税费，借方登记实际缴纳的各种税费，期末余额一般在贷方，表示尚未缴纳的各种税费（期末若为借方余额则表示多交的各种税费），如图4-12所示。“应交税费”账户应按应交税费的种类设置明细分类账户。

应交税费（负债类账户）

借方	贷方
实际缴纳的各种税费	应缴纳的各种税费
期末余额：多交的各种税费	期末余额：应交未交的各种税费

图4-12　“应交税费”账户结构示意图

“应交税费”账户下设的“应交增值税”明细分类账户，其用途是：核算企业应缴纳的增值税。该明细分类账户的结构为：贷方登记因销售商品向购买单位收取的销项税额、购进货物发生非常损失和改变用途引起的进项税额转出等，借方登记因购买固定资产和原材料向供应单位缴纳的进项税额、实际缴纳给税务机关的增值税额等，期末余额一般在贷方，表示尚未缴纳的增值税（期末若为借方余额则表示多交的增值税），如图4-13所示。“应交增值税”明细分类账户应采用多栏式账页，并按所核算的内容，分别设置“进项税额”“已交税金”“销项税额”“进项税额转出”等专栏。

应交税费——应交增值税

借方	贷方
①进项税额； ②已交税金； ……	①销项税额； ②进项税额转出； ……
期末余额：多交的增值税	期末余额：尚未缴纳的增值税

图4-13 “应交税费——应交增值税”明细账户结构示意图

企业核算外购材料的经济业务设置的以上主要账户，其相互对应关系如图4-14所示。

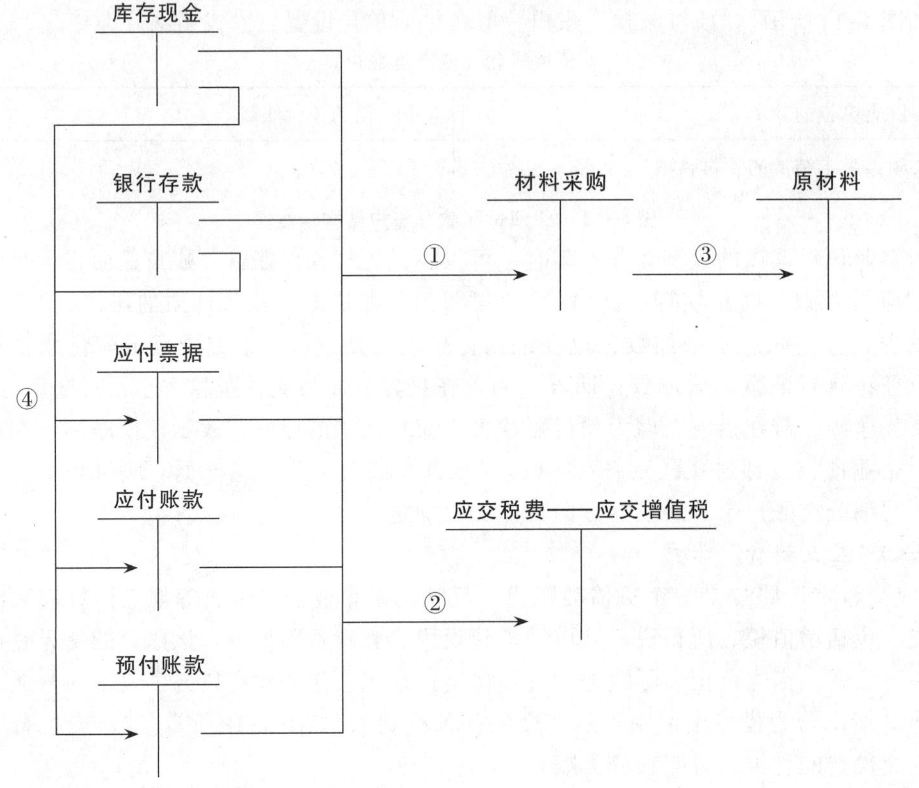

说明：

① 购入原材料，发生买价、采购费用；

② 购入原材料，发生进项税额；

③ 结转已验收入库的原材料的实际采购成本；

④ 以库存现金或银行存款向供应单位支付到期商业汇票、原欠货款、预付购料款。

图4-14 外购材料经济业务设置的主要账户对应关系示意图

三、生产准备主要经济业务的账务处理方法

以万峰儿童玩具制造公司20××年6月份的经济业务为例，说明企业生产准备过程中发生的主要经济业务的账务处理方法。

[**业务事项11**] 1日，按购买合同约定，开出转账支票预先支付购买零件款项72 000

元给原材料供应商山城五金公司。

该业务事项会计分录如下：

(11) 借：预付账款——山城五金公司　　72 000
　　贷：银行存款　　72 000

[**业务事项12**] 2日，购入生产设备一台，设备价款总额为100 000元，增值税税率为13%，进项税额为13 000元；发生运输费2 000元、装卸费1 000元，增值税税率为9%，进项税额270元。全部款项由银行转账付款，设备当即交付使用。

该业务事项会计分录如下：

(12) 借：固定资产　　103 000
　　　应交税费——应交增值税（进项税额）　　13 270
　　贷：银行存款　　116 270

[**业务事项13**] 3日，向大城五金厂购入五金材料15 000件，单价15元，货款225 000元，按增值税税率13%计算的增值税进项税额29 250元；发生运杂费2 700元，按增值税税率9%计算的进项税额243元。全部款项以银行转账支付。

该业务事项会计分录如下：

(13) 借：材料采购——五金材料　　227 700
　　　应交税费——应交增值税（进项税额）　　29 493
　　贷：银行存款　　257 193

[**业务事项14**] 5日，向万里工厂购入一批材料，收到的增值税发票内列：颜料2 000千克，单价30元，货款共计60 000元，进项税额7 800元；发生运杂费1 200元，按增值税税率9%计算的进项税额108元。当即给万里工厂开出商业汇票69 108元。

该业务事项会计分录如下：

(14) 借：材料采购——颜料　　61 200
　　　应交税费——应交增值税（进项税额）　　7 908
　　贷：应付票据——万里工厂　　69 108

[**业务事项15**] 6日，收到彩虹塑料厂运来的塑料2 000千克，单价60元，共计120 000元，增值税税率13%，进项税税额15 600元。全部货款已于上月5日预付。

该业务事项会计分录如下：

(15) 借：材料采购——塑料　　120 000
　　　应交税费——应交增值税（进项税额）　　15 600
　　贷：预付账款——彩虹塑料厂　　135 600

[**业务事项16**] 7日，以现金方式支付从彩虹塑料厂运来塑料发生的运杂费900元，按增值税税率9%计算的进项税额为81元。

该业务事项会计分录如下：

(16) 借：材料采购——塑料　　900
　　　应交税费——应交增值税（进项税额）　　81
　　贷：库存现金　　981

[**业务事项17**] 9日，向辉煌油漆厂购入塑料1 000千克，单价60元，颜料1 500千

克，单价30元，货款总计105 000元；增值税进项税额13 650元。全部款项尚未支付。

该业务事项会计分录如下：

（17）借：材料采购　　105 000

——塑料　　60 000

——颜料　　45 000

应交税费——应交增值税（进项税额）　　13 650

贷：应付账款——辉煌油漆厂　　118 650

［**业务事项18**］10日，开出转账支票支付9日向辉煌油漆厂购入的塑料、颜料两种材料的运输费1 200元和装卸费300元，按增值税税率9%计算的进项税额为135元。运输费与装卸费按材料的重量比率分配。

该业务事项中，运输费、装卸费分配及会计分录如下：

运输费、装卸费分配率 = 1 500÷（1 000+1 500）= 0.60（元/千克）

塑料按比率分配的运输费、装卸费 = 0.60×1 000 = 600（元）

颜料按比率分配的运输费、装卸费 = 0.60×1 500 = 900（元）

（18）借：材料采购　　1 500

——塑料　　600

——颜料　　900

应交税费——应交增值税（进项税额）　　135

贷：银行存款　　1 635

［**业务事项19**］30日，本月所购买材料已在月底前全部验收入库，结转本月已经验收入库材料的实际采购成本。

该业务事项会计分录如下：

（19）借：原材料　　516 300

——五金材料　　227 700

——塑料　　181 500

——颜料　　107 100

贷：材料采购　　516 300

——五金材料　　227 700

——塑料　　181 500

——颜料　　107 100

材料采购明细分类账户和成本计算表见表4–1和表4–2。

表4–1　**材料采购明细分类账户**

二级或明细科目：五金材料

20××年		凭证		摘　要	借方			贷方	借或贷	余额
月	日	字	号		买价	运杂费	合计			
6	3		（13）	15 000件货款	225 000	2 700	227 700		借	227 700
	30		（19）	结转15 000件采购成本				227 700	平	0
6	30			本期发生额及余额	225 000	2 700	227 700	227 700	平	0

续表

二级或明细科目：塑料

20××年		凭证		摘　要	借方			贷方	借或贷	余额
月	日	字	号		买价	运杂费	合计			
6	6		（15）	2 000千克货款	120 000		120 000		借	120 000
	7		（16）	2 000千克运杂费		900	900		借	120 900
	9		（17）	1 000千克货款	60 000		60 000		借	180 900
	10		（18）	1 000千克运杂费		600	600		借	181 500
	30		（19）	结转3 000千克采购成本				181 500	平	0
6	30			本期发生额及余额	180 000	1 500	181 500	181 500	平	0

二级或明细科目：颜料

20××年		凭证		摘　要	借方			贷方	借或贷	余额
月	日	字	号		买价	运杂费	合计			
6	5		（14）	2 000千克货款和运杂费	60 000	1 200	61 200		借	61 200
	9		（17）	1 500千克货款	45 000		45 000		借	106 200
	10		（18）	1 500千克运杂费		900	900		借	107 100
	30		（19）	结转3 500千克采购成本				107 100	平	0
6	30			本期发生额及余额	105 000	2 100	107 100	107 100	平	0

表4-2

万峰儿童玩具制造公司

材料采购成本计算表

20××年6月

单位；元

材料采购成本项目	五金材料（15 000件）		塑料（3 000千克）		颜料（3 500千克）		总成本合计
	总成本	单位成本	总成本	单位成本	总成本	单位成本	
买　价	225 000.00	15.00	180 000.00	60.00	105 000.00	30.00	510 000.00
运杂费	2 700.00	0.18	1 500.00	0.50	2 100.00	0.60	6 300.00
合　计	227 700.00	15.18	181 500.00	60.50	107 100.00	30.60	516 300.00

第三节 商品生产业务的账务处理

一、商品生产的主要经济业务内容

商品（习惯上称产品，下同）的生产过程是制造企业经营过程的中心环节，其主要任务是生产出满足社会需要的产品。商品生产过程是劳动耗费和产品生产的矛盾统一体。这些耗费具体表现为：为生产产品而耗费的劳动对象（原材料、燃料、动力）的价值，参加生产过程的劳动资料（固定资产）的磨损价值，支付给职工的工资和车间范围内耗费的物资及开支的费用等。

一方面，在商品生产过程中，企业为了生产、制造出各种产品，必然要发生各种劳动耗费，如各种材料、固定资产、劳动力和水电的耗费等。企业生产费用分为直接费用和间接费用两部分。直接费用是企业为生产产品所发生的直接材料、直接工资和其他直接费用。这些费用发生时，直接计入产品的制造成本。间接费用是企业为生产产品所发生的间接材料、间接工资和其他间接费用。这些费用应按照一定的比例分配，计入制造费用。生产费用的种类及其计入生产成本的方式如图4-15所示。

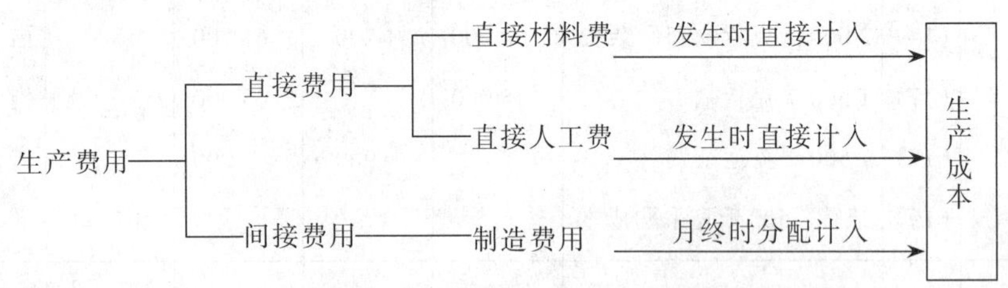

图4-15 生产费用的种类及其计入生产成本方式示意图

另一方面，在商品生产过程中，企业因为发生各种劳动耗费，从而又会生产、制造出各种产品。为了反映企业生产、制造各种产品发生的生产费用，必须计算产品的生产成本（也叫制造成本）。所谓生产成本，是指企业为生产一定种类和数量的产品所发生的生产费用总和。将生产费用按照一定种类和数量的产品进行归集，就构成这些产品的生产成本。

综上所述，企业商品生产过程核算的经济业务主要包括两方面：一方面是材料费、人工费、折旧费、办公费、水电费等各种生产费用的发生、归集、分配的交易或事项；另一方面是产品生产成本形成的交易或事项。

需要注意的是，产品成本不包括企业行政管理部门所发生的各种管理费用。企业行政管理部门为组织和管理生产经营活动所发生的管理费用，应直接计入当期损益，即从当期收入中直接扣除。销售费用、管理费用、财务费用等发生时不计入产品成本而直接计入当期损益，为期间费用。

二、商品生产主要经济业务核算应设置的账户

企业为了核算商品生产过程的各项主要经济业务，应当设置以下主要账户：

（一）“生产成本”账户

“生产成本”账户是一个成本类账户，用来归集生产产品发生的各项生产费用，据以计算产品的生产成本。“生产成本”账户和下述“制造费用”账户一样，都是企业为专门核算生产费用的发生、生产成本的计算而设置的。就其核算的内容而言，企业在一定时期内为生产产品所发生的生产费用，要么由于产品尚未完工而归属于在产品的生产成本，要么随着产品完工验收入库而归属于库存商品（产成品）的生产成本。无论以在产品形态还是以库存商品形态存在的生产费用，显然尚未完成为企业形成经济利益流入的使命，因而不能将其作为由收入予以补偿的费用，只能将其列为资产。也正因为如此，在编制资产负债表时，才将“生产成本”账户期末借方余额（包括季节性生产企业“制造费用”账户可能出现的期末借方余额）列入“资产”项下的“存货”项目内予以呈报。由此可见，就其反映的经济内容来说，“生产成本”账户和下述“制造费用”账户都是资产性质的账户。然而，正如第二章第二节指出的那样，为了体现企业进行工业性生产的特点，清晰地反映制造类企业生产费用的发生和成本计算情况，在会计实务中，通常将本属于资产性质的“生产成本”“制造费用”账户单独归类为成本类账户。

“生产成本”账户的借方登记发生的直接材料费、直接人工费（即生产工人的职工薪酬）等直接费用以及月末从“制造费用”账户贷方分配转入的间接费用，贷方登记转入“库存商品”账户借方的已生产完工验收入库产品的实际生产成本，期末借方余额表示尚未生产完工的各项在产品的实际生产成本，如图4-16所示。“生产成本”账户一般应按所生产产品的名称设置多栏式明细分类账户。

生产成本（成本类账户）	
本月发生的各项生产费用： ①直接费用（发生时直接计入）； ②间接费用（月末从“制造费用”账户贷方分配转入）	转入“库存商品”账户借方的已生产完工验收入库产品的实际生产成本
期末余额：月末在产品的实际生产成本	

图4-16 “生产成本”账户结构示意图

（二）“制造费用”账户

“制造费用”账户是一个成本类账户，反映的是企业各个车间为组织和管理生产所发生的各项间接费用，包括工资和职工福利费、折旧费、修理费、办公费、水电费、物料消耗、劳动保护费等。该账户的借方登记本月内发生的制造费用，贷方登记月末按企业成本核算办法的规定分配计入有关的成本核算对象的制造费用，本账户期末通常无余额，如图4-17所示。“制造费用”账户一般应设置多栏式明细分类账户进行明细分类核算。

制造费用（成本类账户）	
本月发生的各项制造费用	月末转入“生产成本”账户借方的当月的制造费用总额

图4-17 “制造费用”账户结构示意图

（三）“库存商品”账户

“库存商品”账户是一个资产类账户，反映的是企业库存各种产品成本的增减变化及其结余情况。该账户的借方登记增加的库存商品的实际成本（如从“生产成本”账户贷方转入的生产完工验收入库产品的实际生产成本等），贷方登记发出的库存商品的实际成本（如转入“主营业务成本”账户借方的已销售产品的实际生产成本等），期末借方余额表示库存各种商品的实际成本，如图4-18所示。“库存商品”账户一般应按库存商品的名称设置数量金额式明细分类账户。

库存商品（资产类账户）	
增加的库存商品的实际成本（如从“生产成本”账户贷方转入的生产完工验收入库产品的实际生产成本等）	发出的库存商品的实际成本（如转入“主营业务成本”账户借方的已销售产品的实际生产成本等）
期末余额：库存商品的实际成本	

图4-18 “库存商品”账户结构示意图

（四）“管理费用”账户

“管理费用”账户是一个损益（费用）类账户，反映的是企业行政管理部门为组织和管理企业生产经营活动所发生的各项费用，包括行政管理部门的职工薪酬、折旧费、修理费、办公费、差旅费、工会经费、待业保险费、劳动保险费、业务招待费、无形资产摊销、职工教育经费等。企业发生的各项管理费用，记入本账户的借方，月末结转到“本年利润”账户时，记入本账户的贷方，结转后本账户应无余额，如图4-19所示。“管理费用”账户一般应按费用项目设置多栏式明细分类账户。

管理费用（费用类账户）	
本月发生的各项管理费用	①冲减当月管理费用的数额（如存货盘盈等）； ②月末转入“本年利润”账户借方的当月的管理费用总额

图4-19 “管理费用”账户结构示意图

（五）“应付职工薪酬”账户

“应付职工薪酬”账户是一个负债类账户，反映的是企业应付给职工的各种薪酬，包括工资、奖金、津贴、福利费等。该账户的贷方登记应付未付的职工薪酬，借方登记已付的职工薪酬，期末贷方余额反映企业应付未付的职工薪酬，期末借方余额反映多发放和使用的职工薪酬，如图4-20所示。“应付职工薪酬”账户一般应按应付职工薪酬的项目设置三栏式明细分类账户。

应付职工薪酬（负债类账户）	
①本月实际发放的工资总额； ②本月支付的工资附加费	①本月应付工资总额； ②本月计提的工资附加费
期末余额：多发放和使用的职工薪酬	期末余额：应付未付的职工薪酬

图4-20　“应付职工薪酬”账户结构示意图

企业核算商品生产的经济业务设置的以上主要账户，其相互对应关系如图4-21所示。

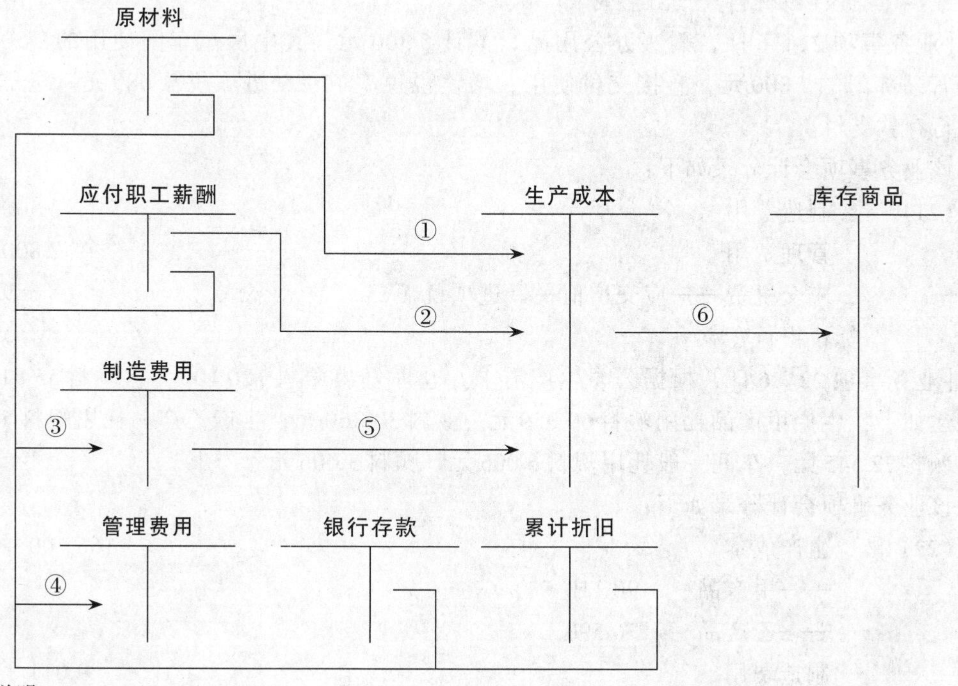

说明：

① 生产产品发生直接材料费；

② 生产产品发生直接人工费（生产工人的工资、生产工人的工资附加费等）；

③ 生产车间发生各种制造费用；

④ 行政管理部门（厂部）发生各种管理费用；

⑤ 月终按照一定标准和方法分配结转制造费用；

⑥ 结转生产完工验收入库产品的实际生产成本。

图4-21　商品生产经济业务设置的主要账户对应关系示意图

三、商品生产主要经济业务的账务处理方法

万峰儿童玩具制造公司20××年6月份新投产甲产品1 000件，乙产品1 500件，发生以下各项经济业务，现以这些经济业务为例，说明企业生产过程中发生的主要经济业务的账务处理方法。

[**业务事项20**] 5日，根据公司生产需求，仓库发出五金材料148 005元，其用途如下：生产甲产品耗用75 900元，生产乙产品耗用68 310元，车间一般耗用2 277元，行政

管理部门一般耗用1 518元。

该业务事项会计分录如下：

(20) 借：生产成本　　144 210

——甲产品　　75 900

——乙产品　　68 310

制造费用　　2 277

管理费用　　1 518

贷：原材料——五金材料　　148 005

[**业务事项21**] 6日，购买办公用品，共计5 300元，其中属于车间使用的2 500元、行政管理部门的2 800元，直接交付使用，增值税税率13%，进项税额689元。全部款项用银行存款支付。

该业务事项会计分录如下：

(21) 借：制造费用　　2 500

管理费用　　2 800

应交税费——应交增值税（进项税额）　　689

贷：银行存款　　5 989

[**业务事项22**] 6日，根据公司生产需求，仓库发出塑料120 100元、颜料55 611元，其用途如下：生产甲产品耗用塑料60 050元、颜料30 060元，生产乙产品耗用塑料54 045元、颜料22 545元，车间一般耗用塑料6 005元、颜料3 006元。

该业务事项会计分录如下：

(22) 借：生产成本　　166 700

——甲产品　　90 110

——乙产品　　76 590

制造费用　　9 011

贷：原材料　　175 711

——塑料　　120 100

——颜料　　55 611

[**业务事项23**] 9日，开出现金支票从银行提取现金150 000元，以备发放工资。

该业务事项会计分录如下：

(23) 借：库存现金　　150 000

贷：银行存款　　150 000

[**业务事项24**] 9日，以现金150 000元发放本月职工工资。

该业务事项会计分录如下：

(24) 借：应付职工薪酬　　150 000

贷：库存现金　　150 000

[**业务事项25**] 15日，生产机器设备进行日常护理维修，发生修理费1 000元，增值税税率13%，进项税额130元，共计1 130元，用银行存款支付。

该业务事项会计分录如下：

（25）借：管理费用　　1 000
　　　　应交税费——应交增值税（进项税额）　　130
　　贷：银行存款　　1 130

［**业务事项26**］26日，本月车间发生水费2 212元，行政管理部门发生水费1 288元，增值税税率9%，进项税额315元；车间发生电费4 300元，行政管理部门发生电费1 200元，增值税税率13%，进项税额715元，全部款项用银行存款支付。

该业务事项会计分录如下：

（26）借：制造费用　　6 512
　　　　管理费用　　2 488
　　　　应交税费——应交增值税（进项税额）　　1 030
　　贷：银行存款　　10 030

［**业务事项27**］30日，经计算，本月应付工资135 000元，具体分配如下：甲产品生产工人工资58 000元，乙产品生产工人工资40 000元，车间管理人员工资15 000元，行政管理部门人员工资22 000元。

该业务事项会计分录如下：

（27）借：生产成本　　98 000
　　　　——甲产品　　58 000
　　　　——乙产品　　40 000
　　　　制造费用　　15 000
　　　　管理费用　　22 000
　　贷：应付职工薪酬　　135 000

［**业务事项28**］30日，向本公司员工发放员工福利22 150元，其中，甲产品生产工人7 800元，乙产品生产工人4 850元，车间管理人员5 500元，行政部门人员4 000元。

该业务事项会计分录如下：

（28）借：生产成本　　12 650
　　　　——甲产品　　7 800
　　　　——乙产品　　4 850
　　　　制造费用　　5 500
　　　　管理费用　　4 000
　　贷：应付职工薪酬　　22 150

［**业务事项29**］30日，计提本月固定资产折旧9 500元，其中车间固定资产计提折旧6 500元，行政管理部门固定资产折旧计提3 000元。

该业务事项会计分录如下：

（29）借：制造费用　　6 500
　　　　管理费用　　3 000
　　贷：累计折旧　　9 500

［**业务事项30**］30日，结转本月制造费用。该公司根据生产产品耗用工时分配制造费用，相应计入甲、乙产品生产成本中。具体分配见表4-3。

表4-3

万峰儿童玩具制造公司

制造费用分配表

20××年6月30日

单位：元

分配对象（产品名称）	分配标准（产品耗用工时）	分配率	分配金额
甲产品	2 500	11	27 500
乙产品	1 800	11	19 800
合 计	4 300		47 300

说明：表中所分配的制造费用，其计算方法如下：

制造费用分配率 = 47 300÷（2 500 + 1 800） = 11（元／小时）

甲产品应分配制造费用 = 2 500×11 = 27 500（元）

乙产品应分配制造费用 = 1 800×11 = 19 800（元）

该业务事项会计分录如下：

（30）借：生产成本　47 300
　　——甲产品　27 500
　　——乙产品　19 800
　贷：制造费用　47 300

[**业务事项31**] 30日，本月已生成完工验收入库甲产品1 000件，乙产品1 500件，结转实际生产成本。

生产成本明细分类账户见表4-4，完工产品生产成本计算表见表4-5。该业务事项会计分录如下：

（31）借：库存商品　468 860
　　——甲产品　259 310
　　——乙产品　209 550
　贷：生产成本　468 860
　　——甲产品　259 310
　　——乙产品　209 550

表4-4

生产成本明细分类账户

二级或明细科目：甲产品

20××年		凭证		摘要	借方（成本项目）				贷方	借或贷	余额
月	日	字	号		直接材料	直接人工	制造费用	合计			
6	5		（20）	生产耗料	75 900			75 900		借	75 900
	6		（22）	生产耗料	90 110			90 110		借	166 010
	30		（27）	工人工资		58 000		58 000		借	224 010
	30		（28）	工人福利费		7 800		7 800		借	231 810
	30		（30）	分配制造费用			27 500	27 500		借	259 310
	30		（31）	结转完工成本					259 310	平	0
6	30			本期发生额及余额	166 010	65 800	27 500	259 310	259 310	平	0

续表

二级或明细科目：乙产品

20××年		凭证		摘　要	借方（成本项目）				贷方	借或贷	余额
月	日	字	号		直接材料	直接人工	制造费用	合计			
6	5		（20）	生产耗料	68 310			68 310		借	68 310
	6		（22）	生产耗料	76 590			76 590		借	144 900
	30		（27）	工人工资		40 000		40 000		借	184 900
	30		（28）	工人福利费		4 850		4 850		借	189 750
	30		（30）	分配制造费用			19 800	19 800		借	209 550
	30		（31）	结转完工成本					209 550	平	0
6	30			本期发生额及余额	144 900	44 850	19 800	209 550	209 550	平	0

表4-5　**万峰儿童玩具制造有限公司**

完工产品生产成本计算表

20××年6月30日　　单位：元

成本项目	甲产品（1 000件）		乙产品（1 500件）		总成本合计
	总成本	单位成本	总成本	单位成本	
直接材料	166 010.00	166.01	144 900.00	96.60	310 910.00
直接人工	65 800.00	65.80	44 850.00	29.90	110 650.00
制造费用	27 500.00	27.50	19 800.00	13.20	47 300.00
合　计	259 310.00	259.31	209 550.00	139.70	468 860.00

第四节　商品销售业务的账务处理

一、商品销售的主要经济业务内容

商品销售，顾名思义就是企业把生产出来的商品卖掉以实现商品的价值，补偿企业在商品生产过程中发生的各项费用。销售过程是企业生产经营过程的最后阶段。在销售过程中，企业将生产过程制造完工并生产出的合乎规定的产品按照合同规定的条件送交订货单位或对外销售，收取货款，实现产品的价值和形成销售收入。销售收入是企业按产品的销售数量和销售价格计算的销售货款，这样，产品价值和使用价值得到实现。同时，企业为取得一定数量的销售收入必须付出相应数量的产品，为制造这些销售产品而耗费的材料、人工费等，称为产品的销售成本。此外，企业为销售产品还要发生包装费、运输费、广告费等，这些耗费与产品销售有关，构成销售费用。销售费用要由本期的销售收入补偿。企业取得销售收入以后，按照国家税法规定的税率和实现的销售收入计算销售税金。月末，企业还要计算并结转与销售收入相对应的成本费用、税金及附加，借以确定销售成果（利润或亏损)。

销售过程的主要经济业务是销售产品、结算销售货款、计算销售税金、支付销售费用、结转销售成本等。销售过程核算的主要任务是正确地计算主营业务收入、主营业务成本、税金及附加，确定销售的成果（利润或亏损），反映和监督企业销售计划的完成情况及往来账款的结算情况。

二、商品销售主要经济业务核算应设置的账户

企业为了核算商品销售过程的各项主要经济业务，应当设置以下主要账户：

（一）“主营业务收入”账户

“主营业务收入”账户是一个损益（收入）类账户，反映的是企业在销售商品、提供劳务及让渡资产使用权等日常活动中所产生的营业收入。该账户的贷方登记企业实现的主营业务收入，借方登记月末结转到“本年利润”账户的主营业务收入，结转后本账户没有期末余额，如图4-22所示。本账户应按照主营业务的种类设置明细账，进行明细分类核算。

主营业务收入（收入类账户）	
月末转入“本年利润”账户贷方的当月的主营业务收入总额	本月销售商品实现的主营业务收入

图4-22 “主营业务收入”账户结构示意图

（二）“主营业务成本”账户

“主营业务成本”账户是一个损益（费用）类账户，反映的是企业因销售商品、提供劳务及让渡资产使用权等日常活动而发生的实际成本。该账户的借方登记月末结转的主营业务成本，贷方登记月末结转到“本年利润”账户的主营业务成本，结转后本账户没有期末余额，如图4-23所示。本账户应按主营业务的种类设置明细账，进行明细分类核算。

主营业务成本（费用类账户）	
从“库存商品”账户贷方转入的本月已销售商品的实际生产成本	月末转入“本年利润”账户借方的当月的主营业务成本总额

图4-23 “主营业务成本”账户结构示意图

（三）“税金及附加”账户

“税金及附加”账户是一个损益（费用）类账户，反映的是企业日常活动应负担的税金及附加，包括消费税、资源税、城市维护建设税、教育费附加等。该账户的借方登记月末按规定计算的应负担的税金及附加，贷方登记月末结转到“本年利润”账户的税金及附加，结转后本账户应无期末余额，如图4-24所示。

税金及附加（费用类账户）	
本月按规定计算的应当负担的消费税、城市维护建设税、教育费附加等	月末转入“本年利润”账户借方的当月的税金及附加总额

图4-24 “税金及附加”账户结构示意图

（四）“销售费用”账户

“销售费用”账户是一个损益（费用）类账户。该账户的用途是：核算企业本月销售商品所发生的广告费、展览费、包装费、运输费等各种销售费用。其结构为：借方登记本月发生的各种销售费用，贷方登记月末转入“本年利润”账户借方的当月的销售费用总额，期末结转后应无余额，如图4-25所示。

销售费用（费用类账户）

本月发生的各种销售费用	月末转入“本年利润”账户借方的当月的销售费用总额

图4-25　“销售费用”账户结构示意图

（五）“应收票据”账户

“应收票据”账户是一个资产类账户，反映的是企业因销售商品、提供劳务等而收到的商业汇票。其结构为：借方登记收到的商业汇票，贷方登记到期的商业汇票，期末借方余额表示持有的尚未到期的商业汇票，如图4-26所示。

应收票据（资产类账户）

收到的商业汇票	到期的商业汇票
期末余额：持有的尚未到期的商业汇票	

图4-26　“应收票据”账户结构示意图

（六）“应收账款”账户

“应收账款”账户是一个资产类账户，反映的是企业因销售产品、提供劳务等业务应向购货单位收取的款项。该账户的借方登记企业经营收入发生的应收账款，贷方登记收到的账款，期末余额为应收未收的账款，如图4-27所示。“应收账款”账户一般应按购货单位或接受劳务单位的名称设置三栏式明细分类账户。

应收账款（资产类账户）

发生的应收账款	收回的应收账款
期末余额：尚未收回的应收账款	

图4-27　“应收账款”账户结构示意图

（七）“预收账款”账户

“预收账款”账户是一个负债类账户，反映的是企业按照合同规定向购货单位预收的款项。该账户的贷方登记向购货单位预收的款项，借方登记销售商品时应予冲销的预收账款，期末余额一般在贷方，表示向购货单位预收的款项，如图4-28所示。“预收账款”账户一般应按购货单位名称设置三栏式明细分类账户。

预收账款（负债类账户）

销售商品时应予冲销的预收账款	向购货单位预收的款项
	期末余额：向购货单位预收的款项

图4-28　“预收账款”账户结构示意图

当企业预收款项的经济业务不多时，可以不设置“预收账款”账户，而将预收的款项经由“应收账款”账户核算，此时，“应收账款”账户即为双重性质的账户。其借方既登记应收账款的增加数，也登记预收账款的减少数；贷方既登记应收账款的减少数，也登记预收账款的增加数；期末余额若在借方，即为应收账款大于预收账款的差额，表示债权净额，若在贷方，即为预收账款大于应收账款的差额，表示债务净额。在这种情况下，企业债权（应收账款）、债务（预收账款）的实际数，应根据“应收账款”账户下设各明细分类账户余额所在方向具体加以确定。

企业核算商品销售的经济业务设置的以上主要账户，其相互对应关系如图4-29所示。

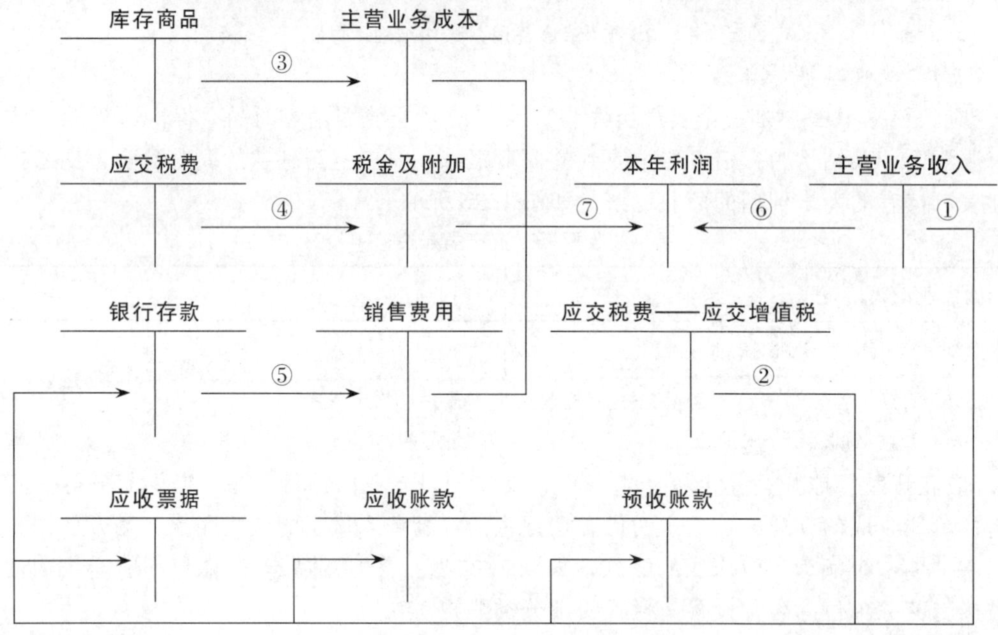

说明：

① 以现款、延期收款、赊销、预收货款等方式销售产品，实现主营业务收入；

② 销售产品发生的增值税销项税额；

③ 结转已销售产品的实际生产成本；

④ 按国家税法规定计算应当负担的城市维护建设税、教育费附加等营业性税费；

⑤ 发生各种销售费用；

⑥ 月终结转本月的主营业务收入；

⑦ 月终结转本月的主营业务成本、税金及附加、销售费用。

图4-29 商品销售经济业务设置的主要账户对应关系示意图

三、商品销售主要经济业务的账务处理方法

下面以万峰儿童玩具制造公司20××年6月份的经济业务为例，说明企业在商品销售过程中发生的主要经济业务的账务处理方法。

[**业务事项32**] 3日，按合同约定，向阳光百货公司预收20 000元货款，存入银行。

该业务事项会计分录如下：

（32）借：银行存款　　20 000
　　贷：预收账款——阳光百货公司　　20 000

[**业务事项33**] 4日，支付给新宇广告公司广告费18 000元，增值税税率6%，进项税税额1 080元，共计19 080元，以银行存款支付。

该业务事项会计分录如下：

（33）借：销售费用　　18 000
　　　应交税费——应交增值税（进项税额）　　1 080
　　贷：银行存款　　19 080

[**业务事项34**] 6日，销售甲产品500件给光明玩具公司，单价500元，共250 000元，增值税税率13%，销项税额32 500元，货款尚未收到。

该业务事项会计分录如下：

（34）借：应收账款——光明玩具公司　　282 500
　　贷：主营业务收入　　250 000
　　　　应交税费——应交增值税（销项税额）　　32 500

[**业务事项35**] 10日，销售乙产品500件给茜茜玩具公司，单价380元，共190 000元，增值税税率13%，销项税额24 700元。收到茜茜公司开出并承兑的商业汇票，承兑期6个月，面值214 700元。

该业务事项会计分录如下：

（35）借：应收票据　　214 700
　　贷：主营业务收入　　190 000
　　　　应交税费——应交增值税（销项税额）　　24 700

[**业务事项36**] 19日，销售甲产品200件给COCO玩具公司，单价500元，乙产品500件，单价380元，共290 000元，增值税税率13%，销项税额37 700元，货款已于上月15日预收。

该业务事项会计分录如下：

（36）借：预收账款——COCO玩具公司　　327 700
　　贷：主营业务收入　　290 000
　　　　应交税费——应交增值税（销项税额）　　37 700

[**业务事项37**] 20日，销售乙产品300件给光明玩具公司，单价380元，共114 000元，增值税税率13%，销项税额14 820元，货款全部收到并存入银行。

该业务事项会计分录如下：

（37）借：银行存款　　128 820
　　贷：主营业务收入　　114 000
　　　　应交税费——应交增值税（销项税额）　　14 820

[**业务事项38**] 22日，收到光明玩具公司欠款100 000元，全部存入银行。

该业务事项会计分录如下：

（38）借：银行存款　　100 000
　　贷：应收账款——光明玩具公司　　100 000

[**业务事项39**] 30日，按本月应交增值税税额和税率7%，计算应交城市维护建设税。

根据业务事项12，13，14，15，16，17，18，21，25，26，33计算得出该公司应交增值税（进项税额）为83 066元；根据业务事项34，35，36，37计算得出该公司应交增值税（销项税额）为109 720元。因此该公司应交城市维护建设税为1 865.78元（（109 720－83 066）×7%）。

该业务事项会计分录如下：

（39）借：税金及附加　　　　1 865.78

　　贷：应交税费——应交城市维护建设税　　　　1 865.78

[**业务事项40**] 30日，按本月应交增值税税额和税率3%，计算应交教育费附加。

企业应交教育费附加为799.62元（（109 720－83 066）×3%）。

该业务事项会计分录如下：

（40）借：税金及附加　　　　799.62

　　贷：应交税费——应交教育费附加　　　　799.62

[**业务事项41**] 30日，结转本月已售甲产品、乙产品的实际生产成本。

已售甲产品的实际生产成本=700×259.31 = 181 517.00（元）

已售乙产品的实际生产成本=1 300×139.70 = 181 610.00（元）

该业务事项会计分录如下：

（41）借：主营业务成本　　　　363 127

　　贷：库存商品　　　　363 127

　　　　——甲产品　　181 517

　　　　——乙产品　　181 610

第五节　财产清查业务的账务处理

一、财产清查的主要经济业务内容

财产清查过程中的经济业务，主要是各种财产账实不符的事项。各项财产账实不符的事项具体有两种情况：当实存数大于账存数时，即为盘盈（或溢余），二者的差额就是盘盈数；当实存数小于账存数时，即为盘亏（或毁损、短缺），二者的差额就是盘亏数。财产清查过程中的账务处理，就是处理各项财产的盘盈、盘亏事项。

二、财产清查主要经济业务核算应设置的账户

为了核算财产清查过程中库存现金、实物资产等财产的盘盈、盘亏事项，企业应当设置“待处理财产损溢”账户。

“待处理财产损溢”账户是一个资产类账户。该账户的用途是：核算企业在财产清查中查明的库存现金、各项实物资产等财产的盘盈和盘亏及其处理情况。其结构为：借方登

记发生的盘亏（或毁损、短缺）数额和经批准处理所转销的盘盈（或溢余）数额；贷方登记发生的盘盈（或溢余）数额和经批准处理所转销的盘亏（或毁损、短缺）数额；期末应无余额，如图4-30所示。“待处理财产损溢”账户一般下设“待处理流动资产损溢”和“待处理固定资产损溢”两个明细分类账户。

待处理财产损溢（资产类账户）

① 发生的盘亏（或毁损、短缺）数额； ② 转销的盘盈（或溢余）数额	① 转销的盘亏（或毁损、短缺）数额； ② 发生的盘盈（或溢余）数额

图4-30　“待处理财产损溢”账户结构示意图

企业在财产清查工作中发现的长期不清的债权债务，应当及时查明原因予以清理。但是，在对经确认已无法支付的应付账款和已无法收回的应收账款进行账务处理时，不必通过“待处理财产损溢”账户，而是在报经批准处理时，直接对其予以转销。具体地说，对于因供应单位撤销等原因所造成的确实无法支付的应付账款，在审核批准后转销时，借记“应付账款”账户，贷记“营业外收入”账户；对于确实无法收回的应收账款（即坏账损失），在审核批准后转销时，借记“坏账准备”账户，贷记“应收账款”账户。

三、财产清查主要经济业务的账务处理方法

以下以万峰儿童玩具制造公司20××年6月的经济业务为例，说明企业在财产清查过程中发生的主要经济业务的账务处理方法。

[**业务事项42**] 15日，企业在清查库存现金时，发现短款215元。

该业务事项会计分录如下：

（42）借：待处理财产损溢——待处理流动资产损溢　　215
　　　贷：库存现金　　215

[**业务事项43**] 16日，企业在财产清查中发现短少设备一台，账面价值原为15 000元，已计提折旧8 000元。

该业务事项会计分录如下：

（43）借：待处理财产损溢——待处理固定资产损溢　　7 000
　　　　　累计折旧　　8 000
　　　贷：固定资产　　15 000

[**业务事项44**] 17日，企业在财产清查中发现库存原材料颜料盘盈150千克，单价30.60元，共4 590元。

该业务事项会计分录如下：

（44）借：原材料——颜料　　4 590
　　　贷：待处理财产损溢——待处理流动资产损溢　　4 590

[**业务事项45**] 19日，在财产清查过程中发现小林玩具公司已倒闭，转销应付该公司货款500元。

该业务事项会计分录如下：

（45）借：应付账款——小林玩具公司　　500

贷：营业外收入 500

[**业务事项46**] 20日，经确认，本月16日盘亏固定资产净值为7 000元，鑫鑫保险公司应赔偿4 000元，经批准转销盘亏设备净值3 000元。

该业务事项会计分录如下：

（46）借：营业外支出 3 000

其他应收款——鑫鑫保险公司 4 000

贷：待处理财产损溢——待处理固定资产损溢 7 000

[**业务事项47**] 21日，企业在财产清查中发现库存甲产品短缺20件，单价259.31元，共5 186.20元。

该业务事项会计分录如下：

（47）借：待处理财产损溢——待处理流动资产损溢 5 186.20

贷：库存商品——甲产品 5 186.20

[**业务事项48**] 22日，经过清查发现，本月15日现金短款215元是由于出纳员陈丽丽失职所致。经批准，全部短款由出纳员赔偿。

该业务事项会计分录如下：

（48）借：其他应收款——陈丽丽 215

贷：待处理财产损溢——待处理流动资产损溢 215

[**业务事项49**] 22日，经过清查发现，本月17日盘盈颜料150千克是因为收发过程中计量误差累计导致的。审核批准，冲减本月管理费用。

该业务事项会计分录如下：

（49）借：待处理财产损溢——待处理流动资产损溢 4 590

贷：管理费用 4 590

[**业务事项50**] 24日，查明本月盘亏甲产品原因，经审核作如下处理：非常事故损毁16件，计4 148.96元，其中鑫鑫保险公司应赔偿3 500元，其余648.96元作为非常损失列入营业外支出；自然损耗4件，计1 037.24元，作为一般经营损失列入管理费用。

该业务事项会计分录如下：

（50）借：其他应收款——鑫鑫保险公司 3 500.00

营业外支出 648.96

管理费用 1 037.24

贷：待处理财产损溢——待处理流动资产损溢 5 186.20

[**业务事项51**] 28日，收到鑫鑫保险公司银行转账7 500元，支付保险赔款。

该业务事项会计分录如下：

（51）借：银行存款 7 500

贷：其他应收款——鑫鑫保险公司 7 500

第六节 经营成果业务的账务处理

一、经营成果的主要经济业务内容

经营成果就是企业的利润或亏损，指的是企业在一定期间内全部生产经营活动的最终财务成果，因此，又称为财务成果。它一般有两种表现形式，即利润和亏损。财务成果是企业经济活动效率及效益的综合表现，是综合反映企业各个方面工作质量的一个重要指标。正确核算企业财务成果，对考核企业经营成果、评价企业工作业绩、监督企业利润分配具有重要意义。企业经营成果的主要交易或事项具体包括利润形成方面的交易或事项和利润分配方面的交易或事项。

利润分配是否合理合法，直接关系到国家的税收和投资者的合法权益，关系到企业自身的生存和长远的发展。利润是企业一定期间的收入减去费用后的净额与直接计入当期利润的利得和损失的总和。因此，利润形成方面的经济业务具体包括形成收入、发生费用、获得直接计入当期利润的利得、发生直接计入当期利润的损失等。其中，收入包括营业收入（主营业务收入、其他业务收入）、投资收益等；费用包括营业成本（主营业务成本、其他业务成本）、期间费用（销售费用、管理费用、财务费用）等；直接计入当期利润的利得主要有营业外收入；直接计入当期利润的损失主要有营业外支出、所得税费用等。

企业一定会计期间实现的利润，应当按照国家有关规定、企业利润分配方案和投资者的决议等进行分配。一般而言，企业利润的主要分配去向包括提取法定盈余公积①、向投资者分配利润等。因此，利润分配方面的经济业务主要包括计提法定盈余公积、向投资者分配利润等经济业务。

二、经营成果主要经济业务核算应设置的账户

企业为了核算经营成果的主要经济业务，应当设置损益类账户和核算利润形成、利润分配的账户。

（一）“财务费用”账户

“财务费用”账户是一个损益（费用）类账户。它核算的是企业为筹集生产经营所需资金等而发生的财务费用，包括短期借款利息支出（减银行存款利息收入）、支付给金融机构的相关手续费等。该账户的借方登记本月发生的各项财务费用，贷方登记应冲减当月财务费用的利息收入和月末转入“本年利润”账户借方的当月的财务费用总额，期末结转后应无余额，如图4-31所示。“财务费用”账户一般应按财务费用项目设置多栏式明细分类账户。

① 企业法定盈余公积是按照净利润和规定比例计提的盈余公积，其提取比例一般为10%。当企业累计已提法定盈余公积金额达到企业注册资本的50%以上时，可以不再提取法定盈余公积。

财务费用（费用类账户）

借方	贷方
本月发生的各项财务费用（如短期借款利息支出、支付给金融机构的相关手续费等）	①冲减当月财务费用的数额（如银行存款利息收入等）； ②月末转入"本年利润"账户借方的当月的财务费用总额

图4-31 "财务费用"账户结构示意图

（二）"营业外收入"账户

"营业外收入"账户是一个损益（收入）类账户，反映的是企业发生的与企业生产经营无直接关系的各项收入。该账户的贷方登记企业本月发生的各项营业外收入，借方登记月末结转到"本年利润"账户的营业外收入，结转后本账户没有余额，如图4-32所示。"营业外收入"账户应按照收入种类设置明细账，进行明细分类核算。

营业外收入（收入类账户）

借方	贷方
月末转入"本年利润"账户贷方的当月的营业外收入总额	本月发生的各项营业外收入（如捐赠利得、非流动资产处置利得、罚没利得等）

图4-32 "营业外收入"账户结构示意图

（三）"营业外支出"账户

"营业外支出"账户是一个损益（费用）类账户，反映的是企业发生的与企业生产经营无直接关系的各项支出。该账户的借方登记发生的营业外支出，贷方登记月末结转到"本年利润"账户的营业外支出，结转后本账户没有余额，如图4-33所示。"营业外支出"账户应按照费用项目设置明细账，进行明细分类核算。

营业外支出（费用类账户）

借方	贷方
本月发生的各项营业外支出（如非常损失、公益性捐赠支出、非流动资产处置损失、盘亏损失、罚没损失等）	月末转入"本年利润"账户借方的当月的营业外支出总额

图4-33 "营业外支出"账户结构示意图

（四）"所得税费用"账户

"所得税费用"账户是一个损益（费用）类账户，反映的是企业按照规定从当期损益中扣除的所得税费用。该账户的借方登记按应纳税所得额计算的应交所得税费用，贷方登记期末应结转到"本年利润"账户的所得税费用，期末结转后本账户无余额，如图4-34所示。

所得税费用（费用类账户）

借方	贷方
本月按税法规定计算的应由企业负担的所得税费用	月末转入"本年利润"账户借方的当月的所得税费用

图4-34 "所得税费用"账户结构示意图

（五）"本年利润"账户

"本年利润"账户是一个所有者权益类账户。它用来核算企业在本年内实现的利润

（或亏损）总额。贷方登记月末从各损益（收入）类账户借方转入的当月的各项收入、利得，借方登记月末从各损益（费用）类账户贷方转入的当月的各项费用、损失；月末余额若在贷方，表示截至本月末止累计实现的净利润，若在借方，则表示截至本月末止累计发生的亏损，如图4-35所示。

本年利润（所有者权益类账户）

月末从各损益（费用）类账户贷方转入的当月的各项费用、损失	月末从各损益（收入）类账户借方转入的当月的各项收入、利得
期末余额：至本月末止本年度累计发生亏损	期末余额：至本月末止本年度累计实现净利润

图4-35　“本年利润”账户结构示意图

年度终了，应将企业全年实现的净利润或全年发生的亏损总额，从“本年利润”账户借方或贷方转入“利润分配——未分配利润”账户贷方或借方，年末结转后“本年利润”账户应无余额。

企业核算利润形成的经济业务设置的相关账户，其相互对应关系如图4-36所示。

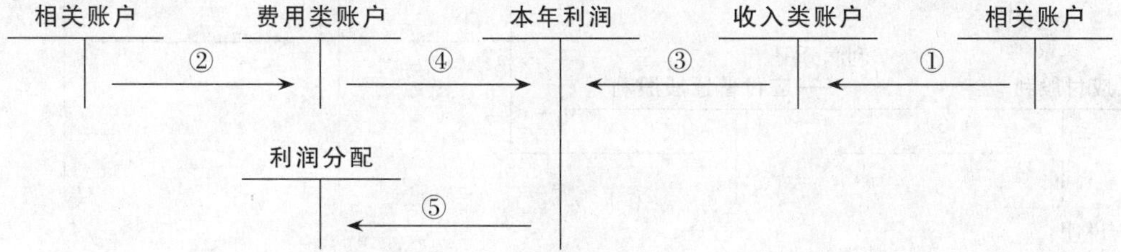

说明：

① 平常实现各种收入、利得（如主营业务收入、营业外收入等）；

② 平常发生各种费用、损失（如主营业务成本、税金及附加、销售费用、管理费用、财务费用、营业外支出、所得税费用等）；

③ 月终结转当月的各种收入；

④ 月终结转当月的各种费用；

⑤ 年终，将全年实现的净利润从“本年利润”借方结转到“利润分配”账户贷方（全年发生的亏损总额则从“本年利润”贷方结转到“利润分配”账户借方）。

图4-36　核算利润形成的经济业务设置的相关账户对应关系示意图

（六）“利润分配”账户

“利润分配”账户是一个所有者权益类账户。它用来核算企业利润的分配（或亏损的弥补）和历年分配（或弥补）后结存余额。借方登记净利润的分配数额，包括从净利润中计提的盈余公积、应当支付给投资者的利润等，贷方平时一般不作登记，月末借方余额表示截至本月末止累计已分配的净利润，如图4-37所示。

利润分配（所有者权益类账户）

净利润的分配数额，包括从净利润中计提的盈余公积、应当支付给投资者的利润等	平时一般不作登记
期末余额：截至本月末止累计已分配的净利润	

图4-37　“利润分配”账户结构示意图

“利润分配”账户一般应下设“提取法定盈余公积”、“应付普通股股利”和“未分配利润”等明细分类账户。年度终了，企业应将全年实现的净利润或全年发生的亏损总额，从“本年利润”账户借方或贷方转入“利润分配——未分配利润”账户贷方或借方；同时，将已分配的利润从“利润分配——提取法定盈余公积”和“利润分配——应付普通股股利”账户贷方转入“利润分配——未分配利润”账户借方。年终结转后，除“未分配利润”明细账户外，其他明细账户应无余额。

“利润分配”账户及其“未分配利润”明细账户年末贷方余额表示历年结存的未分配利润，若为借方余额则表示历年累积的未弥补亏损。

“利润分配”账户下设明细账户的使用方法及其与相关账户之间的对应关系，如图4-38所示。

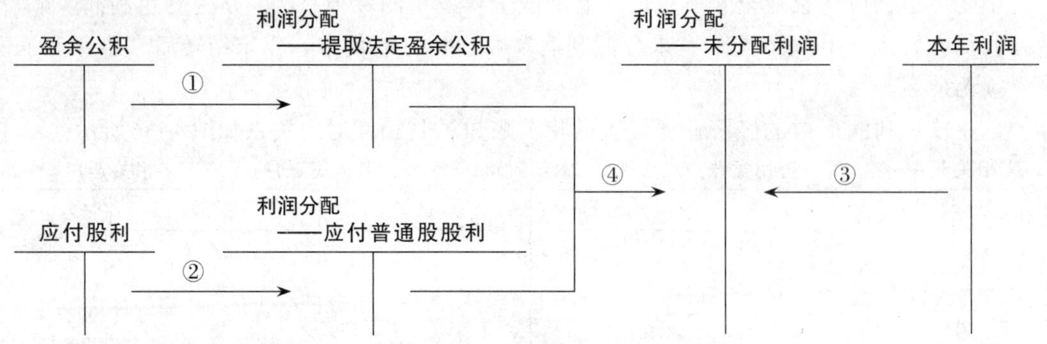

说明：

① 按净利润和规定比例计提法定盈余公积；

② 按规定确定分配给投资者的利润；

③ 年终结转全年实现的净利润；

④ 年终结转已经分配的净利润。

图4-38 核算利润分配的经济业务设置的相关账户对应关系示意图

（七）“盈余公积”账户

“盈余公积”账户是一个所有者权益类账户。它用来核算企业从净利润中取的盈余公积。贷方登记所计提的盈余公积，借方登记使用转出的盈余公积，期末余额在贷方，表示企业已提取尚未使用的盈余公积，如图4-39所示。“盈余公积”账户一般应按盈余公积的种类设置三栏式明细分类账户。

盈余公积（所有者权益类账户）

按规定转增资本或弥补亏损等减少的盈余公积	按净利润的一定比例计提的法定盈余公积等
	期末余额：结余的盈余公积

图4-39 “盈余公积”账户结构示意图

（八）“应付股利”账户

“应付股利”账户是一个负债类账户。它用来核算企业经董事会或股东大会，或类似机构决议确定分配的现金股利或利润。贷方登记企业根据股利或利润分配方案应该支付的现金股利或利润，借方登记企业已支付的现金股利或利润，期末余额在贷方，反映企业尚未支付的现金股利或利润，如图4-40所示。“应付股利”账户一般应按企业投资者设置三栏式明细分类账户。

应付股利（负债类账户）	
实际支付给投资者的现金股利或利润	确定分配给投资者的现金股利或利润
	期末余额：尚未支付给投资者的现金股利或利润

图4-40 “应付股利”账户结构示意图

此外，为了核算经营成果的主要交易或事项，企业尚需设置“其他业务收入”“其他业务成本”“投资收益”等账户。这些账户留待专业会计教材再介绍。

三、经营成果主要经济业务的账务处理方法

以万峰儿童玩具制造公司20××年6月份的经济业务为例，说明企业在经营成果核算过程中发生的主要经济业务的账务处理方法。

[**业务事项52**] 3日，用现金向开户银行支付办理业务的手续费150元。

该业务事项会计分录如下：

(52) 借：财务费用 150

　　贷：库存现金 150

[**业务事项53**] 5日，用银行存款缴纳上月应交增值税5 500元、所得税34 995元、城市维护建设税385元、教育费附加165元。

该业务事项会计分录如下：

(53) 借：应交税费 41 045

　　——应交增值税（已交税金） 5 500

　　——应交所得税 34 995

　　——应交城市维护建设税 385

　　——应交教育费附加 165

　　贷：银行存款 41 045

[**业务事项54**] 10日，以银行存款支付上月税款滞纳金800元。

该业务事项会计分录如下：

(54) 借：营业外支出 800

　　贷：银行存款 800

[**业务事项55**] 15日，开出转账支票20 000元，向孤儿院捐款。

该业务事项会计分录如下：

(55) 借：营业外支出 20 000

　　贷：银行存款 20 000

[**业务事项56**] 18日，接受万峰塑料制品公司捐赠10 000元，款项存入银行。

该业务事项会计分录如下：

(56) 借：银行存款 10 000

　　贷：营业外收入 10 000

[**业务事项57**] 20日，没收茜茜玩具公司逾期未退包装物押金800元。

该业务事项会计分录如下：

(57) 借：其他应付款——茜茜玩具公司　800

　　贷：营业外收入　800

[**业务事项58**] 30日，接开户银行通知，本月银行存款利息500元存入银行。

该业务事项会计分录如下：

(58) 借：银行存款　500

　　贷：财务费用　500

[**业务事项59**] 30日，结转本月各项收入和费用。

该业务事项会计分录如下：

(59)—① 借：主营业务收入　844 000

　　营业外收入　11 300

　　贷：本年利润　855 300

(59)—② 借：本年利润　442 494.60

　　贷：主营业务成本　363 127.00

　　　税金及附加　2 665.40

　　　销售费用　18 000.00

　　　管理费用　33 253.24

　　　财务费用　1 000.00

　　　营业外支出　24 448.96

[**业务事项60**] 30日，按本月利润总额和税率25%，计算并结转本月企业应交所得税。

该业务事项会计分录如下：

(60)—① 借：所得税费用　103 201.35

　　贷：应交税费——应交所得税　103 201.35

(60)—② 借：本年利润　103 201.35

　　贷：所得税费用　103 201.35

[**业务事项61**] 30日，按本月净利润10%计提盈余公积。

该业务事项会计分录如下：

(61) 借：利润分配——提取法定盈余公积　30 960.41

　　贷：盈余公积　30 960.41

[**业务事项62**] 30日，经公司讨论研究，向投资者分配利润150 000元。

该业务事项会计分录如下：

(62) 借：利润分配——应付现金股利　150 000

　　贷：应付股利　150 000

[**业务事项63**] 30日，用银行存款支付向投资者分配的利润150 000元。

该业务事项会计分录如下：

(63) 借：应付股利　150 000

　　贷：银行存款　150 000

万峰儿童玩具制造公司20××年6月份各总分类账户的期初余额见表4-6。

表4-6

万峰儿童玩具制造公司

总分类账户期初余额一览表

20××年6月1日　　　　单位：元

会计科目	借方余额	贷方余额	会计科目	借方余额	贷方余额
库存现金	10 230.00		应付账款		72 000.00
银行存款	297 800.00		预收账款		327 700.00
应收票据	750 000.00		应付职工薪酬		72 350.00
应收账款	128 650.00		应交税费		58 900.00
预付账款	185 600.00		应付利息		5 800.00
其他应收款	15 400.00		应付股利		54 000.00
原材料	198 570.00		其他应付款		8 000.00
固定资产	3 550 000.00		实收资本		2 000 000.00
累计折旧		150 000.00	资本公积		154 000.00
无形资产	249 000.00		盈余公积		108 000.00
短期借款		130 000.00	本年利润		1 660 000.00
应付票据		21 000.00	利润分配		563 500.00

根据万峰儿童玩具制造公司20××年6月份各总分类账户的期初余额和6月份发生的有关经济业务所开设的总分类账户（“T”字账），以及根据6月份发生的各项经济业务的会计分录，按照业务事项顺序（本例未按经济业务的时间顺序）逐笔登账并于期末结账的结果，如图4-41所示。

库存现金

期初余额	10 230.00	（16）	981.00
（23）	150 000.00	（24）	150 000.00
		（42）	215.00
		（52）	150.00
本期发生额	150 000.00	本期发生额	151 346.00
期末余额	8 884.00		

银行存款

期初余额	297 800.00	(9)	2 250.00
(1)	200 000.00	(10)	30 000.00
(2)	500 000.00	(11)	72 000.00
(3)	120 000.00	(12)	116 270.00
(32)	20 000.00	(13)	257 193.00
(37)	128 820.00	(18)	1 635.00
(38)	100 000.00	(21)	5 989.00
(51)	7 500.00	(23)	150 000.00
(56)	10 000.00	(25)	1 130.00
(58)	500.00	(26)	10 030.00
		(33)	19 080.00
		(53)	41 045.00
		(54)	800.00
		(55)	20 000.00
		(63)	150 000.00
本期发生额	1 086 820.00	本期发生额	877 422.00
期末余额	507 198.00		

应收票据

期初余额	750 000.00		
(35)	214 700.00		
本期发生额	214 700.00		
期末余额	964 700.00		

应收账款

期初余额	128 650.00	(38)	100 000.00
(34)	282 500.00		
本期发生额	282 500.00	本期发生额	100 000.00
期末余额	311 150.00		

预付账款

期初余额	185 600.00	(15)	135 600.00
(11)	72 000.00		
本期发生额	72 000.00	本期发生额	135 600.00
期末余额	122 000.00		

其他应收款

期初余额	15 400.00	(51)	7 500.00
(46)	4 000.00		
(48)	215.00		
(50)	3 500.00		
本期发生额	7 715.00	本期发生额	7 500.00
期末余额	15 615.00		

材料采购

(13)	227 700.00	(19)	516 300.00
(14)	61 200.00		
(15)	120 000.00		
(16)	900.00		
(17)	105 000.00		
(18)	1 500.00		
本期发生额	516 300.00	本期发生额	516 300.00
期末余额	0		

原材料

期初余额	198 570.00	(20)	148 005.00
(19)	516 300.00	(22)	175 711.00
(44)	4 590.00		
本期发生额	520 890.00	本期发生额	323 716.00
期末余额	395 744.00		

库存商品

(31)	468 860.00	(41)	363 127.00
		(48)	5 186.20
本期发生额	468 860.00	本期发生额	368 313.20
期末余额	100 546.80		

固定资产

期初余额	3 550 000.00	(43)	15 000.00
(4)	300 000.00		
(12)	103 000.00		
本期发生额	403 000.00	本期发生额	15 000.00
期末余额	3 938 000.00		

累计折旧

(43)	8 000.00	期初余额	150 000.00
		(29)	9 500.00
本期发生额	8 000.00	本期发生额	9 500.00
		期末余额	151 500.00

无形资产

期初余额	249 000.00		
(5)	150 000.00		
本期发生额	150 000.00		
期末余额	399 000.00		

待处理财产损溢

(42)	215.00	(44)	4 590.00
(43)	7 000.00	(46)	7 000.00
(47)	5 186.20	(48)	215.00
(49)	4 590.00	(50)	5 186.20
本期发生额	16 991.20	本期发生额	16 991.20
期末余额	0		

短期借款

(10)	30 000.00	期初余额	130 000.00
		(1)	200 000.00
本期发生额	30 000.00	本期发生额	200 000.00
		期末余额	300 000.00

应付票据

		期初余额	21 000.00
		(14)	69 108.00
		本期发生额	69 108.00
		期末余额	90 108.00

应付账款

(45)	500.00	期初余额	72 000.00
		(17)	118 650.00
本期发生额	500.00	本期发生额	118 650.00
		期末余额	190 150.00

预收账款

(36)	327 700.00	期初余额	327 700.00
		(32)	20 000.00
本期发生额	327 700.00	本期发生额	20 000.00
		期末余额	20 000.00

应付职工薪酬

借方		贷方	
(24)	150 000.00	期初余额	72 350.00
		(27)	135 000.00
		(28)	22 150.00
本期发生额	150 000.00	本期发生额	157 150.00
		期末余额	79 500.00

应交税费

借方		贷方	
(12)	13 270.00	期初余额	58 900.00
(13)	29 493.00	(34)	32 500.00
(14)	7 908.00	(35)	24 700.00
(15)	15 600.00	(36)	37 700.00
(16)	81.00	(37)	14 820.00
(17)	13 650.00	(39)	1 865.78
(18)	135.00	(40)	799.62
(21)	689.00	(60)—①	103 201.35
(25)	130.00		
(26)	1 030.00		
(33)	1 080.00		
(53)	41 045.00		
本期发生额	124 111.00	本期发生额	215 586.75
		期末余额	150 375.75

应付利息

借方		贷方	
(9)	2 250.00	期初余额	5 800.00
		(8)	1 350.00
本期发生额	2 250.00	本期发生额	1 350.00
		期末余额	4 900.00

应付股利

借方		贷方	
(63)	150 000.00	期初余额	54 000.00
		(62)	150 000.00
本期发生额	150 000.00	本期发生额	150 000.00
		期末余额	54 000.00

其他应付款

借方		贷方	
(57)	800.00	期初余额	8 000.00
本期发生额	800.00	本期发生额	0
		期末余额	7 200.00

实收资本

借方		贷方	
		期初余额	2 000 000.00
		（2）	500 000.00
		（3）	100 000.00
		（4）	300 000.00
		（5）	150 000.00
		（6）	80 000.00
		（7）	60 000.00
		本期发生额	1 190 000.00
		期末余额	3 190 000.00

资本公积

借方		贷方	
（6）	80 000.00	期初余额	154 000.00
		（3）	20 000.00
本期发生额	80 000.00	本期发生额	20 000.00
		期末余额	94 000.00

盈余公积

借方		贷方	
（7）	60 000.00	期初余额	108 000.00
		（61）	30 960.41
本期发生额	60 000.00	本期发生额	30 960.41
		期末余额	78 960.41

本年利润

借方		贷方	
（59）—②	442 494.60	期初余额	1 660 000.00
（60）—②	103 201.35	（59）—①	855 300.00
本期发生额	545 695.95	本期发生额	855 300.00
		期末余额	1 969 604.05

利润分配

借方		贷方	
（61）	30 960.41	期初余额	563 500.00
（62）	150 000.00		
本期发生额	180 960.41	本期发生额	0
		期末余额	382 539.59

生产成本

(20)	144 210.00	(31)	468 860.00
(22)	166 700.00		
(27)	98 000.00		
(28)	12 650.00		
(30)	47 300.00		
本期发生额	468 860.00	本期发生额	468 860.00
期末余额	0		

制造费用

(20)	2 277.00	(30)	47 300.00
(21)	2 500.00		
(22)	9 011.00		
(26)	6 512.00		
(27)	15 000.00		
(28)	5 500.00		
(29)	6 500.00		
本期发生额	47 300.00	本期发生额	47 300.00
期末余额	0		

主营业务收入

(59)—①	844 000.00	(34)	250 000.00
		(35)	190 000.00
		(36)	290 000.00
		(37)	114 000.00
本期发生额	844 000.00	本期发生额	844 000.00
		期末余额	0

营业外收入

(59)—①	11 300.00	(45)	500.00
		(56)	10 000.00
		(57)	800.00
本期发生额	11 300.00	本期发生额	11 300.00
		期末余额	0

主营业务成本

(41)	363 127.00	(59)—②	363 127.00
本期发生额	363 127.00	本期发生额	363 127.00
期末余额	0		

税金及附加

(39)	1 865.78	(59) —②	2 665.40
(40)	799.62		
本期发生额	2 665.40	本期发生额	2 665.40
期末余额	0		

销售费用

(33)	18 000.00	(59) —②	18 000.00
本期发生额	18 000.00	本期发生额	18 000.00
期末余额	0		

管理费用

(20)	1 518.00	(49)	4 590.00
(21)	2 800.00	(59) —②	33 253.24
(25)	1 000.00		
(26)	2 488.00		
(27)	22 000.00		
(28)	4 000.00		
(29)	3 000.00		
(50)	1 037.24		
本期发生额	37 843.24	本期发生额	37 843.24
期末余额	0		

财务费用

(8)	1 350.00	(58)	500.00
(52)	150.00	(59) —②	1 000.00
本期发生额	1 500.00	本期发生额	1 500.00
期末余额	0		

营业外支出

(46)	3 000.00	(59) —②	24 448.96
(50)	648.96		
(54)	800.00		
(55)	20 000.00		
本期发生额	24 448.96	本期发生额	24 448.96
期末余额	0		

所得税费用

（60）—①	103 201.35	（60）—②	103 201.35
本期发生额	103 201.35	本期发生额	103 201.35
期末余额	0		

图4-41　万峰儿童玩具制造公司20××年6月份总分类账户记录

根据图4-41中的账户记录，编制万峰儿童玩具制造公司6月份总分类账户试算平衡表，见表4-7。

表4-7

万峰儿童玩具制造公司

总分类账户试算平衡表

20××年6月

单位：元

会计科目	期初余额		本期发生额		期末余额	
	借方	贷方	借方	贷方	借方	贷方
库存现金	10 230.00		150 000.00	151 346.00	8 884.00	
银行存款	297 800.00		1 086 820.00	877 422.00	507 198.00	
应收票据	750 000.00		214 700.00		964 700.00	
应收账款	128 650.00		282 500.00	100 000.00	311 150.00	
预付账款	185 600.00		72 000.00	135 600.00	122 000.00	
其他应收款	15 400.00		7 715.00	7 500.00	15 615.00	
材料采购			516 300.00	516 300.00		
原材料	198 570.00		520 890.00	323 716.00	395 744.00	
库存商品			468 860.00	368 313.20	100 546.80	
固定资产	3 550 000.00		403 000.00	15 000.00	3 938 000.00	
累计折旧		150 000.00	8 000.00	9 500.00		151 500.00
无形资产	249 000.00		150 000.00		399 000.00	
待处理财产损溢			16 991.20	16 991.20		
短期借款		130 000.00	30 000.00	200 000.00		300 000.00
应付票据		21 000.00		69 108.00		90 108.00
应付账款		72 000.00	500.00	118 650.00		190 150.00
预收账款		327 700.00	327 700.00	20 000.00		20 000.00

续表

会计科目	期初余额		本期发生额		期末余额	
	借方	贷方	借方	贷方	借方	贷方
应付职工薪酬		72 350.00	150 000.00	157 150.00		79 500.00
应交税费		58 900.00	124 111.00	215 586.75		150 375.75
应付利息		5 800.00	2 250.00	1 350.00		4 900.00
应付股利		54 000.00	150 000.00	150 000.00		54 000.00
其他应付款		8 000.00	800.00			7 200.00
实收资本		2 000 000.00		1 190 000.00		3 190 000.00
资本公积		154 000.00	80 000.00	20.000.00		94 000.00
盈余公积		108 000.00	60 000.00	30 960.41		78 960.41
本年利润		1 660 000.00	545 695.95	855 300.00		1 969 604.05
利润分配		563 500.00	180 960.41			382 539.59
生产成本			468 860.00	468 860.00		
制造费用			47 300.00	47 300.00		
主营业务收入			844 000.00	844 000.00		
营业外收入			11 300.00	11 300.00		
主营业务成本			363 127.00	363 127.00		
税金及附加			2 665.40	2 665.40		
销售费用			18 000.00	18 000.00		
管理费用			37 843.24	37 843.24		
财务费用			1 500.00	1 500.00		
营业外支出			24 448.96	24 448.96		
所得税费用			103 201.35	103 201.35		
合计	5 385 250.00	5 385 250.00	7 472 039.51	7 472 039.51	6 762 837.80	6 762 837.80

第七节 账户按用途结构的分类

账户按经济内容分类，可以明确账户所反映的会计要素的具体内容，对于区分账户的经济性质以及合理地设置账户和正确地应用账户具有十分重要的意义。但是，账户按经济内容分类是账户的基本分类，为了更为正确、合理地对企业生产经营过程中所发生的经济业务进行账务处理，有必要了解各个账户的用途及其在提供核算指标方面的规律性。因此，在账户按经济内容分类的基础上，应进一步了解账户按用途和结构的分类，作为对账户按经济内容分类的必要补充。

账户的用途是指设置和运用账户的目的和作用，即通过账户记录能够提供什么核算数据。如“银行存款”账户是用来提供企业在银行的存款的增减变动情况及其实有数的账户，具体提供企业在某一会计期间银行存款增加了多少、使用了多少、期末还有多少，这些都是企业当期的实际数据，通过这些数据可以了解企业的支付能力。又如“固定资产”账户是用来提供企业固定资产这类资产的增减变动情况及其实有数的账户，固定资产的增加数、减少数、期末实存数都是按固定资产的原始价值来反映的，这样可以了解企业固定资产的规模。固定资产在使用中价值会逐渐损耗，固定资产损耗的价值被称为固定资产折旧，已计提的折旧数在“累计折旧”账户中反映。从“累计折旧”账户中就可以取得固定资产的累计折旧数。固定资产按原始价值计算的实际结存数，减去固定资产累计折旧数后，就能得到固定资产净值。固定资产原值、累计折旧和固定资产净值都是资产负债表上很重要的数据，分别从“固定资产”“累计折旧”账户及这两个账户的差额中取得，这就是账户的用途。

账户的结构是指账户的借方登记什么，贷方登记什么，余额在哪一方。如“银行存款”账户，其借方登记银行存款的增加数，贷方登记银行存款的减少数，期末余额在借方表示银行存款的实有数。又如“固定资产”账户，其借方登记固定资产原始价值的增加数，贷方登记固定资产原始价值的减少数，期末余额在借方表示固定资产原始价值的实有数。而“累计折旧”账户记录的是固定资产的折旧额，折旧额是对固定资产原始价值的冲减数，所以“累计折旧”账户的结构恰恰与“固定资产”账户的结构相反，其贷方登记累计折旧的增加数，借方登记累计折旧的减少数，期末余额在贷方表示固定资产的累计折旧数。

虽然账户的用途和结构直接或间接地依存于账户的经济内容，但由于经济内容相同的账户可能具有不同的用途和结构，而经济内容不同的账户也可能具有相同或相似的用途和结构，因此，账户按经济内容的分类并不能代替按用途和结构的分类。

账户按其用途和结构的不同，可分为盘存账户、结算账户、资本积累账户、跨期摊配账户、集合分配账户、成本计算账户、计价对比账户、盈亏计算账户、调整账户和暂记账户等十类。

一、盘存账户

盘存账户所反映的内容均为企业的有形财物和货币资金，通常可以对其进行盘点。其结构是借方登记增加数，贷方登记减少数，余额总是在借方，表示实有数，期末列入资产负债表的资产方，如图4-42所示。

盘存账户

借方	贷方
本期发生额：货币资金、实物资产的增加数	本期发生额：货币资金、实物资产的减少数
期末余额：货币资金、实物资产期末实存数额	

图4-42 盘存账户结构示意图

常用的盘存账户有“库存现金”“银行存款”“原材料”“库存商品”“固定资产”等账户。此外，当“材料采购”和“生产成本”账户期末有借方余额时，分别表示在途材料和在产品的实际成本，因而“材料采购”和“生产成本”账户也可归属于盘存账户。

盘存账户均属资产类账户，其反映的货币资金和实物资产一般可以通过实地盘点或核对账目等财产清查手段确定其实存数，以保证账实相符，并检查各项货币资金和实物资产在管理上存在的问题。盘存账户中，除“库存现金”“银行存款”等账户以外，其他盘存账户通过设置明细分类账户可以提供货币金额和实物数量两种指标。

盘存账户的用途结构如图4-43“库存商品”账户的用途结构所示。

盘存账户——库存商品

借方	贷方
期初余额——商品、物资期初实有数额 发生额——商品、物资的增加数额	发生额——商品、物资的减少数额
期末余额——商品、物资的期末实有数额	

图4-43 “库存商品”账户结构示意图

二、结算账户

结算账户是用来核算和监督企业与其他单位或个人之间债权、债务结算情况的账户。由于结算业务的性质不同，结算账户具有不同的用途和结构。因此，结算账户按其具体用途和结构又可以分为债权结算账户、债务结算账户和债权债务结算账户三类。

（一）债权结算账户

债权结算账户又称资产结算账户，是用来核算和监督企业与其他单位或个人之间债权（应收、暂付款项）结算情况的账户。这类账户的结构是：借方登记债权的增加数；贷方登记债权的减少数；期末余额一般在借方，表示期末尚未结算的债权数，如图4-44所示。

债权结算账户

借方	贷方
本期发生额：债权的增加数	本期发生额：债权的减少数
期末余额：期末尚未结算的债权数	

图4-44 债权结算账户结构示意图

常用的债权结算账户有“应收票据”、“应收账款”、“预付账款”和“其他应收款”等账户。

由于债权结算账户反映企业对债务人的索偿权，在会计核算中只需提供货币金额指标，因而一般按照债务人的单位或个人的名称设置明细分类账户，进行明细分类核算。

（二）债务结算账户

债务结算账户又称负债结算账户，是用来反映和监督企业与其他单位或个人之间债务（应付、暂收款项）结算情况的账户。这类账户的结构是：贷方登记债务的增加数；借方登记债务的减少数；期末余额一般在贷方，表示期末尚未偿还的债务数，如图4-45所示。

债务结算账户

本期发生额：债务的减少数	本期发生额：债务的增加数
	期末余额：期末尚未偿还的债务数

图4-45　债务结算账户结构示意图

常用的债务结算账户有“短期借款”、“应付票据”、“应付账款”、“预收账款”、“应付职工薪酬”、“应交税费”、“应付利息”、“应付股利”、“其他应付款”和“长期借款”等账户。

债务结算账户只提供货币金额指标，因而一般以债权人的单位或个人名称设置明细分类账户，进行明细分类核算。

（三）债权债务结算账户

债权债务结算账户亦称往来结算账户或资产负债结算账户，是用来反映和监督企业与其他单位、个人之间的债权、债务往来结算业务的账户。这类账户的结构是：借方既登记债权的增加数，也登记债务的减少数；贷方既登记债权的减少数，也登记债务的增加数；期末余额应为所属各明细分类账户的借方余额合计与贷方余额合计的差额，该余额既可能在借方，也可能在贷方，如为借方余额，表示尚未收回的债权净额，即尚未收回的债权大于尚未偿付的债务的差额，如为贷方余额，表示尚未偿付的债务净额，即尚未偿付的债务大于尚未收回的债权的差额。其结构如图4-46所示。

债权债务结算账户

本期发生额： ① 债权的增加数； ② 债务的减少数	本期发生额： ① 债权的减少数； ② 债务的增加数
期末余额：期末尚未收回的债权净额	期末余额：期末尚未偿付的债务净额

图4-46　债权债务结算账户结构示意图

在会计实务中，预收款项的交易或者事项不多的企业，为了简便核算工作，可以不单独设置“预收账款”账户，而以“应收账款”账户核算应收款项和预收款项的交易或者事项，则“应收账款”账户就是一个债权债务结算账户；预付款项的交易或者事项不多的企业，为了简便核算工作，如果不单独设置“预付账款”账户，而以“应付账款”账户核算应付款项和预付款项的交易或者事项，则“应付账款”账户就是一个债权债务结算账户；为了简便核算工作，如果企业不设置“其他应收款”和“其他应付款”账户，而以“其他往来”账户核算其他应收款和其他应付款的交易或者事项，则“其他往来”账户也是一个债权债务结算账户。

债权债务结算账户应当按照与企业发生债权、债务往来的单位或个人的名称设置明细分类账户，进行明细分类核算，提供金额指标。

由于债权债务结算账户的期末余额无论是在借方还是贷方，反映的都不是企业债权或债务的实际余额，而是债权净额或债务净额，因此，在编制资产负债表时，不能依据总账账户的期末余额而应根据其所属各明细分类账户余额，按照其所在的方向分析判断其性质，从而真实地反映企业债权或债务的实际结余数额。

三、资本积累账户

资本积累账户是用来反映和监督企业所有者投入资本和积累资金的增减变动及其结存情况的账户，在许多教科书中被称为“资本账户”“资本和资本增值账户”“投资权益账户”等。这类账户的结构是：贷方登记所有者投入资本和积累资金的增加数，借方登记所有者投入资本和积累资金的减少数，期末余额总是在贷方，表示期末所有者投入资本和积累资金的实有数额，如图4-47所示。

资本积累账户

本期发生额：投入资本和积累资金的减少数	本期发生额：投入资本和积累资金的增加数
	期末余额：期末投入资本和积累资金的实有数额

图4-47 资本积累账户结构示意图

常用的资本积累账户主要是“实收资本”、“资本公积”和“盈余公积”等账户。

四、跨期摊配账户

在会计实务中，企业在采用权责发生制这一会计记账基础时，必然出现事先一次性支付需待以后再根据受益情况分期计入若干会计年度损益的预付费用。跨期摊配账户就是用来反映和监督跨越支付期而根据受益情况分期计入若干会计年度损益的预付费用的增减变动及其结存情况的账户，是按照权责发生制原则用以核算几个成本计算期共同负担的费用在各个成本计算期进行摊配的账户。其特点是一次支付，分期摊配，例如“长期待摊费用”账户。这类账户的结构是：借方登记预付费用的实际支出数额，贷方登记预付费用当期摊销分配的数额，期末余额在借方，表示已付未摊的预付费用，如图4-48所示。

跨期摊配账户

本期发生额：预付费用的实际支出数	本期发生额：当期预付费用的摊配数
期末余额：期末已付未摊的预付费用	

图4-48 跨期摊配账户结构示意图

常用的跨期摊配账户主要有“长期待摊费用”等账户。[①]“长期待摊费用”账户的结构如图4-49所示。

长期待摊费用

期初余额：已经支付，但尚未分摊的数额 本期发生额：本期支付的数额	本期发生额：本期分摊的数额
期末余额：尚未分摊的数额	

图4-49　“长期待摊费用”账户结构示意图

五、集合分配账户

集合分配账户是用来归集和分配企业生产经营过程中一定时期内所发生的需要按一定标准分配计入有关成本计算对象的某种费用的账户，其结构是应归集的费用发生数在借方，应由有关对象负担的费用分配额在贷方，特点是期末一般无余额，如图4-50所示。

集合分配账户

本期发生额：一定时期内费用的发生数	本期发生额：期末分配计入各个成本计算对象的费用数

图4-50　集合分配账户结构示意图

集合分配账户具有明显的过渡性质。常用的集合分配账户主要是“制造费用”账户。

六、成本计算账户

成本计算账户是计算企业某个生产经营过程的全部费用和实际成本的账户，其结构是借方登记某个生产经营过程应负担的费用，贷方登记已转出有关核算对象的实际成本，借方余额表示尚未结束该过程的有关核算对象的实际成本，期末余额一定在借方，表示尚未完成某个阶段的成本计算对象的实际成本，如图4-51所示。成本计算账户如“生产成本”“材料采购”等账户。

成本计算账户

本期发生额：生产经营过程中某一阶段发生的应计入成本计算对象成本的全部费用	本期发生额：转出的已完成某个阶段的成本计算对象的实际成本
期末余额：期末尚未完成某个阶段的成本计算对象的实际成本	

图4-51　成本计算账户结构示意图

七、计价对比账户

计价对比账户是用来对生产经营过程中某一阶段的特定交易或者事项通过其借方和贷方按照两种不同的计价标准进行核算对比，借以确定该阶段交易或者事项之成果的账户。

① 长期以来，我国企业会计核算设置的“待摊费用”“预提费用”账户也是典型的跨期摊配账户，自2007年以来，企业会计核算已不再设置这两个账户。目前，我国公立医院会计核算中设置的“待摊费用”“预提费用”账户，其用途、结构与企业原设置的“待摊费用”“预提费用”账户一样，应属跨期摊配账户。

这类账户的结构是：借方登记按某一种计价标准确定的特定交易或者事项的金额，贷方登记按另一种计价标准确定的该项交易或者事项的金额，按照两种不同的标准计价对比的结果（借差或贷差），期末一般应从计价对比账户形成差额的反方向转出，结转后应无余额。计价对比账户的结构如图4-52所示。

计价对比账户

本期发生额： ① 按第一种计价标准确定的交易或事项金额； ② 转出的按第二种计价标准确定的交易或事项金额大于按第一种计价标准确定的交易或事项金额的差额（即该项交易或事项的成果）	本期发生额： ① 按第二种计价标准确定的交易或事项金额； ② 转出的按第一种计价标准确定的交易或事项金额大于按第二种计价标准确定的交易或事项金额的差额（即该项交易或事项的成果）

图4-52 计价对比账户结构示意图

在按计划成本对库存材料、库存商品的日常收发进行核算的情况下，企业所设置的“材料采购”“生产成本”账户就是计价对比账户。

就其结构看，计价对比账户应无期末余额。但在会计实务中，企业所设置的“材料采购”“生产成本”等计价对比账户通常都存在期末余额。以“材料采购”账户为例，该账户借方登记采购原材料发生的实际成本，贷方登记转入“原材料”账户的验收入库原材料的计划成本，若已验收入库的原材料发生借差（或称超支额，即：实际成本大于计划成本的差额）或者贷差（或称节约额，即：实际成本小于计划成本的差额），则应从该账户贷方或者借方将其转入“材料成本差异”账户，结转后，“材料采购”账户应无期末余额，其借方若出现期末余额，则为在途材料的实际成本。

八、盈亏计算账户

盈亏计算账户是用来反映和监督企业在一定时期内的生产经营过程中所发生的各项收入（含利得，下同）和费用（含损失，下同），并据以计算企业经营成果的账户。根据其具体用途和结构，盈亏计算账户又可以分为收入账户、费用账户和经营成果账户三类。

（一）收入账户

收入账户是用来反映和监督企业在一定时期内取得的各项收入的账户。这类账户的结构是：贷方登记本期收入的增加额，借方登记本期收入的冲减额和期末转入经营成果账户贷方的本期收入总额，期末结转后应无余额，如图4-53所示。

收入账户

本期发生额： ① 本期收入的冲减额； ② 期末转入经营成果账户贷方的本期收入总额	本期发生额：本期收入的增加额

图4-53 收入账户结构示意图

常用的收入账户有“主营业务收入”“营业外收入”等账户。

（二）费用账户

费用账户是用来反映和监督企业在一定时期内发生的各项费用的账户。这类账户的结构是：借方登记本期费用的增加额，贷方登记本期费用的冲销额和期末转入经营成果账户借方的本期费用总额，期末结转后应无余额，如图4-54所示。

费用账户	
本期发生额：本期费用的增加额	本期发生额： ① 本期费用的冲销额； ② 期末转入经营成果账户借方的本期费用总额

图4-54　费用账户结构示意图

常用的费用账户有"主营业务成本""税金及附加""销售费用""管理费用""财务费用""营业外支出""所得税费用"等账户。

（三）经营成果账户

经营成果账户是用来反映和监督企业在一定时期内的生产经营过程中实现的最终成果的账户。属于经营成果账户的主要是"本年利润"账户。其结构上的特点是：贷方登记期末从各收入账户借方转入的本期发生的各项收入数额，借方登记期末从各费用账户贷方转入的本期发生的各项费用数额；期末余额若在贷方，表示截至本期末止累计实现的净利润，若在借方，则表示截至本期末止累计发生的亏损。年终，全年实现的净利润或发生的亏损要从其借方或贷方结转入"利润分配——未分配利润"账户贷方或借方，结转后应无余额。

九、调整账户

调整账户是为表示被调整账户的实际金额而开设的账户。其特点是要同被调整账户结合起来使用，两者形成一对账户。调整账户按调整的方式不同，分为备抵账户、附加账户和备抵附加账户。在这两个账户中，一个作为被调整账户用来反映原始数字，另一个作为调整账户用来反映对原始数字的调整数字，将原始数字和调整数字进行调整（即相加或相减），即可求得调整后的实际数字。

（一）备抵账户

备抵账户是用以抵减被调整账户的余额，以求得被调整账户实际金额的账户。其特点是调整账户和被调整账户的期末余额的方向是相反的，一个在借方，另一个在贷方，如"累计折旧"是"固定资产"账户的调整账户，"坏账准备"是"应收账款"账户的调整账户等。

因此，在计算被调整账户的实际余额时，被调整账户与备抵账户的余额应采用相减的调整方式，用公式表示为：

被调整账户余额-备抵账户余额＝被调整账户的实际余额

按被调整账户的性质，备抵账户还可进一步分为资产备抵账户和权益备抵账户两类。

资产备抵账户是用来抵减某一资产性质的被调整账户的余额，以求得该资产账户实际余额的账户，主要有"累计折旧""坏账准备"等账户。

权益备抵账户则是用来抵减某一权益性质的被调整账户的余额，以求得该权益账户实际余额的账户。常用的权益备抵账户主要是“利润分配”账户，它是“本年利润”账户的备抵账户。将“本年利润”账户的贷方余额即截至本月末止累计实现的净利润，减去“利润分配”这一权益备抵账户的借方余额即截至本月末止累计已分配利润，即可求得实际结存的净利润即未分配利润的数额。

（二）附加账户

附加账户是用来增加被调整账户的余额，以求得被调整账户实际余额的账户。其结构上的主要特点是：附加账户与其被调整账户的余额必定在相同方向。因此，在计算被调整账户的实际余额时，被调整账户与附加账户的余额应采用相加的调整方式，用公式表示为：

被调整账户余额 + 附加账户余额 = 被调整账户的实际余额

在实际工作中，纯粹的附加账户较少采用。

（三）备抵附加账户

备抵附加账户是指既可以用来抵减，又可以用来增加被调整账户的余额，以求得被调整账户实际余额的账户。虽然备抵附加账户属于双重性质的账户，兼有备抵账户与附加账户的双重功能，但是该类账户不能对被调整账户同时起两种作用。备抵附加账户究竟在某一时期发挥哪一种功能，取决于该账户的余额与被调整账户的余额是否在同一方向。当其余额与被调整账户余额方向相同时，起着附加调整的作用；而当其余额与被调整账户余额方向相反时，起着抵减调整的作用。

常用的备抵附加账户主要有“材料成本差异”“商品成本差异”等账户。

综合上述备抵账户、附加账户和备抵附加账户与被调整账户的关系，可以看出调整账户具有以下四个方面的特点：

第一，调整账户与被调整账户所反映的经济内容相同，而用途及结构不同；

第二，被调整账户反映某一会计要素具体项目的原始数字，而调整账户反映该会计要素具体项目的调整数字，因此，调整账户不能脱离被调整账户而独立存在；

第三，调整账户对被调整账户的调整方式是抵减还是附加，主要取决于被调整账户与调整账户的余额是否在同一方向，若二者余额在同一方向，则是附加调整方式，若二者余额在相反方向，则是抵减调整方式；

第四，调整账户对被调整账户的调整，只涉及金额调整，不涉及数量调整。

十、暂记账户

暂记账户也可称为待处理账户，顾名思义，它是一种过渡性质的账户，是用来暂时性记录尚未确定所应登记账户的某些交易或者事项的账户。在企业会计核算中，所设置的“待处理财产损溢”账户就是一个典型的暂记账户，其结构上的特点如图4-30所示。

以上账户按照用途和结构的分类及各类所常用的账户，见表4-8。为了便于了解账户按经济内容分类与按用途和结构分类这两种方法之间的联系，以便更好地掌握和运用账户，该表同时列出了账户按经济内容的分类。

表4-8　　　　　　　　　　常用账户按经济内容和用途结构的分类

按经济内容分类 按用途结构分类		资产类账户	负债类账户	所有者权益类账户	成本类账户	损益类账户
盘存账户		库存现金 银行存款 材料采购 原材料 库存商品 固定资产			生产成本	
结算账户	债权结算账户	应收票据 应收账款 预付账款 其他应收款				
	债务结算账户		短期借款 应付票据 应付账款 预收账款 应付职工薪酬 应交税费 应付利息 应付股利 其他应付款			
	债权债务结算账户	应收账款 应付账款 其他往来	应收账款 应付账款 其他往来			
资本积累账户				实收资本 资本公积 盈余公积		
跨期摊配账户		长期待摊费用				
集合分配账户					制造费用	
成本计算账户		材料采购			生产成本	
计价对比账户		材料采购			生产成本	

续表

<table>
<tr><th colspan="2">按经济内容分类
按用途结构分类</th><th>资产类账户</th><th>负债类账户</th><th>所有者
权益类账户</th><th>成本类账户</th><th>损益类账户</th></tr>
<tr><td rowspan="3">盈亏计算账户</td><td>收入账户</td><td></td><td></td><td></td><td></td><td>主营业务收入
营业外收入</td></tr>
<tr><td>费用账户</td><td></td><td></td><td></td><td></td><td>主营业务成本
税金及附加
销售费用
管理费用
财务费用
营业外支出
所得税费用</td></tr>
<tr><td>经营成果账户</td><td></td><td></td><td>本年利润</td><td></td><td></td></tr>
<tr><td rowspan="3">调整账户</td><td>备抵账户</td><td>累计折旧
坏账准备</td><td></td><td>利润分配</td><td></td><td></td></tr>
<tr><td>附加账户</td><td></td><td></td><td></td><td></td><td></td></tr>
<tr><td>备抵附加账户</td><td>材料成本差异
商品成本差异</td><td></td><td></td><td></td><td></td></tr>
<tr><td colspan="2">暂记账户</td><td>待处理财产损溢</td><td></td><td></td><td></td><td></td></tr>
</table>

注：由于债权债务结算账户既核算债权（资产），也核算债务（负债），因而该表列出的三个债权债务结算账户均是双重性质账户，按经济内容分类，它们既是资产类账户，又是负债类账户。

[本章思考题]

1.对企业主要经济业务的账务处理应分别设置哪些主要账户？

2.何为生产费用、生产成本？生产费用是怎样计入生产成本的？

3.账户按照用途结构分为哪几类？如何把握各类账户用途、结构具有的规律性？

4.何为调整账户？为什么要设置调整账户？调整账户如何进一步分类？

第五章

成本计算

企业在生产经营过程中，为了获取一定的收入，必然会发生各种活劳动、物化劳动的耗费。企业各种劳动耗费的发生，自然存在成本计算的问题。成本核算是企业会计核算的重要组成部分，成本计算是一种重要的会计核算方法。本章主要对成本计算的基本原理做简要介绍。

第一节　成本计算的意义

一、成本及成本计算的概念

从广义上说，企业在一定会计期间内发生的能够用货币表现的劳动耗费，就称为费用，而将费用按一定范围或标准归集到某一特定的成本计算对象上，则称为该对象的成本。成本与费用都是企业在生产经营过程中的特定阶段所发生的各种耗费，是企业为获得收益而付出的代价。费用是计算成本的前提和基础，成本是一种对象化的费用。但是，两者又有区别，主要表现在两者计算口径不同、归集标准不同。具体来说，费用是按会计期间归集的，而成本是按某一特定对象归集的，一个期间的费用可能由若干对象分担，某一对象的成本也可能由若干期间的费用构成。

所谓成本计算，是指以货币作为统一计量尺度，将企业在生产经营过程中各个阶段所发生的各项费用，按照一定的成本计算对象进行归集和分配，借以确定各该对象的实际总成本和单位成本的一种会计核算的专门方法。

由于企业生产经营的各个阶段都会发生耗费，因此，都存在成本计算的问题。例如，在生产准备过程中，要将发生的材料买价、采购费用等按各种材料进行归集，以计算各种材料的实际采购成本。又如，在商品生产过程中，应将消耗的材料费、人工费和制造费用按照所生产的商品进行归集，以计算各种商品的实际生产成本。再如，在商品销售过程中，应计算各种商品的销售成本。由于商品生产过程的复杂性和商品生产耗费的多样性，使商品生产成本的计算比材料实际采购成本、商品销售成本的计算复杂，因此，典型的成本计算就是指商品生产成本的计算。同时，由于材料实际采购成本最终要转化为商品生产成本，而商品销售成本又是在商品生产成本的基础上进行计算的，所以，可以说材料实际采购成本的计算是商品生产成本计算的准备，商品销售成本的计算是商品生产成本计算的必要补充。

二、成本计算的意义

成本必须运用专门的计算方法才能加以确定。成本计算，特别是产品成本的计算，对于加强企业经营管理，提高经济效益具有重要意义。

第一，反映劳动耗费的手段。通过成本计算，可以确定产品的实际成本，为收支对比、计算盈亏提供依据，为登记账簿、编制会计报表提供资料。

第二，补偿劳动耗费的标准。通过成本计算，可以掌握补偿劳动耗费的尺度，它是企业维持简单再生产的最低补偿界限。如果按成本计算结果提供的价值补偿尺度不能被满足，企业简单再生产就无法维持。

第三，制定产品价格的基础。通过成本计算，可以确定企业产品价格。产品价格是产品价值的转化形式，价格以价值为基础，并围绕价值上下波动。在现实的商品经济中，产品的价值还不能直接计算，只能通过产品成本间接地反映出来。产品成本是制定产品价格的最低经济界限。我国的产品价格，是以产品社会平均成本为基础，并考虑平均利润水平和其他因素而定的。

第四，评价产品成本计划执行情况。成本计划是以货币的形式预先规定会计报告期内的生产耗费水平和成本水平，并确定降低成本的任务。产品成本计划体现了企业降低成本的具体要求，通过成本计算，可以反映各项费用的支出情况，揭露企业生产经营管理中存在的问题，分析产品成本升降的原因，以便进一步挖掘和利用降低产品成本的潜力，达到降低成本的目的。

第五，预测产品成本水平。预测产品成本，是企业在市场竞争中求生存、求发展不可缺少的成本管理环节。通过成本计算，在已知产品实际成本的基础上，对未来市场变化、自身生产经营状况、产品成本水平作出科学的预测、决策，以确定最优方案，是企业立于不败之地的根本保证。

总之，成本计算是成本管理的基础。正确地运用成本计算方法，对于不断改进成本管理工作、降低成本、节约资金、增加积累、加速社会主义市场经济的发展等方面，发挥着重要作用。

第二节　成本计算的基本要求

成本计算是会计核算中十分重要的工作。成本计算的正确与否，直接影响企业损益的计算。为了充分发挥成本计算的作用，正确计算成本，应当遵循以下基本要求：

一、建立和健全原始记录

原始记录是对企业生产经营活动进行客观反映所做的最初的记录，是进行成本计算的原始依据和第一手资料，它对于提高企业管理水平、加强成本管理、开展经济核算和完成生产计划起着重要作用。成本核算人员应会同企业的计划、统计、生产技术、劳动工资、产品物资供销等有关部门，认真制定既符合成本核算需要又符合各方面管理需要，既简便易行又讲求实效的原始记录制度，还要组织有关职工认真做好各种原始记录的登记、传递、审核和保管工作，以便及时、准确地为成本核算和其他有关方面提供所需的原始资料。

为了保证成本计算的正确性和及时性，企业应根据生产和管理的实际情况，建立健全各项原始记录，主要包括：

第一，建立健全材料、商品等物资方面的原始记录，反映材料、商品等物资的收、发、领、退，废品的发生，在产品及半成品的内部转移，商品质量检验及成品入库等情况。

第二，建立健全劳动工资方面的原始记录，反映职工人数、调动、考勤、工资基金、工时利用、停工情况、有关津贴等情况。

第三，建立健全设备使用方面的原始记录，反映设备验收、交付使用、维修、封存、调拨、报废等情况，并做好固定资产卡片和固定资产台账的登记工作。

第四，建立健全动力消耗方面的原始记录，反映根据各计量仪表所显示的水、电、气等的实际耗用量，并做好能源消耗统计报表。

企业应指定专职管理原始记录的机构和人员，统一规定各类原始记录的格式、内容、填写、审核、签署、传递、存档等要求，保证原始记录管理的规范化和标准化。

二、正确划分收益性支出和资本性支出的界线

所谓收益性支出，是指为取得本期收益而发生的支出，即支出的效益仅及于本会计年度或一个营业周期的支出，如生产经营过程中发生的原材料的消耗、直接工资、制造费用及期间费用等；所谓资本性支出，是指为形成生产经营能力，在以后各期取得收益而发生的各种资产支出，即支出的效益及于几个会计年度或几个营业周期的支出，如购置固定资产的支出、购入无形资产的支出等。

正确划分收益性支出和资本性支出，目的在于正确确定企业当期损益。对于收益性支出，应将其费用化，计入费用账户，列入利润表；对于资本性支出，应将其资本化，计入资产账户，列入资产负债表。在会计实务中，如果将一笔收益性支出按资本性支出处理了，就会出现少计费用而多计资产价值的现象，造成当期净收益和资产价值虚增；相反，如果将一笔资本性支出按收益性支出处理了，则会出现多计费用而少计资产价值的现象，造成当期净收益降低甚至出现亏损和资产价值偏低。因此，企业必须正确划分收益性支出和资本性支出，遵守国家有关成本费用开支范围的规定，防止乱挤和少计收益性支出的错误做法。当然，在会计实务中，对于那种支出数额较少或单价极低、未来收益不多或很难衡量的资本性支出，可以作为收益性支出处理，以便简化核算。

三、正确划分应计入商品生产成本和不计入商品生产成本的费用界线

企业生产过程中的耗费是多种多样的，其用途也是多方面的，要正确核算成本费用，计算商品生产成本，必须按费用的用途确定哪些应计入商品生产成本，哪些不应计入商品生产成本。因此，必须正确划分应计入商品生产成本和不应计入商品生产成本的费用界

线。凡用于商品生产发生的原材料费、生产工人工资、福利费及制造费用等，均应计入商品生产成本；而销售费用、管理费用和财务费用等期间费用则应直接计入当期损益，不应计入商品生产成本。应防止混淆商品生产成本和期间费用的界线而将商品生产费用计入期间费用，或者将期间费用当作生产费用计入商品生产成本，借以调节各月商品生产成本和各月损益的错误做法。

四、正确划分各个月份的费用界线

正确划分各个月份的费用界线，是保证成本核算正确的重要环节。为了便于分析、考核生产费用计划和商品生产成本计划的执行情况和结果，正确计算各月损益，企业还应将应计入商品生产成本的费用和应作为期间费用的费用在各个月份之间正确进行划分，防止人为调节各个月份的商品生产成本和期间费用、人为调节各月损益的错误做法。

五、正确划分各种商品的费用界线

为了分析和考核各种商品生产成本计划的执行情况，并保证按每个成本计算对象正确地归集应负担的费用，必须将发生的应由本期商品负担的费用在各种商品之间进行分配。属于某种商品生产单独发生、能够直接计入该种商品生产成本的生产费用，应该直接计入该种商品的生产成本；属于多种商品生产共同发生、不能直接计入某种商品生产成本的生产费用，则应采用适当的分配方法，分配计入各种商品的生产成本。应防止企业在盈利商品与亏损商品之间、可比产品与不可比产品之间转移生产费用，借以掩盖成本超支或以盈补亏的错误做法。

六、正确划分完工产品与在产品的费用界线

月末计算商品生产成本时，如果某种商品已全部生产完工，该种商品的各项生产费用之和，就是这种商品的完工产品成本；如果某种商品全部尚未生产完工，这种商品的各项生产费用之和，就是这种商品的月末在产品成本；如果某种商品部分生产完工，另一部分未生产完工，就应当采用适当的分配方法，将该种商品生产发生的各项生产费用之和在这种商品的完工产品与在产品之间分配，以计算完工产品生产成本和月末在产品生产成本。在分配完工产品生产成本和在产品生产成本时，应防止任意提高或降低月末在产品生产成本、人为调节完工产品生产成本的错误做法。

七、正确采用适当的成本计算方法

企业的商品生产成本是在商品生产过程中形成的，生产组织和工艺过程不同的商品，应该采用不同的成本计算方法。计算商品生产成本是为了加强成本管理，因此，还应根据不同的管理要求采用不同的商品生产成本计算方法，为成本管理提供有用的成本信息。

常见的成本计算方法有品种法、分批法、分步法等。各种成本计算方法的基本原理和详细内容将在专业会计课程中介绍。

第三节 成本计算的基本程序

成本计算是一项复杂的工作，涉及企业生产经营过程的各个阶段。为了正确地计算成本，根据成本计算的基本要求和有利于加强成本管理的原则，企业成本计算的程序主要包括以下具体步骤。

一、设置必要的账户

为了进行商品生产成本的计算，企业应当设置“生产成本”“制造费用”等账户。

“生产成本”账户属于成本类账户，是用来归集企业在一定会计期间的商品生产过程中发生的生产费用并据以计算商品生产成本的账户。企业在一定会计期间发生的各项生产费用记入该账户的借方；生产完工验收入库商品的生产成本记入该账户的贷方；该账户的期末借方余额反映在产品的实际生产成本。“生产成本”账户通常应当按照所生产商品品种等成本计算对象设置明细分类账户，进行明细核算。在明细分类账户中，应当按照成本项目分设专栏或专行，以便了解各种商品生产成本的费用结构，正确地计算成本，其格式见表5-1。

表5-1 生产成本明细分类账户

车间：

产品： 产量：

年		凭证		摘 要	借方（成本项目）				贷 方	余 额
月	日	字	号		直接材料	直接人工	制造费用	合 计		

“制造费用”账户也是一个成本类账户，是用来核算企业在一定会计期间为生产商品而发生的各项间接性生产费用的账户。企业当月发生的各项间接费用记入该账户的借方；月末按一定标准分配转出的当月制造费用记入该账户的贷方；除季节性生产企业外，该账户月末应无余额。该账户应按不同车间、部门设置明细分类账户进行明细分类核算。

除以上两个账户外，企业还应当设置“管理费用”“财务费用”“销售费用”等账户，用以核算商品生产过程中发生的不计入商品生产成本的期间费用。这些账户的性质、用途、结构已在第四章中详细阐述，在此不再逐一叙述。

二、确定成本计算对象

正确确定成本计算对象，是保证成本核算质量的关键问题。

成本计算对象是指为计算商品生产成本而确定的生产费用归集和分配的承担客体，是生产费用的归属对象和生产耗费的承担者，是设置商品生产成本明细分类账户、分配生产费用的前提。成本是对象化的费用，离开了一定的成本计算对象，就谈不上成本计算。由于各个企业的生产特点、管理要求、规模大小、管理水平等不同，各个企业成本计算对象的确定也各不相同。通常情况下，单件小批量的生产企业，商品往往能够同时投产，同时完工，其成本计算对象就是商品的批别或订单；大量大批简单生产的企业，由于不断重复地生产一件商品，其成本计算对象就是商品的品种；大量大批复杂生产的企业，由于工艺过程复杂，应当按照商品生产的步骤作为成本计算对象来计算商品生产成本，但如果管理上不要求按生产步骤来计算商品生产成本，也可以只以商品品种作为成本计算对象。

三、确定成本计算期

成本计算期是指商品生产成本计算的间隔期，即多长时间计算一次商品生产成本。在一般情况下，企业商品生产成本计算期为一个月，即每月计算一次商品生产成本，但也并不完全是这样，因为成本计算期的确定主要取决于企业生产的特点。企业在单件小批量生产的情况下，以商品的批别或订单作为成本计算对象，成本计算期通常与商品的生产周期保持一致，也就是在商品生产完工时计算商品生产成本，但商品完工时间不一定是在月末，故成本计算期不一定与会计期间一致；在大量大批生产的情况下，以商品品种为成本计算对象，每月都有部分商品生产完工，以待销售，这就要求按月计算完工商品的总成本和单位成本，因此，商品生产成本计算期与会计期间保持一致，而与商品生产周期不一致。

四、确定成本项目

成本项目是将生产费用按照经济用途进一步分类的项目，它构成商品生产成本的内容。计入商品生产成本的生产费用在生产过程中的用途是各不相同的，有的直接用于商品生产，有的间接用于商品生产，有的是生产中发生的损失。因此，为了具体地反映计入商品生产成本的生产费用的各种用途，需要把生产费用按经济用途进一步划分为若干项目，以反映商品生产成本的构成。

根据生产特点和管理要求，制造企业一般应当设置直接材料费、直接人工费和制造费用等成本项目。直接材料费是指直接用于商品生产、构成商品实体的原料、主要材料以及有助于商品形成的辅助材料等的耗费；直接人工费是指直接参加商品生产的工人工资及按规定比例计提的福利费等；制造费用是指企业内部的生产部门（车间）为组织和管理商品生产而发生的间接费用，包括车间管理人员的工资及福利费、固定资产折旧费、办公费、水电费、机物料消耗和劳动保护费等。为了使成本项目更好地适应企业的生产特点和经营管理要求，企业可以适当调整成本项目。

成本项目清楚地反映了各种商品生产成本的构成内容，不仅便于按成本项目归集生产费用，而且有利于对各项生产费用进行监督和控制，考核和分析成本水平及变动原因，最终有助于寻求降低成本的途径。

五、按成本计算对象正确地归集和分配费用

企业在一定会计期间的商品生产过程中发生材料、工资等生产费用时，应当按照成本计算对象正确地予以归集和分配。成本计算过程实际就是生产费用的归集和分配过程，生产费用经过多次归集与分配，最终计入商品成本。正确归集和分配各种生产费用，是正确进行成本计算的前提。

对于直接用于商品生产、专门设置成本项目的生产费用，应按成本计算对象计入各商品相应的成本项目。如果是几种商品共同负担的生产费用，还应采用适当的方法分配计入各商品相应的成本项目，同时在“生产成本”总分类账户中进行登记。

对于发生的各项制造费用，则应先在“制造费用”账户的借方进行归集，期末再采用一定的分配标准将制造费用总额分配给各种商品，记入各商品的生产成本明细分类账户。制造费用的分配有多种标准，常用的有商品生产耗用工时、商品生产工人工资等。制造费用的分配方法可用公式表示如下：

制造费用分配率 = 制造费用总额÷各种商品生产工时（或生产工人工资）之和

某种商品应负担的制造费用 = 该种商品生产工时（或生产工人工资）×制造费用分配率

制造费用的分配一般是通过编制“制造费用分配表”完成的，该表格式见表5-2。

表5-2

制造费用分配表

年　月　日

单位：元

产品名称	分配标准	分配率	分配金额
合 计			

正确归集与分配生产费用，要遵守国家相关的法律及规章制度，要遵循成本开支范围的规定，要根据真实的原始数据和权责发生制原则来进行。

六、将生产费用在完工产品与在产品之间进行分配

企业在一定会计期间的商品生产过程中所发生的应计入商品生产成本的生产费用，在按照成本计算对象进行归集和分配后，都集中登记在“生产成本”总分类账户及所属明细分类账户中，在明细分类账户中按成本项目登记的费用，就是该商品应负担的生产费用。如果该商品全部完工，则所归集的生产费用就是该商品的完工产品成本；如果该商品全部未完工，则所归集的生产费用就是该商品的在产品成本；如果该商品部分完工，那么所归集的生产费用就应在完工产品与在产品之间分配。由于存在以下公式：

月初在产品成本 + 本月生产费用 = 本月完工产品成本 + 月末在产品成本

因此，在分配完工产品与在产品成本时，可以先确定月末在产品成本，再计算本月完工产品成本；也可以按照一定比例在完工产品与在产品之间进行分配。

生产费用在完工产品与在产品之间进行分配的具体方法，应当根据行业特点、生产特

点等不同情况而定。例如，某些企业在产品数量较少，并且在产品数量在月份之间变化小，可以不计算在产品成本或在产品成本按固定成本计算；某些企业的产品成本中直接材料费占成本比重较大，可以采用月末在产品只计算材料成本，其他费用由产成品负担的方法等。总之，企业应根据在产品数量的多少、各月在产品数量变化情况、各种费用比重的大小以及定额管理基础等具体条件和实际情况，选择既合理又简便的分配方法。

七、编制完工产品生产成本计算表

编制完工产品生产成本计算表（单）是成本计算的最后一个步骤。在计算出完工产品成本之后，应按成本计算对象编制完工产品生产成本计算表，以确定各种完工产品的总成本和单位成本。完工产品生产成本计算表的格式见表5-3。

表5-3 完工产品生产成本计算表

年 月 日

单位：元

成本项目	××产品		××产品	
	总成本	单位成本	总成本	单位成本
直接材料				
直接人工				
制造费用				
合 计				

有关制造企业商品生产成本计算的实例，可参见第四章第三节中列举的万峰儿童玩具制造公司20××年6月份生产甲产品1 000件，乙产品1 500件的例子，这里不再另行举例。

[本章思考题]

1.何为成本计算？其基本要求有哪些？

2.何为成本项目？成本项目有哪些？

3.成本计算的基本程序是怎样的？

第六章

会计凭证

第一节　会计凭证的意义和种类

一、会计凭证的含义

会计凭证简称凭证，是记录经济业务、明确经济责任并据以登记会计账簿的书面证明。

任何企事业单位，每天都要发生大量的经济业务，既有货币资金的收付，又有财产物资的增减变化等。为了保证会计记录能如实反映企业的经济活动情况，保证账户记录的真实性、准确性，记账必须严格以会计凭证为依据。对每一项经济业务，都必须由办理该项经济业务的有关人员填制适当的会计凭证，记录经济业务的发生日期、具体内容以及数量和金额等，并在凭证上签章，以证明经济业务的存在，对经济业务的真实性负责；然后，由会计人员对会计凭证的合法性、合理性等进行审核，经审核合格的会计凭证，才能作为记账的依据。

二、会计凭证的意义

填制和审核会计凭证，是会计核算的一种基本方法，是会计核算工作的起点，也是对企业经济业务活动实施会计监督的基本环节。没有真凭实据就不能任意收付款项和动用财产物资，也不能进行账务处理，这是会计核算必须遵循的一项重要要求和原则。

准确填制和严格审核会计凭证，对完成会计工作任务、实现会计职能、充分发挥会计作用，具有以下三方面的意义：

第一，保证会计核算的准确性。认真填制和严格审核会计凭证，可以为记账、算账提供真实、可靠的数据资料，从而保证会计核算的准确性。任何一笔经济业务的发生，都必须填制会计凭证。会计凭证上记录着经济业务活动发生的时间、内容（包括数量、金额及完成情况）。通过认真填制和严格审核，保证经济业务如实地反映在会计凭证上，并为账簿记录提供真实、可靠的依据，使账簿记录与实际情况相符，这样就保证了会计核算资料的真实性与准确性，并为分析、检查经济活动和财务收支情况提供确切可靠的原始资料。

第二，充分发挥会计的监督作用。认真填制和严格审核会计凭证，可以检查和监督经济业务活动的合理性、合法性，充分发挥会计的监督作用。会计凭证记录和反映了经济业务活动的发生、进程和完成情况等具体内容，通过对会计凭证的严格审核，可以检查每笔经济业务是否合理、合规和合法。由于一切经济活动都必须认真填制凭证，不论是现金收支、财产增减，还是商品进出、款项结算及费用开支，都在凭证上进行了记载，对其内容的严格审核，可以查明每笔经济业务活动是否执行了计划、预算，是否符合有关政策、法令、制度的规定，有无违法乱纪和铺张浪费行为，从而可以严肃财经纪律，限制和防止各种违法行为，充分发挥会计的监督作用。

第三，加强经济责任制。认真填制和审核凭证，可以明确有关部门、有关人员在办理经济业务中的责任，从而加强经济责任制。由于会计凭证记录了每笔经济业务的内容，并由有关部门和有关人员签章，这就要求有关部门和有关人员对经济活动的真实性、准确性、合法性负责。这样，就能加强有关部门和有关人员的责任感，促使他们严格按照政策、法令、制度、计划和预算办事。如发生违法乱纪和铺张浪费行为也易于分清经济责任，从而加强经济责任制。

三、会计凭证的种类

会计凭证种类繁多，为了具体认识和更好掌握、运用会计凭证，需要对其进行分类。会计凭证按其填制程序和用途的不同，可分为原始凭证和记账凭证两大类。

（一）原始凭证

原始凭证又称“单据”，是在经济业务发生或完成时取得、填制的，用以记录、证明经济业务的发生、完成情况，明确有关经济责任，并作为记账原始依据的会计凭证，是会计核算重要的原始资料。原始凭证是在经济业务发生过程中直接产生的，是经济业务的最初证明，在法律上具有较强的证明效力。

原始凭证种类繁多，可从不同角度进行分类，但其最基本的是按照取得来源分类。按其取得来源不同，原始凭证可以分为外来原始凭证和自制原始凭证两类，如图6-1所示。

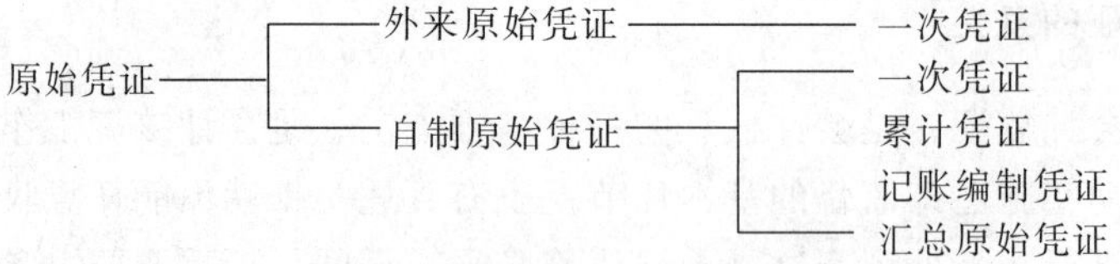

图6-1 原始凭证种类示意图

1.外来原始凭证

外来原始凭证，是指在同外单位发生经济往来时，从外单位或个人处取得的凭证，如购买材料、商品时，从供货单位取得的发票等。

外来原始凭证通常只反映一项交易或事项，其填制手续是一次完成的，故一般都是一次凭证，其格式见表6-1。

2.自制原始凭证

自制原始凭证，是指由本单位内部经办经济业务的部门或个人，在完成某项经济业务时自行填制的凭证。

自制原始凭证种类繁多，可从不同角度进行分类。一般而言，自制原始凭证按其填制手续不同，可以分为一次凭证、累计凭证、记账编制凭证和汇总原始凭证四种。

表6-1

贵州增值税专用发票

开票日期：　　年　月　日　　　　　　　　　　　　№ 2735628

<table>
<tr><td>购货单位</td><td colspan="4">名称：
纳税人识别号：
地址、电话：
开户行及账号：</td><td>密码区</td><td colspan="2"></td></tr>
<tr><td>货物或应税劳务名称</td><td>规格型号</td><td>单位</td><td>数量</td><td>单价</td><td>金额</td><td>税率</td><td>税额</td></tr>
<tr><td>合　计</td><td></td><td></td><td></td><td></td><td></td><td></td><td></td></tr>
<tr><td colspan="2">价税合计（大写）</td><td colspan="6">（小写）</td></tr>
<tr><td>销货单位</td><td colspan="4">名称：
纳税人识别号：
地址、电话：
开户行及账号：</td><td>备注</td><td colspan="2"></td></tr>
</table>

第二联　发票联　购货方记账凭证

收款人：　　　　复核：　　　　开票人：　　　　销货单位（章）：

（1）一次凭证。它是指只反映一项经济业务，或者同时反映若干项同类性质的经济业务，其填制手续是一次完成的会计凭证。日常的原始凭证多属此类。如企业购进材料验收入库，由仓库保管员填制的“收料单”，格式见表6-2；车间或班组向仓库领用材料时填制的“领料单”，格式见表6-3。

表6-2

收　料　单

供货单位：　　　　　　　　　　　　　　　　凭证编号：

发票号码：　　　　　　　年　月　日　　　　收料仓库：

<table>
<tr><td rowspan="2">材料类别</td><td rowspan="2">材料编号</td><td rowspan="2">材料名称及规格</td><td rowspan="2">计量单位</td><td colspan="2">数　量</td><td colspan="4">金　额</td></tr>
<tr><td>发票</td><td>实收</td><td>单价</td><td>买价</td><td>运杂费</td><td>合计</td></tr>
<tr><td></td><td></td><td></td><td></td><td></td><td></td><td></td><td></td><td></td><td></td></tr>
<tr><td></td><td></td><td></td><td></td><td></td><td></td><td></td><td></td><td></td><td></td></tr>
<tr><td></td><td></td><td></td><td></td><td></td><td></td><td></td><td></td><td></td><td></td></tr>
<tr><td colspan="6">备注：</td><td colspan="3">合　计</td><td></td></tr>
</table>

核算：　　　　主管：　　　　保管：　　　　检验：　　　　交库：

（2）累计凭证。它是指在一定时期内（如一个月内）连续在一张凭证上多次记载若干项同类经济业务的会计凭证。这类凭证的填制手续是随着经济业务的发生而分次进行的。如“限额领料单”就是典型的累计凭证，格式见表6-4。

（3）记账编制凭证。在企业自制的各种原始凭证中，一般都是以实际发生或完成的经济业务为依据，由经办人员填制并签章的。但有些自制原始凭证则是由会计人员根据账簿

表6-3

领 料 单

凭证编号：

领料单位：　　　　　　　　年　月　日　　　　　　　　发料仓库：

材料类别	材料编号	材料名称及规格	计量单位	数量		单价	总额	用途
				请领	实领			
合计								

记账：　　　　发料人：　　　　领料部门主管：　　　　领料人：

表6-4

限 额 领 料 单

领料单位：　　　　　　　　　　　　　　　　　　　　凭证编号：

用　　途：　　　　　　　　年　月　日　　　　　　　　发料仓库：

材料编号	材料名称及规格	计量单位	计划投产量	单位消耗定额	领用限额	实领		
						数量	单价	金额
日期	领用			退料			限额结余数量	
	数量	领料人	发料人	数量	退料人	收料人		

生产计划部门负责人：　　　　供应部门负责人：　　　　仓库负责人：

记录填制的，称为记账编制凭证，如月末分配结转制造费用时所编制的“制造费用分配表”，格式见表4-3。

（4）汇总原始凭证。在实际工作中，为了集中反映某类经济业务的总括情况，并简化记账凭证的填制工作，往往将一定时期内若干记录同类经济业务的原始凭证汇总编制成一张原始凭证，这种凭证称为汇总原始凭证或原始凭证汇总表，如“现金收入汇总表”、“工资发放汇总表”和“发料凭证汇总表”等。“发料凭证汇总表”的格式见表6-5。在实际工作中，在编制汇总原始凭证时，可标明其应借、应贷的会计科目，这样的汇总原始凭证可直接取代记账凭证，以简化核算工作，见表6-6。汇总原始凭证所汇总的内容，只能是同类经济业务，即：将反映同类经济业务的各原始凭证汇总编制一张汇总原始凭证，不能汇总两类或两类以上的经济业务。汇总原始凭证也属于原始凭证的范畴。

表6-5

发料凭证汇总表

年　月　日至　日　　　　实物计量单位：

用途	甲材料			乙材料			金额合计
	数量	单价	金额	数量	单价	金额	
1.生产产品耗用 其中：1号产品 　　　2号产品 2.车间一般耗用 3.厂部一般耗用							
合计							

会计负责人：　　　　复核：　　　　制表：

表6-6

发料凭证汇总表

年　月　日　　　　单位：元

借方科目	贷方科目：原材料								发料合计
	明细科目：甲材料				明细科目：乙材料				
	1—10日	11—20日	21—31日	小计	1—10日	11—20日	21—31日	小计	
生产成本									
制造费用									
管理费用									
合计									

会计负责人：　　　　复核：　　　　制表：

（二）记账凭证

记账凭证又称“分录凭证”，是由会计人员根据审核无误的原始凭证或汇总原始凭证填制，用来确定经济业务应借、应贷的会计科目和金额（即会计分录），作为记账直接依据的会计凭证。

在实际工作中，不论是外来原始凭证还是自制原始凭证，它们都来自各个方面，格式和大小不一，而且没有标明应借、应贷的会计科目，如果直接据以登记账簿，容易发生差错。为了便于记账，防止差错，在登记账簿以前，一般先要根据原始凭证或汇总原始凭证填制记账凭证，填明经济业务的应借、应贷科目和金额，再据以登记账簿，并将原始凭证或汇总原始凭证作为记账凭证的附件。

1.按其适用的经济业务分类

按其适用的经济业务，记账凭证可以分为专用记账凭证和通用记账凭证两类。

（1）专用记账凭证

专用记账凭证是用来专门记录某一类经济业务的记账凭证。专用记账凭证按其所记录的经济业务是否与现金和银行存款的收付有关，又分为收款凭证、付款凭证和转账凭证三种。

收款凭证是专门用来记录引起库存现金、银行存款等货币资金增加的经济业务（即收款业务）的专用记账凭证，它是根据引起库存现金、银行存款增加的经济业务的原始凭证填制的，其格式见表6-7。按其记录内容不同，收款凭证具体分为现金收款凭证和银行存款收款凭证。

表6-7　　　　　　　　　　　　　**收款凭证**

借方科目：　　　　　　　　　　　年　月　日　　　　　　　　　　____字第____号

摘　要	贷方科目		金　额											记账符号
	总账科目	二级或明细科目	亿	千	百	十	万	千	百	十	元	角	分	
金额合计														

附原始凭证　张

会计主管：　　　　记账：　　　　稽核：　　　　出纳：　　　　制单：

付款凭证是专门用来记录引起库存现金、银行存款等货币资金减少的经济业务（即付款业务）的专用记账凭证，它是根据引起库存现金、银行存款减少的经济业务的原始凭证填制的，其格式见表6-8。按其记录内容不同，付款凭证具体分为现金付款凭证和银行存款付款凭证。

表6-8　　　　　　　　　　　　　**付款凭证**

贷方科目：　　　　　　　　　　　年　月　日　　　　　　　　　　____字第____号

摘　要	借方科目		金　额											记账符号
	总账科目	二级或明细科目	亿	千	百	十	万	千	百	十	元	角	分	
金额合计														

附原始凭证　张

会计主管：　　　　记账：　　　　稽核：　　　　出纳：　　　　制单：

转账凭证是专门用来记录与库存现金、银行存款等货币资金收付款无关的经济业务（即转账业务）的专用记账凭证，它是根据与库存现金、银行存款等货币资金收付款无关的经济业务的原始凭证填制的，其格式见表6-9。

表6-9

转账凭证

年 月 日 ____字第____号

摘要	会计科目		借方金额											贷方金额											记账符号
	总账科目	二级或明细科目	亿	千	百	十	万	千	百	十	元	角	分	亿	千	百	十	万	千	百	十	元	角	分	
金额合计																									

附原始凭证 张

会计主管： 记账： 稽核： 制单：

（2）通用记账凭证

通用记账凭证是适用于所有经济业务的记账凭证。采用这种记账凭证的企业单位，不论收款业务、付款业务还是转账业务，统一采用一种格式的记账凭证，见表6-10。

表6-10

记账凭证

年 月 日 ____字第____号

摘要	会计科目		借方金额											贷方金额											记账符号
	总账科目	二级或明细科目	亿	千	百	十	万	千	百	十	元	角	分	亿	千	百	十	万	千	百	十	元	角	分	
金额合计																									

附原始凭证 张

会计主管： 记账： 稽核： 出纳： 制单：

2.按其所包括的会计科目是否单一分类

按其所包括的会计科目是否单一，记账凭证可以分为复式记账凭证和单式记账凭证两类。

（1）复式记账凭证

复式记账凭证是将一项经济业务涉及的应借、应贷的各个会计科目及其金额，都填列在一张记账凭证中，因而也称多科目记账凭证或多项记账凭证。复式记账凭证的优点在于能够集中体现科目对应关系，便于了解有关经济业务的全貌，减少凭证数量，但复式记账凭证不便于汇总和会计人员分工记账。

前述各种专用记账凭证和通用记账凭证，都属于复式记账凭证。

（2）单式记账凭证

单式记账凭证又叫单科目记账凭证，它要求将某项经济业务所涉及的每个会计科目分别填制记账凭证，每张记账凭证只填列一个会计科目，其对方科目只供参考，不凭以记账。也就是把某一项经济业务的会计分录，按其所涉及的会计科目，分散填制两张或两张以上的记账凭证，其格式分别见表6-11、表6-12。其中，“借项记账凭证”填列借方科目，“贷项记账凭证”填列贷方科目。

表6-11

借项记账凭证

年 月 日

凭证编号第____号

摘 要	总账科目	二级或明细科目	金 额											记账符号
			亿	千	百	十	万	千	百	十	元	角	分	
对应科目：	金 额 合 计													

附原始凭证 张

会计主管： 记账： 稽核： 出纳： 制单：

表6-12

贷项记账凭证

年 月 日

凭证编号第____号

摘 要	总账科目	二级或明细科目	金 额											记账符号
			亿	千	百	十	万	千	百	十	元	角	分	
对应科目：	金 额 合 计													

附原始凭证 张

会计主管： 记账： 稽核： 出纳： 制单：

单式记账凭证只填列一个会计科目，便于按每个会计科目汇总其发生额，也便于会计人员分工记账。但是，由于单式记账凭证不能反映有关经济业务的全貌，不便于查账，且制证工作量大，在实际工作中较少采用。

3.按其是否经过汇总分类

按其是否经过汇总，记账凭证可以分为非汇总记账凭证和汇总式记账凭证两类。

（1）非汇总记账凭证

非汇总记账凭证，顾名思义就是没有经过汇总的记账凭证，前述内容中所介绍的专用记账凭证及通用记账凭证都是非汇总记账凭证。

（2）汇总式记账凭证

汇总式记账凭证是根据非汇总记账凭证按一定的方法汇总填制的记账凭证。汇总式记账凭证按汇总方法不同，可分为分类汇总记账凭证和全部汇总记账凭证两种。分类汇总记账凭证是根据一定期间的记账凭证按其种类分别汇总填制的，如汇总收款凭证、汇总付款凭证以及汇总转账凭证，其格式见第十章；全部汇总记账凭证是根据一定期间的全部记账凭证汇总填制的，如科目汇总表，其格式见第十章。

上述记账凭证的种类如图6-2所示。

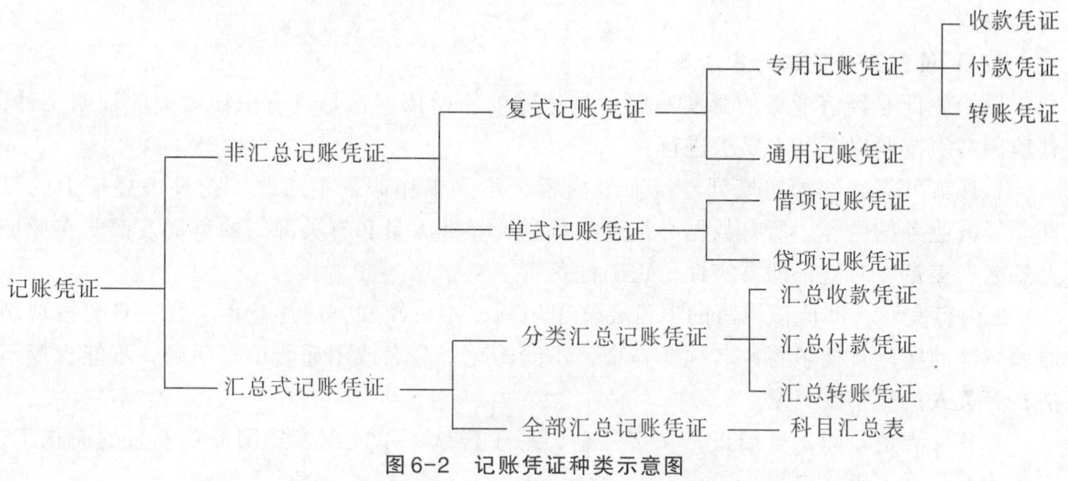

图6-2　记账凭证种类示意图

第二节　原始凭证的填制和审核

一、原始凭证的基本内容

由于企业的经济活动非常复杂，它所涉及的财产、物资和资金的变化多种多样，所以，原始凭证的名称、格式、所反映的具体内容千差万别。但是，无论哪种原始凭证，一般都具有下列基本内容（即原始凭证要素）：

（1）原始凭证的名称，如增值税专用发票、增值税普通发票、收据、领料单等。原始凭证的名称主要用于明确经济业务的性质。

（2）接受凭证的单位名称，在实际工作中也称为“抬头”，主要用于证明经济业务发生、完成的事实。

（3）原始凭证的填列日期和编号，主要用于记录经济业务发生、完成的时间，明确经济业务所属的期间。

（4）经济业务的主要内容，包括对经济业务的简要说明，如摘要、用途、实物名称、计量单位、数量、单价等。

（5）经济业务所涉及的大小写金额。

（6）填制凭证的单位名称或者填制人姓名以及经办人员的签名或者签章，主要是据以明确经济责任。

有的原始凭证，不但要满足财务会计工作的需要，还要满足生产、计划、统计及其他业务部门的需要，所以在某些自制凭证上还应注明有关生产、计划和统计等方面的资料，如注明计划定额、合同编号等。

二、原始凭证的填制

编制原始凭证，就是将经济业务完成的实际情况，在一定的凭证格式里，按照要求的内容填制。

（一）填制原始凭证的基本要求

原始凭证是经济业务的真实写照，是记账的原始依据，是具有法律效力的证明文件，其填制必须按照以下基本要求进行：

1.真实可靠，即如实填列经济业务内容，不弄虚作假，不涂改、挖补，凭证上的日期、经济业务的内容、所有数据必须真实可靠，经办人员和有关部门的负责人都要在凭证上签名、盖章，对凭证的真实性、正确性负责。

2.内容完整，即应该填写的项目要逐项填写，不可缺漏，应注意年、月、日要按填制原始凭证的实际日期填写；名称要齐全，不能简化；品名或用途要填写明确，不能含糊不清；有关人员签章要齐全。

3.书写清楚，即字迹端正，文字工整，易于辨认，不使用未经国务院颁布的简化字，不草、不乱、不串格串行。

4.填制及时，即当一项交易或事项发生或完成时，要立即填制原始凭证，做到不积压、不误时、不事后补制。

此外，各种凭证都应当连续编号，以备查考，一些事先印好编号的重要凭证作废时，在作废的凭证上应加盖“作废”戳记，连同存根一起保存，不得随意撕毁。

（二）填制原始凭证的具体要求

原始凭证除了按照前述基本要求填制外，还必须符合以下具体要求：

1.从外单位取得的原始凭证，必须盖有填制单位的公章；从个人处取得的原始凭证，必须有填制人员的签名或者盖章；自制原始凭证必须有经办部门负责人或其指定的人员的签名或者盖章；对外开出原始凭证，必须加盖本单位的公章。

2.购买实物的原始凭证，必须有验收证明，这有利于明确经济责任，保证账实相符，防止盲目采购，避免物资短缺和流失。

3.发生销货退回及退还货款时，必须填制退货发票，附有退货验收证明和对方单位的收款收据。在实际工作中，有的单位发生销货退回时，对收到的退货没有验收证明，造成退货流失；办理退款时，仅以所开出的红字发票的副本作为本单位退款的原始凭证，既不经过对方单位盖章收讫，也不附对方单位的收款收据。这种做法漏洞很大，容易发生舞弊行为，应予以纠正。

4.一式几联的原始凭证，必须注明各联的用途，并且只能以一联用作报销凭证；一式几联的发票和收据，必须用双面复写纸套写，或本身具备复写功能，并连续编号，作废时应加盖“作废”戳记，连同存根一起保存。

5.经上级有关部门批准的经济业务，应当将批准文件作为原始凭证附件。如果批准文件需要单独归档的，应当在凭证上注明批准机关名称、日期和文件字号。

6.职工公出借款的凭据，必须附在记账凭证之后。在收回借款时，应当另开收据或者退还借款收据副本，不得退还原借款收据。

7.原始凭证记载的各项内容均不得涂改；原始凭证有错误的，应当由出具单位重开或者更正，更正处应当加盖出具单位印章。原始凭证金额有错误的，应当由出具单位重开，不得在原始凭证上更正。

8.阿拉伯数字要逐个填写，不得连笔写。阿拉伯金额数字前面应当书写货币币种符号或者货币名称简写和币种符号。币种符号与阿拉伯金额数字之间不得留有空白。凡阿拉伯数字前写有币种符号的，数字后面不再写货币单位。

9.所有以元为单位（其他货币种类为货币基本单位，下同）的阿拉伯数字，除表示单价等情况外，一律填写到角分；无角分的，角位和分位可写“00”，或者符号“—”；有角无分的，分位应当写“0”，不得用符号“—”代替。

10.汉字大写数字金额如零、壹、贰、叁、肆、伍、陆、柒、捌、玖、拾、佰、仟、万、亿等，一律用正楷或者行书体书写，不得用○、一、二、三、四、五、六、七、八、九、十等简化字代替，不得任意自造简化字。大写金额数字到元或者角为止的，在“元”或者“角”字之后应当写“整”字或者“正”字；大写金额数字有分的，“分”字后面不写“整”或者“正”字。

11.大写金额数字前未印有货币名称的，应当加填货币名称，货币名称与金额数字之间不得留有空白。

12.阿拉伯金额数字中间有“0”时，汉字大写金额要写“零”字；阿拉伯数字金额中间连续有几个“0”时，汉字大写金额中可以只写一个“零”字；阿拉伯金额数字元位是“0”，或者数字中间连续有几个“0”、元位也是“0”但角位不是“0”时，汉字大写金额可以只写一个“零”字，也可以不写“零”字。

三、原始凭证的审核

（一）原始凭证审核的主要内容

审核原始凭证是正确组织会计核算和实施会计监督的重要环节，也是会计机构、会计人员的法定职责。为了保证原始凭证的合法性、合理性、真实性，更有效地发挥会计工作的监督作用，维护财经纪律，对原始凭证必须严格审查。

原始凭证审核的内容主要有以下三个方面：

1.审核原始凭证的合法性，即审查原始凭证所反映的经济业务是否符合国家有关方针政策、法令、制度和计划，有无违反财经纪律，不按制度、手续、计划办理的事项；有无扩大成本、费用开支范围的情况，以及是否严格执行经济合同的有关规定，有无不讲经济效果、铺张浪费，甚至虚报冒领、贪污舞弊等不法行为。

2.审核原始凭证的完整性，即审查原始凭证的手续是否完备，应填写的项目是否填写齐全，有关经办人员是否都已签章，是否经过主管人员审批同意等。

3.审核原始凭证的正确性。例如审查文字和数字是否填写清楚，数字计算是否正确，大写与小写金额是否相符等。

（二）原始凭证审核结果的处理

原始凭证的审核是一项政策性很强的工作，也是十分细致和严肃的工作。会计机构和会计人员必须认真执行《会计法》所赋予的职责、权限，坚守制度，坚持原则，按照国家统一的会计制度的规定对原始凭证进行审核。

会计机构和会计人员审核原始凭证时，对于违反国家财经政策和制度规定的开支，应拒绝付款和报销；对于不真实、不合法的原始凭证不予受理，同时应当予以扣留，并向单位负责人报告，请求查明原因，追究当事人的责任；对记载不准确、不完整，手续不完备、数字有差错的原始凭证，应当予以退回，并要求按照国家统一的会计制度的规定更正、补充。

原始凭证只有经过审核无误后，才能作为编制记账凭证和登记账簿的依据。

第三节　记账凭证的填制和审核

一、记账凭证的基本内容

由于记账凭证所反映的经济业务的内容不同，因而在具体格式上也有一些差异。但所有的记账凭证，都必须满足记账的要求，必须具备下列一些共同的基本内容（即记账凭证要素）：

（1）填制单位名称；

（2）记账凭证名称；

（3）填制凭证的日期和凭证编号；

（4）经济业务的内容摘要；

（5）会计科目（包括一级、二级或明细科目）的名称、记账方向和金额（即会计分录）；

（6）所附原始凭证的张数；

（7）制证、审核、记账、会计主管等有关人员的签章，收款凭证和付款凭证还应由出纳人员签名或盖章。

以自制的原始凭证或者汇总原始凭证代替记账凭证的，也必须具备记账凭证应有的项目。

二、记账凭证的填制方法

填制记账凭证，就是根据审核无误的原始凭证或汇总原始凭证载明的经济业务，通过对其会计要素的归属作出分析，进而列明其应借、应贷的会计科目、金额等相关内容的过程。

（一）专用记账凭证的填制方法

1.收款凭证的填制方法

收款凭证是用以反映引起货币资金增加的经济业务的记账凭证，其格式见表6-7。收款凭证必须根据审核后的引起库存现金或银行存款增加的经济业务的原始凭证编制。收款凭证可分为库存现金收款凭证和银行存款收款凭证两类。由于引起库存现金或银行存款增加的经济业务是记入“库存现金”或“银行存款”科目借方的，因此收款凭证的左上方可注明借方科目名称，中间栏目设置摘要、贷方科目以及金额栏目，同时必须明确审核及经办人的责任。此外，应在收款凭证的右侧填写所附原始凭证的张数。

2.付款凭证的填制方法

付款凭证是用以反映引起货币资金减少的经济业务的记账凭证，其格式见表6-8。付款凭证必须根据审核后的引起库存现金或银行存款减少的经济业务的原始凭证编制。付款凭证可分为库存现金付款凭证和银行存款付款凭证两类。由于付款凭证的设证科目是贷方科目，在付款凭证左上方所填列的贷方科目应是“库存现金”或“银行存款”科目，在凭证内所反映的借方科目应填列与“库存现金”或“银行存款”相对应的科目，金额栏填列经济业务实际发生的数额，在凭证的右侧填写所附原始凭证的张数，并在出纳及制单处签名或盖章。

3.转账凭证的填制方法

转账凭证是用以记录与货币资金收、付无关的经济业务的记账凭证，其格式见表6-9。转账凭证是由会计人员根据审核无误的不涉及货币资金的经济业务（即转账业务）的原始凭证填制的。在借贷记账法下，填制转账凭证时应将经济业务所涉及的会计科目全部填列在凭证内，且借方科目在先，贷方科目在后，将各会计科目所记应借、应贷的金额填列在“借方金额”和“贷方金额”栏内，借、贷方金额合计数应该相等。同时，制单人应在填制凭证后签名盖章，并在凭证的右侧填写所附原始凭证的张数。

（二）通用记账凭证的填制方法

通用记账凭证是用以记录各种经济业务的凭证，其格式见表6-10。采用通用记账凭证的企业单位，不再根据经济业务的内容分别填制收款凭证、付款凭证和转账凭证等专用记账凭证。一般说来，涉及货币资金收、付的经济业务的记账凭证，由出纳员根据审核无误的原始凭证在收、付款后填制；不涉及货币资金的经济业务的记账凭证，由有关会计人员根据审核无误的原始凭证填制。在借贷记账法下，填制通用记账凭证时，将经济业务所涉及的会计科目全部填列在凭证内，借方在先，贷方在后，将各会计科目所记应借、应贷的金额分别填列在“借方金额”和“贷方金额”栏内。借、贷方金额合计数应相等。制单人应在填制凭证完毕后签名盖章，并在凭证右侧填写所附原始凭证的张数。

在企业单位会计工作中，记账凭证的选择应根据企业规模、货币资金收付业务量的大小等进行。一般来说，规模较大、货币资金收付的经济业务频繁的企业单位，为了加强货币资金的管理，需要单独反映货币资金收付情况，便于及时提供货币收付指标，则应采用专用记账凭证。若企业单位规模较小、货币资金收付的经济业务不多，则可采用通用记账凭证。

（三）单式记账凭证的填制方法

单式记账凭证按一项经济业务所涉及的每个会计科目单独填制一张记账凭证，每一张记账凭证中只登记一个科目。单式记账凭证按照其单独反映每项经济业务所涉及的会计科目及对应关系，又分为“借项记账凭证”和“贷项记账凭证”，其格式分别见表6-11、

表6-12。

三、记账凭证的填制要求

记账凭证应当根据经过审核无误的原始凭证或汇总原始凭证填制。各种记账凭证的填制，除了严格达到填制原始凭证的要求外，还必须注意以下几点：

1.记账凭证可以根据每一张原始凭证填制，或者根据若干张同类原始凭证汇总填制，也可以根据汇总原始凭证填制，但不得把不同内容或类别的原始凭证汇总填制在一张记账凭证上，以保持科目对应关系清晰。

2.除结账和更正错账的记账凭证可以不附原始凭证外，其他记账凭证必须附有原始凭证。如果一张原始凭证涉及几张记账凭证，可以把原始凭证附在一张主要的记账凭证后面，并在其他记账凭证上注明附有该原始凭证的记账凭证的编号或者附原始凭证复印件。

3.一张原始凭证所列支出需要几个单位共同负担的，应当将其他单位负担的部分，给对方开具原始凭证分割单，进行结算。原始凭证分割单必须具备原始凭证的基本内容：凭证名称、填制凭证日期、填制凭证单位名称或者填制人姓名、经办人的签名或者盖章、接受凭证单位名称、交易或事项内容、数量、单价、金额和费用分摊情况等。

4.记账凭证必须注明所附原始凭证的张数，以便复核所确定的会计分录是否正确，也便于日后查阅原始凭证。

5.必须按国家有关部门统一规定的会计科目名称和核算内容，按实际经济业务的内容，正确编制会计分录，以保证核算口径的一致，并便于综合汇总和信息交流。

6.“摘要”栏应简明扼要填写经济业务内容，以便登记账簿，查阅凭证。

7.正确填写记账凭证的日期。收、付款凭证应按货币资金收付的日期填写；转账凭证原则上应按收到原始凭证的日期填写。当一份转账凭证依据不同日期的某类原始凭证填制时，可按填制凭证日期填写。在月终时，若有些转账业务事项要等到下月初方可填制转账凭证，也可按月末的日期填写。

8.记账凭证在一个月内应当连续编号，以便查核。在使用通用记账凭证时，可按经济业务发生的顺序编号。采用收款凭证、付款凭证和转账凭证的，可采用“字号编号法”，即按凭证类别顺序编号，例如收字第×号、付字第×号、转字第×号等；也可采用“双重编号法”，即按总字顺序编号与按类别顺序编号相结合，例如某收款凭证为“总字第×号，收字第×号”。一笔经济业务需要编制多张记账凭证时，可采用“分数编号法”，前面的整数表示经济业务顺序，分母表示总张数，分子表示第几张。例如，第15项经济业务需要编制两张记账凭证时，其编号分别为“$15\frac{1}{2}$，$15\frac{2}{2}$”，其中“15”是凭证总顺序号，该笔经济业务共有两张凭证，“$15\frac{1}{2}$”是其中的第一张凭证，“$15\frac{2}{2}$”是其中的第二张凭证。在使用单式记账凭证时，也可采用“分数编号法”。

9.在采用收款凭证、付款凭证和转账凭证等专用记账凭证的情况下，凡涉及库存现金和银行存款增加的经济业务（即收款业务），填制收款凭证；凡涉及库存现金和银行存款减少的经济业务（即付款业务），填制付款凭证；不涉及库存现金和银行存款增加或者减少的经济业务（即转账业务），填制转账凭证。但是，涉及库存现金和银行存款之间相互划转的经济业务，按规定只填制付款凭证，以免重复记账。此外，若一笔经济业务既涉及库存现金（或银行存款）增加或者减少，又有转账业务时，应相应地填制库存现金（或银行存款）收款凭证或者付款凭证和转账凭证。

10.记账凭证填制完交易或事项后，如有空行，应当自金额栏最后一笔金额数字下的空行处至合计栏上的空行处划线注销。

11.实行会计电算化的单位，对于机制记账凭证，要认真审核，做到会计科目使用正确，数字准确无误。打印出的机制记账凭证要加盖制单人员、审核人员、记账人员及会计机构负责人、会计主管人员印章或者签字。

四、记账凭证的审核

（一）记账凭证审核的主要内容

记账凭证是根据经过审核无误的原始凭证或汇总原始凭证填制的。为了保证记账凭证及账簿登记的正确性，记账凭证填制完毕，还必须严格进行审核。各单位必须建立记账凭证填制审核的责任制度，配备业务熟练、工作负责的会计人员，并视具体情况，采取自审、互审、专审等方式，做好记账凭证审核工作。

记账凭证审核的内容主要包括以下三个方面：

1.记账凭证是否附有合法的原始凭证、汇总原始凭证，其张数、金额、内容与记账凭证是否相符；

2.记账凭证所确定的应借、应贷会计科目和金额（即会计分录）是否正确，一级科目金额与所属明细科目金额之和是否相等；

3.记账凭证应填的各项内容是否填写齐全，有关人员是否签名盖章，有无省略或漏填项目。

（二）记账凭证审核结果的处理

审核记账凭证时，应当区分不同情况分别进行处理。如果在填制、审核时发现记账凭证错误，应当重新填制记账凭证。已经登记入账的记账凭证，在当年内发现填写错误时，可以用红字填写一张与原内容相同的记账凭证，在“摘要”栏注明“注销×年×月×号凭证”字样，同时再用蓝字重新填制一张正确的记账凭证，注明“订正×年×月×号凭证”字样，予以更正。如果会计科目没有错误，只是金额错误，也可以将正确数字与错误数字之间的差额，另编一张调整的记账凭证，调增金额用蓝字，调减金额用红字。发现以前年度记账凭证有错误的，应当用蓝字填制一张更正的记账凭证予以更正。

经过审核无误的记账凭证，才能据以登记入账。

第四节　会计凭证的传递与保管

一、会计凭证的传递

会计凭证是会计核算工作的基础，为了充分发挥会计凭证的作用，就要合理组织会计凭证的传递。会计凭证传递，是指从会计凭证的填制或取得开始，到归档保管为止，在本单位内部各有关部门和人员之间按照规定的时间和路线进行传递的程序。

会计凭证的传递是由经济业务的连续性决定的。一个企业的某些经济业务往往要由各个业务部门分工完成，因此会计凭证也要随着经济业务的进程在各有关部门或人员间传递。会计凭证的传递程序和在有关部门的停留时间，是由办理经济业务手续所需的时间决定的。不同经济业务，其凭证的传递程序和传递时间也不相同。会计凭证传递既要保证有关部门能对经济业务进行审核和处理，又要尽可能减少传递中的不必要环节和手续。总之，应根据实际情况，科学地组织会计凭证的传递，使会计凭证沿最短的途径、以最快的速度流转，以提高工作效率，节约人力、物力、财力消耗，提高会计核算质量。

为了保证会计凭证传递的顺利进行，会计部门应与有关部门和人员共同研究和协商凭证的格式、份数、传递程序及传递时间等，并可根据需要绘成流程图或流程表，建立完善的凭证传递制度，报经本单位领导批准以后遵照执行。

二、会计凭证的保管

会计凭证的保管，是指会计凭证登账后的整理、装订和归档存查工作。会计凭证是记账的依据，是重要的经济档案和历史资料，所以对会计凭证必须妥善整理和保管，不得丢失或任意销毁。

（一）会计凭证的日常保管

各种会计凭证应及时传递，不得积压；登记完毕后，应按照分类和编号顺序保管，不得散乱和丢失。

对于各种记账凭证，应连同所附的原始凭证或原始凭证汇总表，按照编号顺序，折叠整齐，按期装订成册。

原始凭证不得外借，其他单位如因特殊原因要使用原始凭证时，经本单位领导批准，可以复制。向外单位提供的原始凭证复制件，应在专设的登记簿上登记，并由提供人员和收取人员共同签名或盖章。

从外单位取得的原始凭证如有遗失，应取得原签发单位盖有公章的证明，并注明原来凭证的号码、金额和内容等，由经办单位负责人批准后，才能代作原始凭证。如果确实无法取得证明的，如火车、飞机票等凭证，由当事人写出详细情况，由经办单位负责人批准后，代作原始凭证。

（二）定期装订

为与定期编制汇总记账凭证相适应，应定期将会计凭证装订成册。会计凭证数量多，每日、5日、10日装订成册；会计凭证数量少，每半月、月装订成册。

会计凭证的装订，要将记账凭证按凭证类别（如收款凭证、付款凭证、转账凭证）、编号顺序排列，连同记账凭证所附原始凭证一并装订成册。需要单独保存的原始凭证，如需要经常查阅的工资单等，可单装成册；凭证数量过多的，如领料单、发票、医院转来的账单等，可归类汇总后单装成册；某些重要的凭证如文件、表册、契约、合同、存出保证金收据等，可分别登记后单装成册。

会计凭证装订成册时，应加具封面和封底。封面应说明凭证装订日期、凭证内容、各种凭证的起讫号数、册数、装订人等。会计凭证的装订，应将全部凭证依左上角对齐；在左上角封面上放一块长宽各约9cm的正方形牛皮纸，将牛皮纸对折为四块，剪掉左上角的那块，将右下角与凭证的左上角对齐；在封面左上角上钻两个小孔，穿棉线绕两圈，抽紧后在封底打结；将牛皮纸右上角和左下角两小块反折于封底粘在棉线结上，将结压在里面；最后由装订人加盖骑缝章，以明确责任。

填制部门留存的原始凭证存根和副联，也应按凭证的类别、日期和编号顺序装订成册。

装订成册的会计凭证，应指定专人负责保管，年度终了，应交财会档案室登记归档。需要调阅会计凭证，必须经会计主管人员同意，并办理调阅手续。会计凭证的保管期限，应严格按会计档案管理的有关规定办理。对一般会计凭证，定期保管；涉及外事和对私改造的有关会计凭证，长期保管。会计凭证在保管期限内，不得丢失和销毁。对保管期满需要销毁的凭证，必须按规定的手续报经批准后，才能销毁。

[本章思考题]

1. 什么是会计凭证？为什么说填制和审核会计凭证是会计核算工作的起点？其意义何在？

2. 什么是原始凭证、记账凭证？填制原始凭证、记账凭证有哪些要求？

3. 如何审核原始凭证、记账凭证？

第七章

会计账簿

第一节　会计账簿的意义和种类

一、会计账簿的意义

会计账簿，是由一定格式的账页所组成，以会计凭证为依据，连续、系统、全面、综合地记载各项经济业务的簿籍。只有通过账簿的登记，才能把分散在会计凭证上的大量核算资料，加以集中和归类整理，从而形成一系列综合反映经济活动情况的财务成本指标，以便为经济管理提供系统的核算资料。设置和登记账簿，是编制会计报表的基础，是联结会计凭证与会计报表的中间环节，在会计核算中具有重要意义。

1.账簿可为经营管理提供系统完整的核算资料。

通过设置和登记账簿，对会计凭证所反映的零散资料加以归类汇总，形成集中的、系统的会计核算资料，既可为经营管理提供各项总括核算资料，又可为其提供某些详细核算资料。既可为经营管理提供分类的核算资料，又可为其提供序时的核算资料，从而满足经营管理需要。

2.账簿可反映各项资产的增减变动情况，保证财产物资的安全完整。

通过设置和登记账簿，可以具体反映各项财产物资的增减变动情况，并将账面记录与有关的财产物资进行核对，查明账实是否相符，从而保证了财产物资的安全与完整。

3.账簿为正确计算经营成果、考核财务计划的完成情况提供可靠的资料。

根据账簿所提供的总括和明细的核算资料，可以正确地计算收入、成本、费用和利润，考核收入、成本、费用和利润计划的完成情况。

4.账簿可为编制财务报告提供完整的资料。

财务报告主要是根据账簿所提供的资料编制的，因此，账簿记录是否正确、完整、系统，直接影响财务报告的质量。

二、会计账簿的种类

为了便于了解和运用各种账簿，可以按照不同的标准进行分类。

（一）会计账簿按其用途的分类

账簿按其用途分为序时账簿、分类账簿和备查账簿三类。

1.序时账簿

序时账簿，亦称日记账，它是按照经济业务发生的时间先后顺序，逐日、逐笔登记经济业务的会计账簿。按照记录内容的不同，序时账簿又分为专用日记账和通用日记账两类。

专用日记账，也称特种日记账，是用来记录某一类经济业务发生情况的日记账，通常把某一类比较重要的经济业务，按照经济业务发生的先后顺序记入账簿中，例如库存现金日记账、银行存款日记账、材料采购日记账和商品销售日记账等。

通用日记账，也称普通日记账，它是用来登记全部经济业务发生情况的日记账，通常把每日发生的经济业务，按照业务发生的先后顺序，编成会计分录记入账簿中，亦称分录簿。

通常，为了避免重复设账、记账，设置专用日记账的企业单位一般不再设置通用日记账，设置通用日记账的企业单位一般不再设置专用日记账。根据我国现行会计规范的要求，各单位一般不采用通用日记账，而是设置和登记专用日记账，主要是库存现金日记账和银行存款日记账。

2.分类账簿

分类账簿通常称分类账，它是对全部经济业务按经济性质不同分门别类登记的账簿。分类账按其所记录的会计对象具体内容的详细程度不同，可分为总分类账簿和明细分类账簿。

总分类账簿简称总账，是根据总分类科目开设的，用以记录一定时期内全部的经济业务，提供总括核算资料的分类账簿。总分类账具有汇总记录的特点，为了确保账簿记录及会计信息的正确性，提供会计要素的总括指标，必须按每一总分类科目开设相应的总分类账簿。

明细分类账簿简称明细账，是根据总账科目所属明细科目开设的，用以记录某一类经济业务明细项目，提供其明细核算资料的分类账。

3.备查账簿

备查账簿又称辅助账簿，它是对某些在序时账簿和分类账簿等主要账簿中不能记载或记载不全的项目进行补充登记的账簿。与序时账簿和分类账簿不同，辅助账簿不是企业必须设置的账簿，它只是对某些经济业务的内容提供必要的参考资料，可根据企业的实际情况设置。经常设置的辅助账簿主要有租入固定资产登记簿、受托加工材料登记簿、应付票据备查登记簿等。备查账簿没有固定的格式，可由各单位根据管理的需要自行设计，也可使用分类账簿的账页格式。

（二）会计账簿按其外表形式的分类

账簿按其外表形式分为订本账簿、活页账簿和卡片账簿三类。

1.订本账簿

订本账簿简称订本账，它是在使用前就把若干账页固定地装订成册的账簿。其优点是可以避免账页散失，防止抽换账页。其缺点是账页不能随时抽换，不便于重新分类排列，不能调整账页的多余和不足，不便于会计人员的分工协作。在会计实务中，库存现金日记账、银行存款日记账均必须采用订本账簿，总分类账一般也大都采用订本账簿。

2.活页账簿

活页账簿简称活页账，它是由许多可以随时取放、未事先装订的账页组成的账簿，把账页装订在账夹内。其优点是可根据实际需要随时增减账页，便于多人分工登账。但账页易散失和被人抽换。活页账簿在记录完毕或更换新账时，应装订成册并妥善保管。在会计实务中，活页账簿主要适用于各种明细分类账。

3.卡片账簿

卡片账簿简称卡片账，它是利用卡片进行登记的账簿，其优点与活页账相同。登记卡片账簿时，必须按顺序编号并放在卡片箱内，由专人保管。在会计实务中，卡片账簿主要适用于实物资产明细账，如固定资产卡片账等。

（三）会计账簿按其账页格式的分类

账簿按账页格式不同，分为三栏式账簿、多栏式账簿和数量金额式账簿。

1.三栏式账簿

三栏式账簿是指账页采用借方、贷方、余额三个主要栏目的账簿。总分类账、日记账和部分明细分类账一般采用三栏式格式。

2.多栏式账簿

多栏式账簿是指账页采用一个借方栏目、多个贷方栏目或一个贷方栏目、多个借方栏目的账簿。成本计算账户、收入账户、费用账户等一般采用多栏式格式。

3.数量金额式账簿

数量金额式账簿是指账页采用数量与金额双重记录的账簿。

上述账簿的分类如图7-1所示。

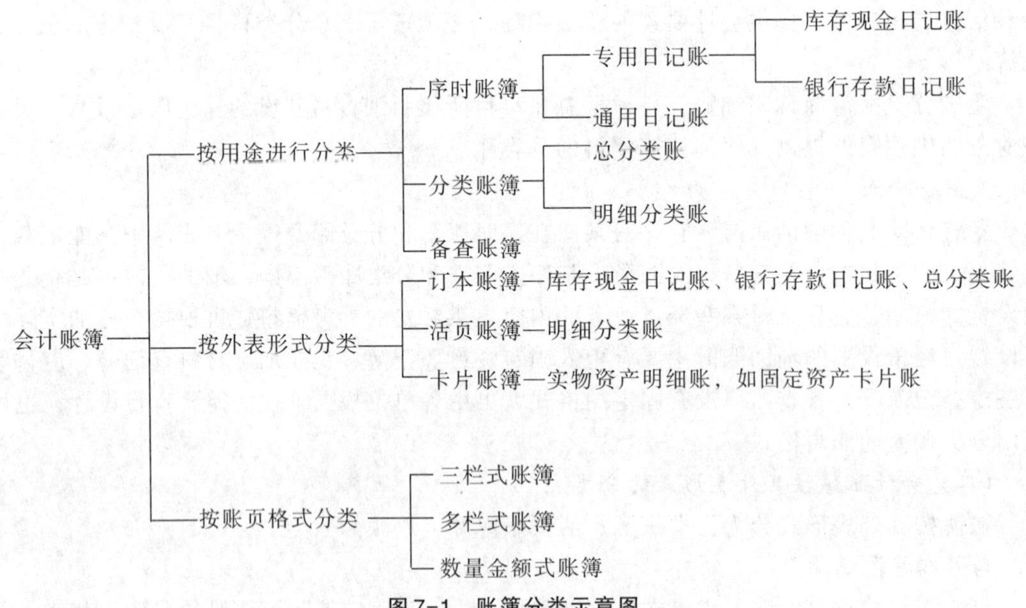

图7-1 账簿分类示意图

第二节　会计账簿的设置和登记

一、会计账簿的设置原则

一切会计主体均应根据本单位经济业务的特点和经营管理上的需要，设置一定种类和数量的账簿。账簿设置，包括确定账簿的种类、内容、格式及登记方法。账簿设置要力求科学严密、层次分明，账簿之间保持内在联系和钩稽关系，起到相互制约的作用。一般说来，应遵循以下原则：

第一，账簿设置必须保证能够正确、及时、完整地反映经济业务。凡是经营管理上所需要的各项指标，都能直接从账簿记录中取得，以满足经营管理的需要。

第二，账簿设置要从实际出发，有利于会计工作分工和加强岗位责任制。

第三，账簿结构要求科学严密，有关账簿之间要有统驭关系或平行的制约关系，并应避免重复设置或遗漏。

第四，账簿格式要求简便实用，避免烦琐复杂。

二、会计账簿的基本构成内容

虽然各种账簿记录的交易或事项内容不同，提供核算资料的详细程度不一样，格式也可以多种多样，但是，就各种主要账簿而言，其基本内容是一致的。账簿的基本内容由封面、扉页和账页三大部分构成。

（一）封面

封面用于填写账簿名称、使用年度等内容。订本账簿通常将账簿的名称印刷在封面中央，使用时可不必填写；活页账簿需要在封面中央的卡片上填写账簿名称和使用年度，以便于查找和使用。

（二）扉页

账簿的扉页一般包括账簿启用和经营人员一览表、账户目录等。账簿的扉页应当填列单位名称、账簿名称、账簿编号、账簿启用日期和截止日期、页数、经管人员、交接记录、单位签章及账户目录等内容。

（三）账页

账页是会计账簿的主要组成部分。每个账页都是由横向的“行”和纵向的“栏”组成的，行和栏的设置决定着账页的格式，不同的账簿，其账页格式虽然存在很大差别，但一般都包括以下主要内容：

1.账户名称，用来填写该账页所设立账户的名称；

2.日期栏，用来填写所依据记账凭证的日期；

3.凭证种类及号数栏，用来填写所依据记账凭证的种类及号数；

4.摘要栏，用来填写经济业务的简要情况；

5.金额栏，用来填写经济业务引起资金数量的增减变化和结存情况；

6.页次，用来填写该账页的顺序。

三、会计账簿的登记规则

（一）账簿启用的规则

会计账簿在启用时，应首先在（活页）账簿的封面上写明单位名称、账簿名称和使用年度，然后认真填写账簿扉页上的“账簿启用及交接记录表”，内容包括单位名称、账簿名称、账簿编号、账簿页数、启用日期等，并填写会计机构负责人、会计主管和记账人员的姓名并盖章，在指定位置加盖单位公章。

启用订本账簿，应当从第一页到最后一页顺序编定页数，不得跳页、缺号；使用活页账簿，应当按账户顺序编号，并需定期装订成册，装订后再按实际使用的账页顺序编定页码，另加目录记明每个账户的名称和页次；启用三栏式总账时，除在账页中设好账户外，还需按所设账户的页码填写目录表。

遇记账人员、会计机构负责人或会计主管有工作变动时，应按国家会计制度的有关规定办理交接手续，并由交出、接管和监交人员在相关账簿的扉页填明交接日期、姓名、职务，加盖有关人员名章。实行会计电算化的单位，更换操作员时，还需要重新设定操作员口令和权限，以保障会计核算资料的安全。账簿启用及交接记录表的格式见表7-1。

表7-1 账簿启用及交接记录表

<table>
<tr><td colspan="4">单位名称</td><td colspan="6"></td><td colspan="3">单位盖章</td></tr>
<tr><td colspan="4">账簿名称</td><td colspan="6"></td><td colspan="3" rowspan="7"></td></tr>
<tr><td colspan="4">账簿编号</td><td colspan="6">总　　册第　　册</td></tr>
<tr><td colspan="4">账簿页数</td><td colspan="6">本账簿共计　　页</td></tr>
<tr><td colspan="4">启用日期</td><td colspan="6">年　月　日</td></tr>
<tr><td rowspan="3">经管人员</td><td colspan="5">主　管</td><td colspan="4">记　账</td></tr>
<tr><td colspan="3">姓 名</td><td colspan="2">盖 章</td><td colspan="2">姓 名</td><td colspan="2">盖 章</td></tr>
<tr><td colspan="3"></td><td colspan="2"></td><td colspan="2"></td><td colspan="2"></td></tr>
<tr><td rowspan="6">交接记录</td><td colspan="3">交接日期</td><td colspan="3">监 交</td><td colspan="3">移 交</td><td colspan="3">接 管</td></tr>
<tr><td>年</td><td>月</td><td>日</td><td>职务</td><td>姓名</td><td>盖章</td><td>职务</td><td>姓名</td><td>盖章</td><td>职务</td><td>姓名</td><td>盖章</td></tr>
<tr><td></td><td></td><td></td><td></td><td></td><td></td><td></td><td></td><td></td><td></td><td></td><td></td></tr>
<tr><td></td><td></td><td></td><td></td><td></td><td></td><td></td><td></td><td></td><td></td><td></td><td></td></tr>
<tr><td></td><td></td><td></td><td></td><td></td><td></td><td></td><td></td><td></td><td></td><td></td><td></td></tr>
<tr><td></td><td></td><td></td><td></td><td></td><td></td><td></td><td></td><td></td><td></td><td></td><td></td></tr>
<tr><td colspan="4">备 注</td><td colspan="9"></td></tr>
</table>

此外，启用账簿时应在账簿右上角粘贴印花税票，并划线注销。如果是使用缴款书缴纳印花税的，则应在账簿右上角注明“印花税已缴”字样及缴纳的金额。

（二）账簿登记的规则

1.会计账簿的登记必须以审核的记账凭证为依据。根据登记总分类账、明细账和日记账的要求不同和编制记账凭证的方法不同，账簿登记的依据也有所不同。凡记账凭证按每笔经济业务记录、摘要清楚的，可直接依据记账凭证登记有关账簿；凡记账凭证按多笔经济业务汇总记录，而账簿要求按每笔经济业务记录的，就应依据记账凭证及其所附原始凭证逐笔在有关账簿中进行登记；凡账簿要求分类汇总记录和计算的，可依据汇总记账凭证和记账凭证汇总表在有关账簿中进行登记。

2.在依据审核的记账凭证登记账簿时，应将记账凭证的有关各栏在账簿中进行登记。"时间"栏登记记账凭证的编制日期而不是账簿的登记日期；"凭证"栏登记所依据记账凭证的种类和编号，以便于凭证和账簿记录相互核对；"摘要"栏一般以记账凭证的摘要栏内容为基础填写，要求既简明扼要，又表达清楚；"金额"栏要按记账凭证金额栏的记账方向和金额进行登记，注意不要记错方向，需要结出余额的账户，要结出余额，并在"借或贷"栏写明余额的性质为"借"或"贷"，余额为零时，在"借或贷"栏写"平"，并在余额栏内用"0"表示。

3.登记账簿时要做到文字、金额书写清楚、规范，字迹工整；账簿中的文字和数字要贴底格书写，上面要留有适当空格，不要写满格，一般应占格宽的二分之一左右。

4.账簿登记完毕，要在记账凭证上签名或盖章，并在记账凭证的"记账符号"栏登记过入账页页码或划"√"表示已过账完毕，避免重记或漏记。

5.会计账簿为了便于长期查阅使用，要保持清洁，不得污损；发生记账错误，要按规定方法进行更正，不得撕毁、涂抹、挖补、刮擦、遮盖或使用药水清除字迹。

6.登记账簿要使用蓝黑墨水或碳素墨水并用钢笔书写，不得使用铅笔或圆珠笔（银行的复写账簿除外）书写，为防止直接记错而用铅笔试填时，核对无误后要改用钢笔填写。红色墨水只限于在改错划线、冲账、登记减少数或登记负数余额时使用。

7.各种账簿要按页次、行次顺序连续登记，不得跳行、隔页。发生跳行时要在空行的"摘要"栏从左上角至右下角划红线或注明"此行空白"字样以示注销；发生隔页时要在空页上划红色对角线或注明"此页空白"字样以示注销。注销的空行或空页要由记账人员签章以示负责，不得在空行或空页处乱加文字说明。

8.为了保持账簿记录的连续性，每一账页登记完毕（最末一行不登记经济业务）时，要办理转页手续。具体方法是：在结转下页时，结算出本页发生额合计数及余额，填写在本页最后一行和下页第一行的有关栏内，并在"摘要"栏分别注明"过次页"和"承前页"字样；也可以将本页发生额合计数及余额只写在下页第一行的有关栏内，并在"摘要"栏注明"承前页"字样。对需要结计本月发生额的账户，结计"过次页"的本页合计数应当为自本月初起至本页末止的发生额合计数；对需要结计本年累计发生额的账户，结计"过次页"的本页合计数应当为自年初起至本页末止的累计数；对既不需要结计本月发生额也不需要结计本年累计发生额的账户，可以只将每页末的余额结转次页。

9.实行会计电算化的单位，总账和明细账应当定期打印。发生收款和付款业务的，在输入收款凭证和付款凭证的当天必须打印出库存现金日记账和银行存款日记账，并与库存现金核对无误。

四、会计账簿的设置和登记方法

（一）日记账的设置和登记方法

1.专用日记账的设置和登记

在实际工作中，常用的日记账是专用日记账。专用日记账是按照经济业务发生和完成时间的先后顺序逐日逐笔进行登记的订本式账簿。专用日记账主要包括库存现金日记账和银行存款日记账。

库存现金日记账和银行存款日记账的一般格式主要有“三栏式”和“多栏式”两种。在实际工作中，库存现金日记账和银行存款日记账一般大都采用“三栏式”。

“三栏式”日记账是一种最简单、最基本的账簿格式，见表7-2。在“三栏式”日记账中，它的每一张账页上均分别设置有“借方”（或“收入”）、“贷方”（或“支出”）和“余额”（或“结余”）三栏，因此得名；也可在“摘要”栏后增设“对方科目”栏，登记对应账户的名称。

表7-2 **库存现金（银行存款）日记账**

第____页

年		凭证		摘要	对方科目	借方金额										贷方金额										余额										
月	日	字	号			千	百	十	万	千	百	十	元	角	分	千	百	十	万	千	百	十	元	角	分	亿	千	百	十	万	千	百	十	元	角	分

“多栏式”日记账的一般格式见表7-3。采用这种账页格式，主要是因为企业库存现金和银行存款收、付的经济业务较多，相应的收、付款凭证也较多，为了简化总账的登记工作，在库存现金日记账和银行存款日记账的发生额栏内分别按对应科目设置各栏，月末分栏汇总，据以一次过入总账。为了避免账页冗长、庞杂的情况，也可将其一分为二，分别设置成收入日记账和支出日记账，其格式分别见表7-4、表7-5。

库存现金日记账、银行存款日记账都由出纳人员根据审核后的收款凭证、付款凭证，逐日逐笔顺序登记。具体地讲，在“三栏式”日记账中，其“借方”（或“收入”）栏根据库存现金（银行存款）收款凭证登记。这里应当注意的是：在采用专用记账凭证的情况下，对于库存现金与银行存款之间相互划转的经济业务，如将多余库存现金存入银行或从银行提取现金，由于只需填制付款凭证，因而库存现金（银行存款）日记账的“借方”（或

表 7-3

库存现金（银行存款）日记账

第____页

年		凭证		摘　要	结算凭证		借方（收入）					贷方（支出）					余额
月	日	字	号		种类	号数	应贷科目				合计	应借科目				合计	
										……					……		

表 7-4

库存现金（银行存款）收入日记账

第____页

年		收款凭证号数	摘　要	对应的贷方科目					支出合计	结余
月	日			____科目	____科目	____科目	……	收入合计		

表 7-5

库存现金（银行存款）支出日记账

第____页

年		付款凭证号数	摘　要	结算凭证		对应的借方科目				
月	日			种类	号数	____科目	____科目	____科目	……	支出合计

"收入"）栏还需根据相应的银行存款（库存现金）的付款凭证登记。在"三栏式"日记账中，其"贷方"（或"支出"）栏则根据库存现金（银行存款）付款凭证登记。每日终了，应计算、记录日记账账面余额，其计算公式为：

当日余额＝昨日余额＋当日收入合计－当日支出合计

库存现金日记账的每日余额应与实际库存现金核对相符，做到"日清月结"；银行存款日记账也应定期与开户银行核对，如发现不符，应立即查明原因，并调整账簿记录。

"多栏式"日记账的登记方法与"三栏式"日记账的登记方法基本相同。不同之处在于：如果分别设置库存现金（银行存款）收入日记账和库存现金（银行存款）支出日记账，每日终了，在分别结出当日收入合计、当日支出合计时，应将当日支出合计从库存现金（银行存款）支出日记账中转记入库存现金（银行存款）收入日记账的"支出合计"栏内，同时结出当日账面余额。

设置和登记库存现金（银行存款）日记账还应当注意的是：

第一，为了加强内部牵制，坚持钱、账分管，实际工作中，出纳人员除了负责登记日记账外，不得负责其他任何账簿的登记；

第二，出纳人员记账后，应将各种收、付款凭证交由会计人员登记有关总账和明细账；

第三，"库存现金"和"银行存款"的总账与日记账应定期核对，达到控制和加强管理的目的；

第四，每日和月度终了，会计人员均应当提醒和督促出纳人员做好"日清月结"工作。

2.通用日记账的设置和登记

企业单位如果不设置专用日记账，可以设置通用日记账，其格式见表7-6。

表7-6

通用日记账

第____页

年		摘　要	会计科目	借方金额											贷方金额											过账
月	日			亿	千	百	十	万	千	百	十	元	角	分	亿	千	百	十	万	千	百	十	元	角	分	

通用日记账是根据全部经济业务发生的顺序，逐日逐项编制会计分录，用来登记企业

单位全部经济业务会计分录的日记账。借助通用日记账，可以了解企业单位全部经济业务发生和完成的全过程。正如本章第一节指出的那样，为了避免重复设账、记账，设置通用日记账的企业单位，一般不再设置专用日记账，这样一来，一般就只有一本通用日记账。

通用日记账可以根据记账凭证登记，也可以根据原始凭证或汇总原始凭证登记。

在根据记账凭证登记通用日记账的情况下，设置和登记通用日记账可以避免由于记账凭证的散失而遗漏有关交易或事项的记录，保证账簿记录的完整性。但是，记账凭证中的会计分录与通用日记账中的会计分录完全相同，核算工作重复。

为了避免核算工作重复，通用日记账往往根据原始凭证或汇总原始凭证直接登记。在这种情况下，不再填制记账凭证，通用日记账就成为连续装订成册的记账凭证。这时，通用日记账也就成为会计分录的“载体”，应该根据账中所记会计分录逐项登记总账各有关科目，并将所记总账的页数记入通用日记账“过账”栏，以便查考，并表示这一分录已经过入总账，以免重复过账。

在货币资金收付的经济业务较多的企业单位，也可以对涉及货币资金的经济业务分别设置库存现金日记账和银行存款日记账两本专用日记账，根据收款凭证和付款凭证登记；而对其余不涉及货币资金的经济业务（即全部转账业务）合设一本通用日记账，根据原始凭证或汇总原始凭证登记。这本通用日记账，可以称为转账日记账。

（二）总分类账的设置和登记方法

总分类账简称总账，是按照总分类科目设置并登记的账簿，用以综合、系统地记录全部经济业务，一般采用订本式。由于总分类账能够提供全面、综合、系统的核算资料，并为编制财务会计报告提供主要依据，因而各企业单位都要设置这种账簿。

总分类账一般采用“借方”“贷方”“余额”三栏式的账页格式，见表7-7；也可根据需要，在“借方”“贷方”两栏内再分设“对方科目”栏，反映每笔经济业务的账户对应关系，其格式见表7-8。

表7-7

总分类账

会计科目：

第____页

年		凭证		摘要	借方金额										贷方金额										借或贷	余额										
月	日	字	号		千	百	十	万	千	百	十	元	角	分	千	百	十	万	千	百	十	元	角	分		亿	千	百	十	万	千	百	十	元	角	分

表 7-8

总分类账

会计科目： 第____页

年		凭证		摘要	借方											贷方											借或贷	余额									
					金额										对方科目	金额										对方科目		千	百	十	万	千	百	十	元	角	分
月	日	字	号		千	百	十	万	千	百	十	元	角	分		千	百	十	万	千	百	十	元	角	分												

总分类账的格式，除了上述三栏式外，还有多栏式的，即把序时记录和总分类记录结合在一起的联合账簿，这种账簿又叫日记总账。由于多栏式总账具有序时账和总分类账的作用，所以，采用这种账簿就能够避免重复记账，提高工作效率，并能一目了然地了解和分析经济活动情况。当然，多栏式总账往往账页冗长、庞杂。因此，它适用于经济业务比较简单和会计科目不多的单位。多栏式总账（日记总账）的账页格式，见表 7-9。

表 7-9

多栏式总分类账（日记总账）

第____页

年		凭证		摘要	发生额	____科目		____科目		____科目		____科目		____科目	
月	日	字	号			借方	贷方	借方	贷方	借方	贷方	借方	贷方	借方	贷方

总分类账登记的依据和方法，主要取决于所采用的账务处理程序，它可以直接根据记账凭证逐笔登记，也可以通过一定的汇总方式，先把各种记账凭证汇总编制成科目汇总表或汇总记账凭证，再据以登记。月终，在全部经济业务登记入账后，应结出各账户的本期

发生额和期末余额。关于总分类账的登记方法，将在后续章节中详细介绍。

（三）明细分类账的设置和登记方法

明细分类账简称明细账，是根据二级或明细分类科目设置并登记的账簿。它能提供经济业务比较详细、具体的核算资料，以补充总账所提供核算资料的不足。因此，各企业单位在设置总账的同时，还应设置必要的明细账。

明细账是根据管理需要设置的，管理的需要不同，要求明细账记录和反映的内容也不一样。因此，实际工作中，明细账的格式多种多样，常用的主要有下面三种：

1.三栏式明细账

三栏式明细账账页格式与表7-7的三栏式总账账页格式相同。由于它只有金额指标，没有实物数量指标，因而适用于"应收账款""应付账款""其他应收款"等只要求核算金额的明细账户。

2.数量金额式明细账

数量金额式明细账是指同时提供货币金额指标、实物数量指标的账页格式，见表7-10。它一般适用于"原材料""库存商品"等财产物资的明细账户，从金额和数量两个方面对财产物资进行双重核算，有利于加强财产物资的管理。

表7-10　**（明细分类账簿名称）**

类别：　　　　　　　　　　　　　　　　　　　　存放地点：

品名或规格：　　　　　　　　　　　　　　　　　计量单位：

年		凭证		摘要	借方（收入）			贷方（发出）			余额（结存）		
月	日	字	号		数量	单价	金额	数量	单价	金额	数量	单价	金额

3.多栏式明细账

多栏式明细账是指将一个明细账户在一张账页上分设若干专栏予以登记和反映的账页格式。它适用于只记金额、不记数量，而且管理上要求反映其构成内容的成本、费用、收入、经营成果等明细分类账户。按明细分类账登记的经济业务不同，多栏式明细分类账账页又分为借方多栏、贷方多栏和借贷方均多栏三种格式。

借方多栏式明细分类账的账页格式适用于借方需要设多个明细科目或明细项目的账户，如"材料采购"、"生产成本"、"制造费用"、"管理费用"、"财务费用"和"营业外支出”等科目的明细分类核算，见表7-11。

表7-11　　　　　　　　　　　　（明细分类账簿名称）

二级或明细科目：

年		凭证		摘　要	借方（项目）							贷方	余额
月	日	字	号								合计		

贷方多栏式明细分类账的账页格式适用于贷方需要设多个明细科目或明细项目的账户，如“主营业务收入”“营业外收入”等科目的明细分类核算，见表7-12。

表7-12　　　　　　　　　　　　（明细分类账簿名称）

二级或明细科目：

年		凭证		摘　要	借方	贷方（项目）							余额
月	日	字	号									合计	

借方贷方多栏式明细分类账的账页格式适用于借方和贷方均需要设多个明细科目或明细项目的账户，如“本年利润”科目的明细分类核算，见表7-13。

各种明细分类账一般应根据记账凭证或原始凭证、汇总原始凭证逐日逐笔登记。对于多栏式明细账，如果只设借方专栏或直接按明细项目设专栏，则经济业务的增加发生额用蓝色笔登记，经济业务的减少发生额即贷方发生额用红色笔登记在相应专栏内，表示冲减增加发生额。

表 7-13　　　　　　　　（明细分类账簿名称）

二级或明细科目：

年		凭证		摘 要	借方（项目）				贷方（项目）				余额
月	日	字	号					合计				合计	

五、更正错账的方法

在账簿的登记过程中，由于各种原因，难免发生记账错误，一般称之为错账。有的错误，记账后可能马上被发现；但大部分错账常常在期末对账时才被发现。造成错账主要原因有两类：一是记账或过账时发生笔误，以及账户的发生额或余额计算错误；二是记账凭证编制错误，登记账簿时未予发觉。对于错账，会计人员必须按规定的更正错账方法进行更正，不得任意涂改。

产生记账错误的原因很多，出现的记账错误也各不相同，对于不同的记账错误，更正方法也不相同。常见的错账更正方法有划线更正法、红字更正法、补充登记法三种。

（一）划线更正法

划线更正法也叫红线更正法，是采用在错误记录上划红线的方式注销原有记录，从而更正账簿记录错误的方法。该更正方法适用于在结账以前发现记账凭证正确，而账簿记录有文字或数字错误的情况。

采用划线更正法更正错账时，先在错误的数字或文字上划一条或两条红色横线以示注销，但划线后必须使原有字迹仍可辨认，然后在错误数字或文字上方空白处用蓝字填写正确的数字或文字，并由记账人员在更正处盖章以示负责。对于文字错误，可只划去错误的文字并进行更正；对于错误的数字，则必须全部划销，不能只划销整个数字中的个别错误数码。

例如，在过账时若把 2 562 元误记为 2 652 元，则更正时应将“2 652”全部用红线划掉并在其上方空白位置处用蓝字写上正确数字“2 562”，而不能只将其中的“65”改成“56”。

（二）红字更正法

红字更正法又称红字冲销法、赤字冲账法。红字更正法适用于登记账簿所依据的记账凭证错误且在记账之后方才发现的错账的更正。红字更正法分为两种方法，即红字全额冲销法和红字差额冲销法。

1.红字全额冲销法

记账以后，如果发现账簿记录的错误是由于记账凭证所列应借、应贷会计科目有错误引起的，应采用红字全额冲销法。

采用红字全额冲销法更正错账，其方法是：首先用红字填制一张与原错误记账凭证相同内容的记账凭证，但在“摘要”栏中应写明“冲销错账”以及错误凭证的号数和日期；然后据以用红字登记入账，用来冲销账簿记录中原记的错误记录；最后用蓝字填制一张正确的记账凭证，在“摘要”栏中写明“更正错误”以及冲账凭证的号数和日期，并据以登记入账。采用红字全额冲销法更正错账时应注意：在采用复式记账凭证情况下，即使错误的记账凭证中只有一个会计科目写错，也必须将整张记账凭证全部冲销。

【例7-1】某企业车间用现金购买办公用品635元。在填制记账凭证时误记入“管理费用”账户，并据以登记入账。错误的记账凭证所记载的会计分录为：

借：管理费用　　635

　贷：库存现金　　635

更正上述错误时，首先应当采用红字金额（□表示红字金额，下同）填制一张与原来错误记账凭证内容相同的记账凭证，根据这一记账凭证用红字金额记账，以冲销原来的错账。所填记账凭证中的会计分录如下：

（1）借：管理费用　　[635]

　　贷：库存现金　　[635]

然后，再用蓝字金额填制一张正确的记账凭证，根据这一记账凭证登记入账，即可更正错误记录。所填记账凭证中的会计分录如下：

（2）借：制造费用　　635

　　贷：库存现金　　635

2.红字差额冲销法

如果发现账簿记录的错误是由于记账凭证所列金额大于应记金额而引起的，而应借、应贷的会计科目没有错误，则应当采用红字差额冲销法予以更正。

采用红字差额冲销法更正错账，其方法是：用蓝字填制一张应借、应贷会计科目与原错误记账凭证相同的记账凭证，但其金额用红字填列多记的金额，并在“摘要”栏中写明“冲销多记金额”以及原错误记账凭证的号数和日期。然后将这一记账凭证登记入账，即可将原来多记的金额冲销，更正为正确的金额。

【例7-2】某企业车间用现金购买办公用品60元。这项交易或事项应当借记“制造费用”科目60元，贷记“库存现金”科目60元。如果填制记账凭证时误为借记“制造费用”科目600元，贷记“库存现金”科目600元，并已登记入账。

更正上述错误时，首先应用红字金额填制一张与原来错误记账凭证账户对应关系相同而金额为540元（600-60）的记账凭证，冲销原来多记的金额，然后根据这一记账凭证用红字金额登记入账，即可更正错账记录。所填记账凭证中的会计分录如下：

借：制造费用　　[540]

贷：库存现金 540

（三）补充登记法

补充登记法，是采用蓝字增记金额方式补充账簿中原有记录，从而更正账簿记录错误的方法。该更正方法适用于记账以后发现记账凭证中所列会计科目及其对应关系都是正确的，但记账凭证出现所写金额小于应记金额的错误，从而导致账簿记录中出现同样数字错误的情况。

更正时，按应记金额与错误金额的差额，用蓝字编制一张记账凭证补足少记差额，在“摘要”栏注明“补记×月×日错账”字样，并据以记账。

【例7-3】某企业收回前欠销货款7 000元，这项交易或事项应当借记“银行存款”科目7 000元，贷记“应收账款”科目7 000元。如果填制记账凭证时误为借记“银行存款”科目1 000元，贷记“应收账款”科目1 000元，并已登记入账。

更正上述错误时，首先应用蓝字金额填制一张与原来错误记账凭证账户对应关系相同而金额为6 000元（7 000-1 000）的记账凭证，补记原来少记的金额，然后根据这一记账凭证登记入账，即可更正错误记录。所填记账凭证中的会计分录如下：

借：银行存款　　6 000

　贷：应收账款　　6 000

第三节　对账和结账

一、对账

对账就是指核对账目，是对账簿记录的有关数据正确与否进行核对和检查的工作，它是编制财务报表前的一项重要准备工作。在会计核算中，记账时难免发生各种差错，造成账证不符、账账不符、账实不符。为了保证账簿记录的正确性，必须进行对账工作，通过对账来保证各种账簿记录真实、正确、完整，以确保账证相符、账账相符、账实相符。

对账工作主要包括账证核对、账账核对、账实核对三个方面的内容。由于对账是编制财务报表前的一项准备工作，因此，在会计实务中，对账工作的内容不包括账表核对。

（一）账证核对

账证核对，是指将各种账簿的记录与有关记账凭证及其所附的原始凭证进行核对和检查，以做到账证相符的工作。这种核对，一般是在日常编制会计凭证和记账过程中进行的，以检查所记账目是否正确。月终，如果发现账账不符，也可以再将账簿记录与有关会计凭证进行核对，以保证账证相符。

（二）账账核对

账账核对是将各种账簿之间有关的金额进行核对和检查，以做到账账相符的工作。其具体核对内容主要包括：

1.总账与日记账的核对，即：总账“库存现金”和“银行存款”账户的期末余额，分别与库存现金日记账、银行存款日记账的期末余额核对。

2.总账与明细账户的核对，即：总账账户的期末余额与其所属明细账户的期末余额之和核对。对于明细账户比较多的总账账户，可以根据各明细账户记录编制“明细分类账户本期发生额和余额明细表”（见第三章），然后加计本期发生额、余额的合计数，与总账账户本期发生额、余额进行核对。

3.各种财产物资明细账之间的核对，即：会计部门设置的各种财产物资明细账（例如原材料明细账）的期末余额，与财产物资的保管部门（例如仓库、总务部门）和使用部门（例如各车间、行政管理部门）相应的财产物资明细账的期末余额核对。

4.全部总账之间的核对，即：全部总账账户借方发生额合计数与贷方发生额合计数、期末借方余额合计数与贷方余额合计数核对。在日常会计核算工作中，为了进行这方面的核对，应当分别编制“总分类账户本期发生额试算平衡表”和“总分类账户期末余额试算平衡表”（其格式分别见第三章）。为简便起见，一般将二者合并编制“总分类账户本期发生额及余额试算平衡表”（简称“总分类账户试算平衡表”，其格式见第三章），进行全部总账之间的核对。

（三）账实核对

账实核对是将各种财产账面余额与实存数额或实际余额进行核对和检查，以做到账实相符的工作。

通常，账实核对要通过财产清查进行。一般说来，账实核对的主要内容包括：

1.库存现金日记账账面余额与库存现金实际库存数相互核对；

2.银行存款日记账账面余额与开户银行账目相互核对；

3.各种实物资产明细分类账账面余额与实物资产实存数相互核对；

4.各种应收、应付款明细分类账账面余额与有关债务人、债权人的账目相互核对。

二、结账

（一）结账的内容和程序

为了总结某一会计期间（月份、季度、半年度、年度）的经济活动情况，考核经营成果，必须使各种账簿的记录保持完整和正确，以便于编制财务会计报告。为此，必须对所登记的各种账簿定期进行结账工作。结账工作主要包括以下几方面的内容：

1.检查入账情况

结账前，应检查本期所发生的经济业务是否已全部编制了记账凭证并登记入账。但不能提前结账，也不得将本期内发生的经济业务延至下期登账。

2.检查跨期摊配情况

在会计期末，应根据权责发生制的要求，将属于本期但尚未入账的收入、费用编制记账凭证并登记入账，调整账簿记录，以正确反映本期的经营成果和期末的财务状况。例如，长期待摊费用的摊销等。

3.检查损益结转情况

在各项收入、费用已经全部入账后，应将各收入、费用账户的临时性余额转入“本年利润”账户，结转后，各收入、费用账户不再有余额；“本年利润”账户的余额为本结账期实现的累计净利润（或净亏损）。在年终结账时，还应将全年实现的累计净利润（或净亏损）从“本年利润”账户转入“利润分配”账户，结转后，“本年利润”账户年末不再有余额。

4.结账

在完成上述各项检查工作的基础上进行结账，即计算出库存现金日记账、银行存款日记账、总分类账和各明细分类账各账户的本期发生额和期末余额，并结转下期。

（二）结账的方法

结账工作按结账时间分为月结、季结、半年结和年结四种。结账的具体方法是：

月结：应当在各账户本月份最后一笔记录下面划一通栏单条红线，在红线下结出本月发生额及余额。余额为0的，在“借或贷”栏内写上“平”字，在“余额”栏内写上“0”，在“摘要”栏内注明“×月份发生额及余额”或“本月合计”字样，然后在该行下面再划一通栏单条红线。

季结、半年结的方法与月结基本相同，可比照月结进行。

年结：年终决算，因涉及新年更换账簿，比较复杂。办理年结时，应在各账户12月份月结（或第四季度季结）行下面划一通栏单条红线，在红线下填列全年12个月月结发生额（或四个季度的季结发生额）合计及年末余额，在“摘要”栏内注明“本年发生额及余额”或“本年合计”字样；在此基础上，将账户的年初余额按借、贷相同方向抄列于下一行内，即将年初借方余额抄列在“借方”栏内，将年初贷方余额抄列在“贷方”栏内，并在“摘要”栏内注明“年初余额”或“上年结转”字样；紧接下一行，将账户年末余额按借、贷相反方向抄列在“借方”或“贷方”栏内，即将年末借方余额抄列在“贷方”栏，将年末贷方余额抄列在“借方”栏，同时在该行“摘要”栏内注明“结转下年”字样；最后，将上述三行年结“借方”“贷方”栏的金额分别相加（如无差错，该借、贷合计金额应相等）填列在下一行，在该行“摘要”栏内注明“合计”或“本年总计”字样，然后再在该行下划通栏双条红线，表示封账。

更换新的账簿时，将各账户的年末余额以相同方向过入新账中即可，在新账页第一行的“摘要”栏内注明“上年结转”或“年初余额”字样。

月结、季结、半年结和年结的具体方法见表7-14。

表7-14

总分类账

会计科目：原材料

第____页

2018年		凭证		摘要	借方金额										贷方金额										借或贷	余额										
月	日	字	号		千	百	十	万	千	百	十	元	角	分	千	百	十	万	千	百	十	元	角	分		亿	千	百	十	万	千	百	十	元	角	分
12	1			月初结存																					借				1	8	0	0	0	0	0	0
	10	科汇	1	1—10日发生额					8	5	0	0	0	0					7	0	0	0	0	0	借				1	8	1	5	0	0	0	0
	20	科汇	2	11—20日发生额					8	0	0	0	0	0				1	3	0	5	0	0	0	借				1	7	6	4	5	0	0	0
	31	科汇	3	21—31日发生额				1	2	6	0	0	0	0				1	2	3	0	0	0	0	借				1	7	6	7	5	0	0	0
	31			本月合计				2	9	1	0	0	0	0				3	2	3	5	0	0	0	借				1	7	6	7	5	0	0	0

续表

2018年		凭证		摘 要	借方金额										贷方金额										借或贷	余 额										
月	日	字	号		千	百	十	万	千	百	十	元	角	分	千	百	十	万	千	百	十	元	角	分		亿	千	百	十	万	千	百	十	元	角	分
	31			本季合计				8	2	3	5	0	0	0			1	0	7	8	7	0	0	0	借				1	7	6	7	5	0	0	0
	31			下半年合计			1	6	5	3	5	0	0	0			1	5	4	9	5	0	0	0	借				1	7	6	7	5	0	0	0
	31			本年合计			2	9	0	1	8	0	0	0			2	8	0	4	0	0	0	0	借				1	7	6	7	5	0	0	0
	31			上年结转			1	6	6	9	7	0	0	0																						
	31			结转下年													1	7	6	7	5	0	0	0												
	31			本年总计			4	5	7	1	5	0	0	0			4	5	7	1	5	0	0	0												0

注：在该表中的横线中，粗单线在实际工作中应为单条红线，粗双线则应为双条红线。

第四节 会计账簿的更换与保管

一、会计账簿的更换

账簿的使用，一般以一个会计年度为限。新的会计年度开始时，日记账、总账及大部分明细账都要更换，变动较小的小部分明细账，如固定资产明细账即固定资产卡片，可以继续使用而不按年更换。此外，备查账可以连续使用，一般也不按年更换。

账簿的更换一般结合年终决算进行，即年终结账后，将各账户的年末余额以借、贷相同的方向直接抄入新年度启用的新账中即可，同时在新账的第一行“摘要”栏内写明“上年结转”或“年初余额”字样。上述新旧账之间的转记金额，无须编制记账凭证。如遇会计制度改变而需变更账户名称及其核算内容的，应按新制度规定的账户名称及其核算内容，编制调整分录，将旧账余额进行分解、合并，再记入新账中。

二、会计账簿的保管

会计账簿与会计凭证、财务会计报告等一样，均属重要的会计档案，也是企业单位重要的经济管理资料，需按会计档案管理制度规定的保存年限妥善保管。

账簿在归档以前，应将各种活页账和卡片账连同账簿启用和经管人员名单装订成册，加具封面；还应将各种账簿统一编号，编制归档账簿目录，并编制“会计档案移交清册”，然后移交档案部门保管。在归档账簿目录中，应由交接双方人员签名或盖章。

企业单位均要建立档案调阅手续制度，设置“会计档案调阅登记簿”，登记调阅日期、调阅单位及人员、调阅理由、调阅凭证或账册的名称及编号、归还日期、批准调阅人员等内容。未经会计主管人员同意，本单位人员不得调阅；未经本单位领导人批准，外单位人员不得调阅；未经批准，不准将会计档案携带外出或摘录有关数据或影印复制。

会计账簿的保管期限根据会计档案管理的统一规定确定，重要账簿应长期保存，保管期满应按规定进行销毁。销毁时要填写“会计档案销毁清册”，写明会计档案类别、名称、册数及所属年月等，经会计主管人员或单位领导审查签章，报上级主管部门批准后方能销毁。销毁时会计主管人员负责监销，在“会计档案销毁清册”上应由监销人及经管人签章，“会计档案销毁清册”也是会计档案资料之一，应永久保存。

[本章思考题]

1.什么是会计账簿？设置和登记会计账簿有什么意义？

2.会计账簿体系是怎样构成的？

3.登记会计账簿应遵循哪些主要规则？

4.错账的更正方法有哪些？各适用于什么错账的更正？如何更正？

5.什么是结账？结账工作包括哪些主要内容？

6.什么是对账？对账工作包括哪些主要内容？

第八章

财产清查

第一节 财产清查的意义和种类

一、财产清查概述

（一）财产清查的含义

财产清查，是通过对财产物资、货币资金和往来款项进行实地盘点与核对，以查明其实存数与账存数是否相符的一种专门方法。

财产清查的目的是保证账实相符。企业的各种财产物资、货币资金以及各项债权和债务的增减变动及结存情况，都必须通过账簿记录来反映。在日常会计核算工作中，可以通过正确地填制会计凭证、登记账簿，并经过严格地审核和检查，保证账簿记录的正确性。但账簿记录的正确性，并不能保证账簿记录的客观真实性。在实际工作中，各种主观或客观原因都可能导致账实不符，概括起来，主要有以下几个方面。

1.计量不准。在财产物资的收、发过程中，由于主观上的计量不准确，或客观上的计量器具不精确等原因，造成账实不符。

2.自然损溢。在财产物资的保管过程中，由于物理和化学性质、气候变化引起的自然升溢和短缺，如挥发、风干、潮湿等原因，引起账实不符。

3.记录出错。在收、发财产物资时，有关凭证和账簿可能发生重记、漏记、错记等，造成账实不符。

4.管理不善。在财产物资的保管过程中，由于保管不善或工作人员失职而发生的物资损坏、变质、短缺等，也会造成账实不符。

5.非法行为。在财产物资的保管过程中，因营私舞弊、贪污盗窃等非法行为造成的财产损失，导致账实不符。

6.自然灾害。在财产物资的保管过程中，因发生不可抗拒的自然灾害或意外事故造成的损失，也会导致账实不符。

7.未达事项。在款项结算过程中，因物资运输与凭证传递的脱节，会出现物资已到而账单未到，或账单已到而物资未到等未达事项，进而引起账实不符。

因此，为了掌握各项财产物资的真实情况，保证会计资料准确可靠，必须在账簿记录的基础上，运用财产清查这一专门方法，对各项财产物资、货币资金和往来款项进行定期或不定期的实地盘点与核对，以查明其实存数与账存数是否一致，确保账实相符。

财产清查不仅是对账的一种手段，而且是企业单位经营管理不可缺少的一种经济管理制度和经济管理工作。企业单位在会计核算中，除了应加强会计凭证的日常审核，定期核对账簿记录，做到账证相符、账账相符以外，还必须定期或不定期地进行财产清查，做到账实相符，以保证账簿记录的正确性，为编制财务会计报告提供真实、客观、可靠的数据资料，并以此促进财产管理工作的改善，提高企业经营管理水平。

（二）财产清查的作用

运用财产清查的方法，对各项财产物资进行定期或不定期的清查，保证账实相符，主要有以下几方面的作用。

1.保证会计资料的真实性。通过财产清查，可以查明各项财产物资的实存数，并与账存数对比，确定账实差异，据以调整账簿记录，做到账实相符，保证会计资料的真实性。

2.挖掘财产物资的潜力，提高经济效益。通过财产清查，可以查明各项财产物资的保管、储备和利用情况，查明盘盈盘亏的原因和责任，以便采取措施，强化管理，进而充分挖掘财产物资的潜力，提高企业经济效益。

3.保护财产物资的安全与完整。通过财产清查，可以查明各项财产物资的收发、领退或保管情况，如管理不善造成的收发差错情况，财产霉烂、变质、损失浪费、被非法挪用或贪污盗窃等情况，以便采取措施，切实加强财产物资的管理，确保财产物资的安全与完整。

4.保证财经纪律和结算纪律的贯彻执行。通过财产清查，可以查明企业是否遵守结算制度及有无不合理的债权债务，以便及时纠正，监督其自觉遵守和维护财经和结算纪律。

二、财产清查的种类

财产清查可以按不同的标准进行分类：

（一）按清查的对象和范围分类

财产清查按清查的对象和范围分为全面清查和局部清查。

1.全面清查

全面清查是指对企业的所有财产物资、货币资金和往来款项等进行全面清理、盘点与核对。全面清查范围广，工作量大。通常在以下几种情况下，需要进行全面清查。

（1）年终清查。在年终决算之前，必须进行一次全面清查，以确保年度会计报表的真实可靠。

（2）企业异动清查。在企业撤销、合并或改变隶属关系以及单位主要负责人调离工作时，必须进行一次全面清查，以明确经济责任。

（3）清产核资清查。清产核资是指清理财产和核定资金需要量。在企业清产核资时，必须进行一次全面清查，以便摸清家底，确定资金数额，保证生产的正常资金需要。

2.局部清查

局部清查是指根据各企业单位经营管理的需要，对一部分财产物资进行清查。局部清查具有范围小、内容少，涉及人员不多，专业性较强等特点。它一般在以下情况下进行：

（1）流动性较大的物资，如原材料、库存商品等，除年终清查外，年内还要轮流盘点或重点抽查；

（2）各种贵重物资，每月应清查盘点一次；

（3）库存现金要天天核对；

（4）银行存款和银行借款，至少每月同银行核对一次；

（5）各种往来款项，每年至少要与有关往来单位核对一至两次。

另外，对发现某种物品被盗或者由于自然力造成物品毁损，以及其他责任事故造成物品损失等，都应及时进行局部清查，以便查明原因，及时处理，并调整账簿记录。

（二）按清查的时间分类

财产清查按清查的时间分为定期清查和不定期清查。

1.定期清查

定期清查是指按照预先安排的时间对财产物资、货币资金和往来款项进行的清查。这种清查通常在年末、季末、月末结账时进行，目的在于确保会计核算资料的真实、正确。根据实际需要，定期清查可以是全面清查，也可以是局部清查。一般情况下，年末进行全面清查，季末、月末则只进行局部清查。

2.不定期清查

不定期清查是指财产清查的时间事先没有计划安排，而是根据实际需要临时决定对财产物资进行的清查。一般在以下情况下进行：

（1）在更换财产物资和现金保管人员时，为分清经济责任，需对有关人员所保管的财产物资和现金进行清查；

（2）在发生非常灾害和意外损失时，要对受灾损失的财产进行清查，以查明损失情况；

（3）在有关单位对企业进行审计查账时，应按审计查账要求及范围进行清查，以验证会计资料的真实可信；

（4）按照有关规定，进行临时性的清产核资工作，以摸清企业的家底；

（5）在单位撤销、合并、联营、迁移、改制、改变隶属关系以及单位主要负责人调离工作时，要根据上述情况进行不定期清查，其对象和范围可以是全面清查，也可以是局部清查，应根据实际需要而定。

（三）按清查的组织情况分类

财产清查按清查的组织情况分为内部清查和外部清查。

1.内部清查

内部清查是指企业自行组织的清查。一般在月末、年末结账时或者更换保管人员或者现金出纳时进行。

2.外部清查

外部清查即由企业外部有关单位组织的清查。如由上级主管部门、财政部门、税务机关、审计机关、会计师事务所、检察院、保险公司等组织的清查。

三、财产清查的一般程序

财产清查应遵循一定的程序有组织、有领导、有步骤地进行，以达到财产清查的目的。不同的财产清查，其具体程序有所不同，但就其一般程序来说，都应包括准备、实施和总结三个主要阶段。

（一）财产清查的准备阶段

在财产清查的准备阶段，主要应当做好组织准备和业务准备两方面的各项工作。

1.组织准备

要成立专门的财产清查领导小组，负责财产清查的领导和组织工作，还应配备相关工作人员，具体执行财产清查的各项工作。财产清查领导小组，一般是在总会计师（或财务总监）及有关主管领导的领导下，由财会部门牵头，设备、技术、生产、行政等有关部门参加成立的。该领导小组的主要任务有以下几个方面。

（1）制订清查计划

财产清查领导小组应研究制订财产清查计划，确定清查范围和对象，安排清查工作进度，提出清查工作的具体要求。

（2）组织清查工作

财产清查领导小组要做好具体组织和检查监督工作，在清查过程中，及时研究和处理清查中出现的问题。

（3）提交清查报告

在清查结束后，财产清查领导小组应将清查结果及处理意见和建议，按企业管理权限，书面报告给企业有关权力机构审批处理。

2.业务准备

为了做好财产清查工作，有关业务部门应主动配合，积极做好以下各方面的业务准备工作。

（1）账簿准备

会计部门和人员，应将截至清查日的有关账簿登记齐全并结出余额，核对清楚，做到账证相符，账账相符，为财产清查中衡量盘盈、盘亏提供可靠的账簿依据。

（2）实物准备

财产保管部门和人员，应将截至清查日的有关财产保管账簿登记齐全，结出余额，并与会计部门的有关账簿核对相符。同时，应将其保管的各种财产物资，分类整理，排列清楚，贴上标签，标明品种、规格、数量、单价等，以便盘点核对。

（3）工具准备

财产清查前，应准备好各种财产清查盘点用的表格和必要的计量器具，并校验好各种计量器具的度量精度。

（二）财产清查的实施阶段

在财产清查的实施阶段，主要是根据财产清查计划安排，采用实地盘点、查对账目等具体方法，确定各项货币资金、实物资产和债权债务的实际结存数，并与账面结存数进行核对，查明账实是否相符。

（三）财产清查的总结阶段

在财产清查的总结阶段，主要是对清查的结果进行处理。对财产清查结果的处理是财产清查工作的重要环节，其主要工作内容是：对清查中所确定的账实差异，应进行深入调查，认真分析，查明其性质和产生的具体原因，明确责任，实事求是地提出处理意见，按规定程序报请有关领导审批处理；对清查中发现的呆滞积压、储备不足及债权债务长期不清等各种情况，应提请有关领导和部门注意，积极进行处理；对清查所发现的在各项财产管理及会计核算等方面存在的各种问题，应认真加以分析和总结，提出建立健全有关制度、改善各项管理工作的具体建议和措施；会计部门要按照规定和程序，认真做好财产清查结果的各项账务处理工作。

第二节 财产清查的方法

一、实物资产的清查方法

实物资产的清查是指对各种存货和固定资产等具有实物形态的财产物资进行盘点和查对，确定实存数，并查明其账实是否相符。在清查过程中，为了便于进行账实对比，既要确定实物资产的账面结存数，又要确定实物资产的实际结存数。

（一）财产物资盘存制度

进行财产清查，就是要将财产物资的账面余额与实际盘存数（即账存数与实存数）进行核对。因此，首先要结算出各项财产物资的账面余额。财产物资的盘存有永续盘存制和实地盘存制两种方法。

1.永续盘存制

永续盘存制亦称账面盘存制，是指在账簿中对各项财产物资的增加和减少进行连续登记，并随时结出各项财产物资账面余额的一种盘存制度。其期末账面余额的计算公式如下：

期末账面余额 - 期初账面余额 + 本期账面增加额-本期账面减少额

采用永续盘存制，能够随时掌握各项财产物资的收入、发出和结存情况；发生溢余和短缺的，易于查找原因，以便及时纠正，从而能大大加强对财产物资的管理工作。然而，在该种盘存制度下，虽然能在账簿中完整地记录财产物资的增减变动及结存情况，但这只是账面数。为了保证账面记录真实正确，还必须通过清查盘点，及时调整账面数使账实相符。同时，在永续盘存制下，存货的明细分类账核算工作量大，需耗费较多的人力和物力。在实际工作中，除少数特殊情况外，一般都应采用永续盘存制。

2.实地盘存制

实地盘存制亦称盘存计耗制，是指平时在账簿中只登记财产物资的增加数，不登记减少数，期末根据实地盘点的实存数来倒挤减少数，再据以登记有关账簿的一种盘存制度。其本期减少额的计算公式如下：

本期减少额 = 期初账面余额 + 本期账面增加额-期末实地盘点数（实存数）

采用实地盘存制，期末实地盘点的实存数就成为有关账簿登记减少数的唯一根据。这种制度，在平时能简化记账工作，但核算手续不严密，而且平时在账面上不反映各项财产物资的减少数和结存数，心中无数，不利于加强财产物资的管理和保护财产的安全，并影响成本核算的正确性。因此，除了价格低、品种杂的商品和一些损耗大、价格不稳定的鲜活商品外，这种制度一般不宜采用。

3.永续盘存制与实地盘存制的比较

（1）永续盘存制要求全面、详细地记录每一种财产物资的收入、发出和结存情况，因而，其核算工作量大，需要耗用较多的人力和物力。特别是财产物资品种复杂繁多的企业单位，如果采用月终一次结转耗用（或销售）成本的办法，则库存财产物资的成本和耗用（或销售）成本的计算工作就比较集中，增大了核算工作量。而在实地盘存制下，平时不记录财产物资的发出情况，月终在确定结存数后一次计算耗用（或销售）财产物资的成本，其核算工作大为简省。

（2）永续盘存制可以提供系统的财产物资收、发、存情况，便于及时核对财产物资的账面数和实存数，便于对财产物资的变动进行有效监控。而实地盘存制不能随时反映财产物资收、发、存动态，从而削弱了对库存财产物资的控制和监督作用，并且，由于以存计耗（或销），倒算耗用成本或销售成本，这就把非耗用或非销售的财产物资损耗、短缺或差错事故等全部挤入耗用或销售成本之中，影响了成本计算的正确性。

（3）由于永续盘存制具有控制和保护财产物资安全的显著优点，因此，在实际工作中，除了那些价值低廉、在管理上使用永续盘存制确有困难的财产物资外，一般都采用永续盘存制。实地盘存制一般只适用于一些价值低、品种杂、交易极其频繁的财产物资和一些损耗大、数量不稳定的鲜活商品。即使采用永续盘存制，也应对实物资产采取相应的有效管理措施。

（二）实物资产实存数量的清查方法

不同品种的实物资产，由于其实物形态、体积、重量、堆放方式等不尽相同，因而应采用不同的方法确定其实存数量。企业对实物资产实存数量的清查，较为常用的方法有实地盘点法、技术推算法等。

实地盘点法，是通过逐一清点或用计量器具来确定实物实存数的一种方法。这种方法适用于可以逐一点数、度量或过磅的财产物资。企业单位的多数实物资产都可以采用这种方法进行清查。对于那些单位价值较低，且已包装好的材料和商品还可采用抽样盘点的方法进行实地盘点。

技术推算法，是通过量方计尺等技术方法来推算财产物资实存数的一种方法。这种方法适用于单位价值低廉、量大成堆、笨重难移、不便于逐一点数或过磅的实物资产，如矿石、煤炭、基建用土石方等。盘点时，除了清查实物资产的实存数外，还要检查财产物资的质量，了解财产物资的利用情况，查明财产物资在收发、保管上存在的问题。

此外，对于委托外单位加工、保管、销售的材料、商品等实物资产，一般应采用询证核对的方法，通过函询、面询等方式，确定其实存数量。

实物资产清查的基本程序是：

首先，应由清查人员会同实物资产保管人员在现场对实物资产进行盘点，确定其实存数量，并同时检查其质量情况。为了明确经济责任，在盘点时，实物资产保管人员必须在场。在盘点过程中，应注意不要把受托加工、保管、销售的实物资产混为本企业的实物资产。

其次，对实物资产的盘点结果，应逐一在“盘存单”上如实登记，并由实物盘点人员和保管人员当场签章。“盘存单”是记录各项实物资产的实存数量，反映财产清查工作结果的原始凭证，其一般格式见表8-1。

表8-1 **盘存单**

单位名称： 盘点时间：

财产类别： 存放地点： 编号：

序号	名 称	规格型号	计量单位	数量	单价	金额	备注

盘点人签章： 保管人签章：

最后，实物资产盘点完毕，应将“盘存单”记录的实存数与账存数逐项核对，查明其账实是否相符。当发现某些实物资产账实不符时，应据以编制“实存账存对比表”。“实存账存对比表”也称为“盘点盈亏报告表”，是用以确定实物资产盘盈或盘亏的数据和原因，调整账簿记录的重要原始凭证，其一般格式见表8-2。

表8-2 **实存账存对比表**

单位名称： 年 月 日

序号	类别及名称	规格型号	计量单位	单价	实存		账存		账实对比				备注
									盘盈		盘亏		
					数量	金额	数量	金额	数量	金额	数量	金额	
	金额合计												

盘点人签章： 会计签章：

二、货币资金的清查方法

货币资金的清查一般包括库存现金和银行存款的清查以及往来款项的清查。

（一）库存现金的清查

对库存现金的清查，一般是采用实地盘点法确定其实存数，然后再将其与库存现金日记账的账面余额核对，从而查明账实是否相符及盈亏情况。

为了明确经济责任，在对库存现金进行盘点时，出纳人员必须在场。在清查过程中，应注意有无“白条”顶库、“公款私存”等违反现金管理制度的现象。库存现金盘点完毕，应根据盘点结果和库存现金日记账余额编制“库存现金盘点报告表”，并由盘点人员和出纳人员当场签章。“库存现金盘点报告表”兼有“盘存单”和“实存账存对比表”的作用，是反映库存现金实存数和调整账簿记录的重要原始凭证，其一般格式见表8-3。

表8-3 库存现金盘点报告表

单位名称： 年 月 日

实存金额	账存金额	账实差异		备 注
		盘 盈	盘 亏	

盘点人签章： 出纳员签章：

（二）银行存款的清查

银行存款与实物资产、库存现金的清查方法不同，它是采用“核对账目”的方法进行的，即将企业银行存款日记账与开户银行对账单进行逐笔核对，以查明账实是否相符。

企业银行存款日记账与开户银行对账单不一致的原因主要有两种情况：一是企业或银行记账错误；二是存在未达账项。因此，在进行银行存款清查时，要先检查企业和银行双方记账是否正确无误，在保证双方记账都没有错误的条件下，再查明双方是否存在未达账项。

所谓未达账项，是指一方已经入账，另一方尚未接到有关凭证而未入账的事项。未达账项一般发生在月末的最后几天。企业与银行之间的未达账项有以下四种类型：

1.企收银未收。其是指企业已收而银行未收的款项，如企业送存银行的款项，企业已作为存款增加记入了银行存款日记账，但开户银行因尚未办妥手续而未记入企业的存款户，当然也未记入对账单。

2.企付银未付。其是指企业已付而银行未付的款项，如企业开出支票或其他付款凭证，已作为存款减少记入了银行存款日记账，但开户银行因尚未支付或尚未办理转账手续而未记入企业的存款户，当然也未记入对账单。

3.银收企未收。其是指银行已收而企业未收的款项，如银行已将企业委托代收的款项或存款利息作为企业存款的增加记入了企业的存款户，当然也记入了对账单，但企业因尚未收到银行收款通知而尚未记入银行存款日记账。

4.银付企未付。其是指银行已付而企业未付的款项，如银行代企业付款后，已作为企业存款的减少记入了企业的存款户，当然也记入了对账单，但企业因尚未收到银行付款通知而尚未记入银行存款日记账。

上述任何一种未达账项的存在，都会导致企业银行存款日记账上的余额与开户银行对账单上的余额不相符。因此，在核对银行和企业双方账目时，应将企业银行存款日记账与开户银行的对账单进行逐笔勾对，查明有无未达账项；若有未达账项，应据以编制“银行存款余额调节表”进行调节，验证调节后的双方余额是否相符。“银行存款余额调节表”编制的基本原理是：在企业和银行双方账面余额的基础上，各自补记对方已入账而己方尚未入账的款项，以消除未达账项的影响，求得双方的一致。

现举例说明“银行存款余额调节表”的具体编制方法。

【例8-1】某公司20××年10月31日的银行存款日记账余额为14 270元，银行对账单上的存款余额为16 010元，经逐笔核对，发现未达账项有：

①企业月末存入的转账支票1 160元，银行尚未入账。

②企业开出支付货款的支票420元，银行尚未入账。

③银行代收销货款3 600元，企业尚未接到通知，未入账。

④银行代付水电费1 120元，企业尚未入账。

根据上述未达账项，可编制“银行存款余额调节表”，见表8-4。

表8-4 **银行存款余额调节表**

20××年10月31日　　单位：元

项　目	金额	项　目	金额
银行存款日记账余额	14 270	银行对账单余额	16 010
加：银行已收企业未收款项	3 600	加：企业已收银行未收款项	1 160
1.银行代收销货款		1.存入转账支票	
2.		2.	
减：银行已付企业未付款项		减：企业已付银行未付款项	
1.银行代付水电费	1 120	1.企业开出支票	420
2.		2.	
调节后存款余额	16 750	调节后存款余额	16 750

经过调节后的左右双方余额，已经消除了未达账项的影响。如果双方记账没有差错，左右双方调节后的余额必定相符。如不相符，则表明还存在差错，应进一步查明原因，予以更正。

应该注意的是，调节后的银行存款余额，既不等于企业银行存款日记账上的余额，也不等于银行对账单上的余额，而是企业银行存款的真正实存数，是企业当时实际可动用的款项。此外，“银行存款余额调节表”只起对账的作用，不能作为调整账簿记录的依据，不能据此将未达账项登入银行存款日记账和总账，而应在收到银行的收款、付款通知后，方可进行账务处理。

上述银行存款的清查方法，也适用于对银行借款的清查。

（三）往来款项的清查

往来款项的清查是指对各项应收款、预付款、应付款、预收款等往来款项的清查，即对债权和债务的清查。各种往来款项的清查，与银行存款的清查一样，也采用与对方单位核对账目的方法。清查时，首先应检查本单位各项往来款项账目的正确性和完整性，在此基础上，根据有关明细账的记录，按往来单位分户抄制对账单，送交对方单位进行核对。对账单一般一式两联，其中一联作为回单。如果对方单位核对相符，应在回单上盖章退回；如果数字不符，应将不符的情况在回单上注明，或者另抄对账单退回本单位，作为进一步核对的依据。“往来款项对账单”的一般格式见表8-5。

表8-5 **往来款项对账单**

××单位：

你单位××年11月10日向我厂购买A产品200件，货款4 400元，尚未支付，请核对后将回单联寄回。如不相符，尚望说明情况。

清查单位：（盖章）

××年12月1日

沿此虚线裁开，将以下回单联寄回！

往来款项对账单（回单联）

××单位：

你单位寄来的“往来款项对账单”已收到，经核对相符无误。

××单位（盖章）

××年12月10日

在核对过程中，如果发现未达账项，双方均应编制“应收账款或应付账款余额调节表”进行调整，其编制方法与“银行存款余额调节表”的编制方法相同。

往来款项清查完毕，应根据清查结果编制“往来款项清查报告表”，并填列各项债权、债务的余额。对于有争议的款项以及无法收回或支付的款项，应当将其情况在报告表上详细注明，以便及时采取措施进行处理。“往来款项清查报告表”的一般格式见表8-6。

表8-6 **往来款项清查报告表**

年 月 日 单位：元

总账账户		明细账户		清查结果		核对不符原因分析			备注
名称	余额	名称	余额	核对相符金额	核对不符金额	未达账项金额	争议款项金额	其他	

清查人员签章： 经管人员签章：

应当指出的是，通过财产清查查实的盘盈、盘亏事项，应当及时进行账务处理。盘盈、盘亏事项的账务处理方法参见第四章第五节的介绍。

[本章思考题]

1. 为什么要进行财产清查，财产清查的作用何在？其种类有哪些？
2. 什么是永续盘存制？它与实地盘存制有什么不同？
3. 如何进行实物资产清查？
4. 什么是未达账项？其基本类型有哪些？如何编制“银行存款余额调节表”？

第九章

财务会计报告

第一节　财务会计报告概述

在日常会计核算中，企业发生的各项经济业务均应按规定的处理程序和方法填制会计凭证，并经审核无误后登记入账，在会计账簿中予以连续、系统、全面的反映。但是，会计凭证、会计账簿所提供的毕竟是日常会计核算资料，这些日常会计核算资料数量太多，而且相对分散，不能总括地、集中地反映企业财务状况、经营成果和现金流量，不便于财务会计报告使用者理解和利用。因此，有必要对日常会计核算资料加以整理、归类、汇总，定期编制财务会计报告。

一、财务会计报告的组成

财务会计报告，也称财务报告、会计报告，是指企业对外提供的反映企业某一特定日期的财务状况和某一会计期间的经营成果、现金流量等会计信息的文件。财务会计报告是企业会计工作的重要结果，是对企业日常会计核算工作及成果的总结。编制财务会计报告既是会计核算的一种专门方法，也是会计核算工作的重要内容，是企业对外提供会计信息的一种较为恰当的重要方式和手段。

按照我国企业会计准则的要求，企业财务会计报告包括财务报表和其他应当在财务会计报告中披露的相关信息和资料。一般来说，财务报表是财务会计报告的主体。

财务报表是对企业财务状况、经营成果和现金流量的结构性表述。根据我国企业会计准则的规定，一套完整的财务报表至少应当包括资产负债表、利润表、现金流量表、所有者权益（或股东权益，下同）变动表和附注，即所谓“四表一注”。财务报表中的“四表”一般称为会计报表，它是财务报表的核心。

企业财务会计报告的组成如图 9-1 所示。

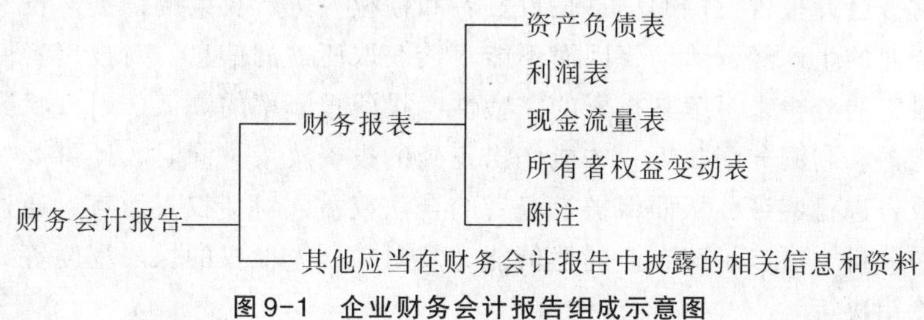

图 9-1　企业财务会计报告组成示意图

此外，从所反映的会计期间长短的不同看，企业财务会计报告包括年度财务会计报告和中期财务会计报告两类。年度财务会计报告是企业在会计年度终了时所编制的财务会计报告。中期财务会计报告是以短于一个完整会计年度的报告期间为基础编制的，它通常包括半年度、季度和月度财务会计报告。中期财务会计报告至少应当包括资产负债表、利润表、现金流量表和附注，其中，中期资产负债表、利润表和现金流量表应当是完整报表，其格式和内容应当与年度财务报表相一致。

企业财务报表按其反映资金运动状态不同，还可以分为静态报表和动态报表。静态报表是指总括反映企业一定时点的资产、负债和所有者权益的财务报表，如资产负债表。动态报表是指总括反映企业一定时期的收入、费用和利润的报表，如利润表。现金流量表和所有者权益变动表则是将动态与静态结合起来反映的报表。

企业财务报表还可以按编报主体不同分为个别财务报表和合并财务报表。个别财务报表是由企业在自身会计核算基础上根据账簿记录加工整理而编制的财务报表，它主要用以反映企业自身的财务状况、经营成果和现金流量情况。合并财务报表是以母公司和子公司组成的企业集团为会计主体，根据母公司和所属子公司的财务报表，由母公司编制的综合反映企业集团财务状况、经营成果及现金流量的财务报表。

二、财务会计报告的作用

编制财务会计报告的目的是满足信息使用者对会计信息的需求。虽然他们对财务会计报告信息需求的侧重点不同，但他们都要了解企业的财务状况、经营成果以及现金流量情况，以便作出科学合理的经济决策。概括起来，财务会计报告可以起到以下几个方面的作用。

第一，财务会计报告提供的会计信息是企业加强和改善经营管理的重要依据。企业内部管理阶层通过财务会计报告，可以全面、系统、总括地了解企业的财务状况、经营成果和现金流量，检查和分析财务计划、成本计划和有关方针政策的执行情况，以及时地发现生产经营过程中存在的问题，并有针对性地采取措施，促进生产经营管理的加强与改善。财务会计报告还为企业管理层进行预测、决策和编制财务计划提供了重要的参考资料。另一方面，在现代企业中，企业生产经营的好坏、利润的多少、产品成本的高低以及资金的来源与运用，和广大职工有切身的利害关系。他们处于生产经营各环节的第一线，对企业的生产经营情况最了解。通过财务会计报告的汇报和会计分析的通报，广大职工可以对企业的生产经营进行监督，评价成绩，纠正错误，提高职工参与民主管理的积极性，增加职工对企业的责任感和凝聚力，从而有利于加强和改善经营管理。

第二，财务会计报告提供的信息是投资者和债权人进行决策的依据。投资者和债权人不直接参与企业的生产经营活动，因而不能直接获取所需的信息。对投资者而言，只有通过财务会计报告的分析来了解其投资的完整性、投资报酬率的高低、财务状况的变化以及企业的获利能力和利润分配政策，才能作出正确的投资决策。同时，还可委托审计机构对其财务会计报告进行鉴证，从而保护投资者的合法权益。对债权人而言，通过对财务会计报告的阅读和分析，可以了解企业的偿债能力及对债权人债权的保障程度等，从而作出正确的信贷与赊销决策。

第三，财务会计报告提供的信息是国家经济管理部门进行宏观调控和管理的依据。对企业主管部门或企业集团而言，通过所属企业提供的财务会计报告，可以了解和分析所属各企业财务状况、经营成果以及现金流量的变动情况；主管部门或有关行政管理部门，通过由个别会计报表汇总而成的汇总会计报表，可以了解整个行业或整个部门所属企业的经营情况；企业集团通过依据个别会计报表编制的合并会计报表，可以了解整个企业集团的财务状况和经营成果，从而作出针对整个企业集团的经济决策；汇总会计报表也是国家综合部门制订计划，决定政策，进行国民经济综合平衡的重要依据。

此外，税务部门通过财务会计报告可以了解企业对国家税收法规制度的执行情况；国家财政部门利用财务会计报告提供的信息，监督检查企业对财务法规制度的执行情况、财务纪律的遵守情况、资金的使用情况等。

三、编制会计报表前的准备工作

会计报表是企业财务会计信息的重要载体。为了保证会计信息的质量，确保会计目标的实现，必须充分做好编制会计报表前的准备工作。

由于会计报表主要是根据有关账簿记录中的数据资料编制的，因而会计报表编制前的准备工作主要应当围绕如何保证有关账簿记录中数据资料的真实性、可靠性、正确性、完整性进行。通常，编制会计报表前的准备工作主要包括三个方面的内容：

一是期末账项调整。所谓期末账项调整，就是在期末结账前，按照权责发生制记账基础的要求对会计期间的收入、费用等予以调整，以便合理确定会计期间的收入、费用，正确计算当期损益。

二是对账。对账简言之即核对账目，就是通过账证核对、账账核对、账实核对，保证账证相符、账账相符、账实相符，确保所编会计报表数据来源的真实可靠性。

三是结账。结账简言之即结算账目，就是在把一定会计期间所发生的交易或事项全部登记入账的基础上，于期末将每个账户的本期发生额及余额都结算出来并登记入账。

四、会计报表的编制要求

为了充分发挥会计报表的作用，保证会计报表的质量，企业编制的会计报表应做到可理解性、真实可靠性、相关可比性、完整性和及时性。

（一）可理解性

可理解性，是指会计报表所提供的会计信息能为其使用者所理解，以便会计报表的使用者进行经济决策。因此编制的会计报表应清晰易懂。否则，会计报表晦涩难懂，会妨碍使用者作出正确的判断，甚至会判断失误，不能发挥会计报表应有的作用。

（二）真实可靠性

真实可靠性，要求编制会计报表时，必须以核实后的账簿记录为依据，不得以估计数字填列会计报表，更不得弄虚作假，篡改伪造数字，以保证所提供的会计信息真实可靠。如果会计报表提供了虚假的会计信息资料，则会导致报表的使用者对企业财务状况得出错误的结论，从而作出错误的经济决策。

（三）相关可比性

相关性，要求会计核算信息必须满足宏观经济的管理要求，满足有关方面了解企业财务状况和经营成果的需要，满足企业加强内部经营管理的需要。可比性，要求企业在编制会计报表时，应当按照国家统一规定的会计指标编报，同时坚持一贯性，以使不同企业、同一企业的不同时期的会计信息相互可比。如果会计报表提供的信息资料能使使用者了解过去、现在或未来事项的影响及变化趋势，并为使用者提供相关的可比信息，则可认为会计报表提供的会计信息具有相关可比性。

（四）完整性

完整性，要求在不同会计期间报送的会计报表，必须编制齐全，不得缺表；对每一种会计报表本身所包含的项目内容、应填列的指标，无论是表内项目，还是附注资料都要填列齐全，不得漏编漏报；对于汇总会计报表，应按项目汇总，不得遗漏，以确保会计报表的完整性。

（五）及时性

只有及时有效的会计信息才能满足使用者的需要，否则再真实完整的会计报表，也不会有太大的价值。因此，及时性要求会计报表按规定的期限及时编制和报送。

五、财务会计报告的报送

企业对外提供的财务会计报告编制完毕，必须认真进行复核，经复核无误后，应依次编定页码，加具封面，装订成册，加盖公章。封面上应注明企业名称、企业统一代码、组织形式、地址、开业年份，报告所属年份、月份，送出日期等，并由企业法定代表人、总会计师或代行总会计师职权的人员、会计机构负责人或会计主管人员签名或盖章。财务会计报告需要经注册会计师审计的，企业应当将注册会计师及会计师事务所出具的审计报告随同财务会计报告一并对外提供。

企业财务会计报告报送的单位，主要根据国家综合平衡工作、财税监督工作、信贷监督工作的需要并结合企业管理体制等加以确定。通常，国有企业要向上级主管单位、财政机关、税务机关及审计机关等单位报送财务会计报告，并应向投资者、债权人以及其他与企业有关的财务会计报告使用者提供财务会计报告，国有企业的年度财务会计报告应同时报送同级国有资产管理部门。国务院派出监事会的国有重点大型企业、国有重点金融机构和省、自治区、直辖市人民政府派出监事会的国有企业，应当依法定期向监事会提供财务会计报告。国有企业、国有控股的或者国有控股占主导地位的企业，应至少每年向企业职工代表大会公布一次财务会计报告。公开发行股票的股份有限公司还应当向证券交易机构和证监会等提供有关财务会计报告。

为了充分发挥财务会计报告的作用，企业应当依照法律、行政法规和会计准则等有关财务会计报告提供期限的规定，及时对外提供财务会计报告。月度财务会计报告应当于月度终了后6天内（节假日顺延，下同）对外提供；季度财务会计报告应当于季度终了后15天内对外提供；半年度财务会计报告应当于年度中期结束后60天内对外提供；年度财务会计报告应当于年度终了后4个月内对外提供。

各有关部门或注册会计师对企业报送的财务会计报告应当进行审核，主要审核财务会计报告的编制、报送是否符合规定，财务会计报告的内容是否符合财经法规、制度的要求。前者属于技术性审核，后者属于内容性审核。在审核过程中，如果发现财务会计报告编制有错误，或不符合制度的要求，应及时通知报送单位进行更正。如果发现有违反财经法规的情况，应查明原因，及时纠正，严肃处理。

第二节　资产负债表

一、资产负债表的作用

资产负债表是反映企业某一特定日期财务状况的会计报表。它是根据资产、负债和所有者权益之间的相互关系，按照一定的分类标准和顺序，把企业某一特定日期的资产、负债和所有者权益各项目予以适当排列，并对日常会计核算的数据进行加工整理编制而成的。它表明企业在资金循环相对静止的状态下所拥有或控制的经济资源、所承担的现时义务和所有者对净资产的要求权。

具体而言，通过资产负债表，会计信息的使用者可以了解以下会计信息：

第一，企业掌握的经济资源及这些资源的分布结构。资产负债表按一定的顺序（资产的流动性）反映企业所拥有的各项财产及数额，报表的使用者可以据此了解企业的资产构成情况，并由此进一步分析企业的生产经营状况。如通过固定资产可了解企业的生产规模；通过流动资产的构成可以分析企业生产管理及财产流转情况；通过生产资金占全部资金的比例，可以分析企业资金的利用效率。

第二，企业资金来源的构成。企业资金来源的构成包括企业所承担的债务，以及所有者在企业所拥有的权益。资产负债表综合反映企业目前所承担的各项负债、投资者投资及留存收益等情况，报表使用者可据此了解企业的筹资方式及投资各方权益情况。

第三，企业的偿债能力。通过资产负债表中资产、负债的结构情况及对比分析，报表使用者可据此分析企业的财务实力，了解企业的偿债能力以及近期和远期债务对企业的影响，掌握对企业投资的风险程度及获利水平，以便于投资者和债权人进行投资决策。同企业有业务关系的单位或个人可通过资产负债表了解企业的实际支付能力，选择合理的业务方式。企业的偿债能力分为短期偿债能力和长期偿债能力，短期偿债能力主要体现为企业的资产和负债的流动性，即变现能力，变现能力是债权人主要观察的指标，资产负债表有关项目的列示是按照流动性排列的，有助于报表使用者有针对性地选取指标，加以分析；长期偿债能力是全部资产偿还全部负债的能力，该指标对于评价企业资本结构有很大帮助。

第四，企业财务状况变动情况。通过将不同时期的资产负债表进行比较分析，可以了解企业的资产、负债、所有者权益的变动情况，分析企业的发展变化趋势，了解企业的经营业绩，以便于对企业的未来情况进行预测分析。

二、资产负债表的格式及各项目的排列

完整的资产负债表包括表首部分和主体部分。表首部分主要列示资产负债表的名称、编制单位、编制日期、报表编号、货币计量单位等内容。

就主体部分而言，资产负债表有账户式和报告式（也称垂直式）两种格式，分别见表9-1和表9-2。我国企业的资产负债表采用账户式。不论采用什么格式，按照会计等式的基本原理，资产负债表中的资产总额与负债及所有者权益总额必须相等。同时，我国企业资产负债表采用前后期对比方式编制，表中各项目金额不仅列示了期末余额，还列示了年初余额，利用期末余额与年初余额的比较，可以了解企业财务状况的变动情况及趋势。

表9-1 **账户式资产负债表基本结构**

资 产	年初余额	期末余额	负债及所有者权益 （或股东权益）	年初余额	期末余额
资产			负债 所有者权益（或股东权益）		
资产总计			负债及所有者权益 （或股东权益）总计		

表9-2 **报告式资产负债表基本结构**

项 目	年初余额	期末余额
资产		
资产总计		
负债 所有者权益（或股东权益）		
负债及所有者权益（或股东权益）总计		

资产负债表中的项目分为资产、负债和所有者权益（或股东权益）三大类，也称为资产负债表的三个要素，每个要素又分为若干项目。为了便于财务会计报告使用者阅读、理解和利用，资产负债表中的各项目一般应按以下方法排列：资产项目按资产流动性或变现程度的高低顺序自上而下排列；负债项目按负债偿还期的长短排列；所有者权益（或股东权益）项目按所有者权益永久性递减的顺序排列。显而易见，这种排列，资产、负债和所有者权益（或股东权益）各自的层次明晰，能比较清楚地反映出它们各自的结构，从而为财务会计报告使用者分析评价企业的财务状况和偿债能力进而进行决策提供便利条件。

三、资产负债表的编制方法及实例

如前所述，资产负债表分别设有“期末余额”和“年初余额”两个金额栏，从而使资产负债表相当于两期的比较资产负债表。

资产负债表“年初余额”栏各项目的金额，应根据上年年末该表中“期末余额”栏各项目的金额填列。如果本年该表中规定的项目名称和内容有与上年不一致的，应将上年年末有关项目的名称和金额按照本年的规定调整后填入“年初余额”栏。

资产负债表“期末余额”栏各项目的金额，总的说来，应根据资产类（含成本类）、负债类、所有者权益类总账账户及有关明细账户的期末余额填列。具体地说，各项目的内容及填列方法如下：①

“货币资金”项目：反映资产负债表日企业库存现金、银行存款等的合计数，应根据“库存现金”“银行存款”等账户的期末借方余额合计数填列。

“交易性金融资产”项目：反映资产负债表日企业分类为以公允价值计量且其变动计入当期损益的金融资产，以及企业持有的指定为以公允价值计量且其变动计入当期损益的金融资产的期末账面价值。该项目应根据“交易性金融资产”账户的相关明细账户的期末余额分析填列。自资产负债表日起超过一年到期且预期持有超过一年的以公允价值计量且其变动计入当期损益的非流动金融资产的期末账面价值，在“其他非流动金融资产”项目反映。

“应收票据”项目：反映资产负债表日以摊余成本计量的，企业因销售商品、提供服务等收到的商业汇票，包括银行承兑汇票和商业承兑汇票。该项目应根据“应收票据”账户的期末余额，减去“坏账准备”账户中相关坏账准备期末余额后的金额填列。

“应收账款”项目：反映资产负债表日以摊余成本计量的，企业因销售商品、提供服务等经营活动应收取的款项。该项目应根据“应收账款”账户期末借方余额，减去“坏账准备”账户中相关坏账准备期末余额后的金额分析填列。

“预付款项”项目：反映企业按照购货合同的规定预付给供应单位的款项。该项目应根据“应付账款”和“预付账款”两个总账账户所属明细账户的期末借方余额之和填列。

“其他应收款”项目：反映企业除应收票据、应收账款、预付账款等以外的其他各种应收、暂付的款项，包括应收利息、应收股利和其他应收款。该项目应根据“应收利息”、“应收股利”和“其他应收款”账户的期末余额合计数，减去“坏账准备”账户中相关坏账准备期末余额后的金额填列。其中的“应收利息”仅反映相关金融工具已到期可收取但于资产负债表日尚未收到的利息。基于实际利率法计提的金融工具的利息应包含在相应金融工具的账面余额中。

“存货”项目：反映企业期末在库、在途和在加工中的各项存货。该项目应根据“材料采购”“原材料”“生产成本”“库存商品”等账户的期末借方余额之和，减去“受托代销商品款”“存货跌价准备”账户期末余额后的金额填列，材料采用计划成本核算，以及

① 鉴于本教材教学目标的要求，这里所介绍的资产负债表（包括第三节将要介绍的利润表）的项目并不齐全，且对各项目内容及填列方法的介绍更多考虑的是与本教材前述内容的一致性，部分项目内容及填列方法与企业会计实务处理存在一定差异，这些项目的内容及填列方法将在专业会计教材中准确介绍。

库存商品采用计划成本核算或售价金额核算的企业，还应根据加（或减）“材料成本差异”“商品进销差价”账户金额后的金额填列。

“合同资产”项目：反映企业已向客户转让商品而有权收取对价的权利，且该权利取决于时间流逝之外的其他因素。该项目应根据“合同资产”账户的相关明细账户的期末余额分析填列，同一合同下的合同资产和合同负债应当以净额列示，其中净额为借方余额的，应当根据其流动性在“合同资产”或“其他非流动资产”项目中填列，已计提减值准备的，还应减去“合同资产减值准备”科目中相关的减值准备期末余额后的金额填列。

“一年内到期的非流动资产”项目：反映企业将于一年内到期的非流动资产项目金额。对于按照相关会计准则采用折旧（或摊销、折耗）方法进行后续计量的固定资产、使用权资产、无形资产和长期待摊费用等非流动资产，折旧（或摊销、折耗）年限（或期限）只剩一年或不足一年的，或预计在一年内（含一年）进行折旧（或摊销、折耗）的部分，不得归类为流动资产，仍在各该非流动资产项目中填列，不转入“一年内到期的非流动资产”项目。

“债权投资”项目：反映资产负债表日企业以摊余成本计量的长期债权投资的期末账面价值。该项目应根据“债权投资”账户的相关明细账户期末余额，减去“债权投资减值准备”科目中相关减值准备的期末余额后的金额分析填列。自资产负债表日起一年内到期的长期债权投资的期末账面价值，在“一年内到期的非流动资产”项目反映。企业购入的以摊余成本计量的一年内到期的债权投资的期末账面价值，在“其他流动资产”项目反映。

“其他债权投资”项目：反映资产负债表日企业分类为以公允价值计量且其变动计入其他综合收益的长期债权投资的期末账面价值。该项目应根据“其他债权投资”账户的相关明细账户的期末余额分析填列。自资产负债表日起一年内到期的长期债权投资的期末账面价值，在“一年内到期的非流动资产”项目反映。企业购入的以公允价值计量且其变动计入其他综合收益的一年内到期的债权投资的期末账面价值，在“其他流动资产”项目反映。

“长期股权投资”项目：反映企业持有的长期股权投资，应根据“长期股权投资”“长期股权投资减值准备”等账户的期末余额分析、计算填列。

“固定资产”项目：反映资产负债表日企业固定资产的期末账面价值和企业尚未清理完毕的固定资产清理净损益。该项目应根据“固定资产”账户的期末余额，减去“累计折旧”和“固定资产减值准备”账户的期末余额后的金额，以及“固定资产清理”账户的期末余额填列。

“无形资产”项目：反映企业持有的无形资产，包括专利权、非专利技术、商标权、著作权、土地使用权等，应根据“无形资产”“累计摊销”“无形资产减值准备”等账户的期末余额计算填列。

“长期待摊费用”项目，反映企业已经发生但应由本期和以后各期负担的分摊期限在一年以上的各项预付费用。

“短期借款”项目：反映企业向银行或其他金融机构等借入的期限在一年以下（含一

年）的借款，应根据“短期借款”账户的期末贷方余额填列。

“应付票据”项目：反映企业购买材料、商品和接受劳务供应等而开出、承兑的尚未到期付款的商业汇票，包括银行承兑汇票和商业承兑汇票。该项目应根据“应付票据”账户的期末贷方余额填列。

“应付账款”项目：反映企业购买原材料、商品和接受劳务供应等应付给供应单位的款项。该项目应根据“应付账款”和“预付账款”两个总账账户所属明细账户的期末贷方余额之和填列。

“预收款项”项目：反映企业按照购货合同的规定预收购买单位的账款。该项目应根据“应收账款”和“预收账款”两个总账账户所属明细账户的期末贷方余额之和填列。

“合同负债”项目：反映企业已收或应收客户对价而应向客户转让商品的义务。该项目应根据“合同负债”账户的相关明细账户的期末余额分析填列。同一合同下的合同资产和合同负债应当以净额列示，其中净额为贷方余额的，应当根据其流动性在“合同负债”或“其他非流动负债”项目中填列。

“应付职工薪酬”项目：反映企业根据有关规定应付给职工的工资、职工福利费等各种薪酬。该项目应根据“应付职工薪酬”账户的期末贷方余额填列，若“应付职工薪酬”账户期末为借方余额，则应以“-”号填列。

“应交税费”项目：反映企业按照税法规定计算应交而未交的各种税费。该项目应根据“应交税费”账户的期末贷方余额填列，若“应交税费”账户期末为借方余额，则应以“-”号填列。

“其他应付款”项目：反映企业的其他各项应付、暂收的款项，包括应付利息、应付股利和其他应付款。该项目应根据“应付利息”、“应付股利”和“其他应付款”账户的期末余额合计数填列。其中的“应付利息”仅反映相关金融工具已到期应支付但于资产负债表日尚未支付的利息。基于实际利率法计提的金融工具的利息应包含在相应金融工具的账面余额中。

“一年内到期的非流动负债”项目：反映企业非流动负债中将于资产负债表日后一年内到期部分的金额。该项目应根据“长期借款”“应付债券”等有关账户期末贷方余额中将于一年内到期的部分填列。

“长期借款”项目：反映企业向银行或其他金融机构借入的期限在一年以上的各项借款。该项目应根据“长期借款”账户期末贷方余额扣除一年内到期的长期借款后的数额填列。

“应付债券”项目：反映企业为筹集长期资金而发行的债券本金和利息。该项目应根据“应付债券”账户期末贷方余额扣除一年内到期的应付债券后的数额填列。

“长期应付款”项目：反映资产负债表日企业除长期借款和应付债券以外的其他各种长期应付款项的期末账面价值。该项目应根据“长期应付款”等账户的期末余额计算、分析填列。

“实收资本（或股本）”项目：反映企业投资者实际投入的资本总额。本项目应根据“实收资本（或股本）”账户的期末贷方余额填列。

“其他权益工具”项目，反映资产负债表日企业发行在外的除普通股以外分类为权益工具的金融工具的期末账面价值。对于资产负债表日企业发行的金融工具，分类为金融负债的，应在“应付债券”项目填列，对于优先股和永续债，还应在“应付债券”项目下的“优先股”项目和“永续债”项目分别填列；分类为权益工具的，应在“其他权益工具”项目填列，对于优先股和永续债，还应在“其他权益工具”项目下的“优先股”项目和“永续债”项目分别填列。

“资本公积”项目：反映企业资本公积的期末结余。本项目应根据“资本公积”账户的期末贷方余额填列。

“盈余公积”项目：反映企业盈余公积的期末结余。本项目应根据“盈余公积”账户的期末贷方余额填列。

“未分配利润”项目：反映企业尚未分配的利润。年度内，本项目应根据“本年利润”账户期末贷方余额减去“利润分配”账户期末借方余额的差额填列，差额若为负数，以“-”号填列；若两个账户期末均为贷方余额，则应根据二者的合计数填列；若两个账户期末均为借方余额，则应根据二者的合计数以“-”号填列。年末，应根据“利润分配”账户年末贷方余额填列，如年末为借方余额，则以“-”号填列。

综上所述，资产负债表“期末余额”栏各项目的金额，其填列方法归纳起来大体上有几种情况：（1）根据某一总账账户的期末余额直接填列的项目；（2）根据某一总账账户的期末余额分析、计算填列的项目；（3）根据若干总账账户的期末余额分析、计算填列的项目；（4）根据若干总账账户的期末余额计算填列的项目；（5）根据若干明细账户的期末余额计算填列的项目。

根据图4-41中资产、负债、所有者权益和成本类账户所记录的期末余额，按照以上方法所编制的万峰儿童玩具制造公司某年6月末的资产负债表见表9-3。

表9-3　　资产负债表　　会企01表

编制单位：万峰儿童玩具制造公司　　××年6月30日　　单位：元

资产	期末余额	年初余额	负债和所有者权益（或股东权益）	期末余额	年初余额
流动资产：			流动负债：		
货币资金	516 082.00		短期借款	300 000.00	
交易性金融资产			应付票据	90 108.00	
应收票据	964 700.00		应付账款	190 150.00	
应收账款	311 150.00	（略）	预收款项	20 000.00	（略）
预付款项	122 000.00		合同负债		
其他应收款	15 615.00		应付职工薪酬	79 500.00	
存货	496 290.80		应交税费	150 375.75	
合同资产			其他应付款	66 100.00	

续表

资产	期末余额	年初余额	负债和所有者权益（或股东权益）	期末余额	年初余额
一年内到期的非流动资产			一年内到期的非流动负债		
其他流动资产			其他流动负债		
流动资产合计	2 425 837.80		流动负债合计	896 233.75	
非流动资产：			非流动负债：		
债权投资		（略）	长期借款		（略）
其他债权投资			应付债券		
长期股权投资			长期应付款		
固定资产	3 786 500.00		其他非流动负债		
在建工程			非流动负债合计		
无形资产	399 000.00		负债合计	896 233.75	
商誉			所有者权益（或股东权益）：		
长期待摊费用			实收资本（或股本）	3 190 000.00	
其他非流动资产			其他权益工具		
非流动资产合计	4 185 500.00		其中：优先股		
			永续债		
			资本公积	94 000.00	
			其他综合收益		
			盈余公积	78 960.41	
			未分配利润	2 352 143.64	
			所有者权益（或股东权益）合计	5 715 104.05	
资产总计	6 611 337.80		负债和所有者权益（或股东权益）总计	6 611 337.80	

第三节　利润表

一、利润表的概念

利润表是反映企业在一定会计期间经营成果的报表。利润表应当按照各项收入、费用以及构成利润的各个项目分类分项列示。由于它反映的是某一期间的情况，所以又称为动态报表。

利润表主要提供有关企业经营成果方面的信息。通过利润表，可以反映企业一定会计期间的收入实现情况和费用的耗用情况；可以反映企业生产经营活动的成果，即净利润的实现情况，据以判断资本保值、增值情况。

将利润表中的信息与资产负债表中的信息相结合，还可以提供进行财务分析的基本资料，如将赊销收入与应收账款平均余额进行比较，计算出应收账款周转率；将销货成本与存货平均余额进行比较，计算出存货周转率；将净利润与资产总额进行比较，计算出资产收益率等，可以表现企业资金周转情况以及企业的盈利能力和水平，便于会计报表使用者判断企业未来的发展趋势，作出经济决策。

企业一定时期利润的多少，是管理人员业绩的一个重要体现。定期计算利润，可以督促管理人员忠于职守，勤勉工作，为投资人创造更多的收益，同时管理人员也可以通过该指标享受自己应得的报酬和奖励。但利润也并非评价管理人员的主要指标，它也有很多局限性，过分注重利润指标，而无视客观环境的变化，也会迫使管理人员造假或挫伤管理人员的积极性。

二、利润表的格式及净利润的计算步骤

完整的利润表包括表首部分和主体部分。表首部分主要列示利润表的名称、编制单位、编制期间、报表编号、货币计量单位等内容。

就主体部分而言，利润表有单步式和多步式两种格式。

单步式利润表是将企业一定期间的所有收入汇集在一起，将所有费用也汇集在一起，然后以收入合计数减费用合计数的方式一次性计算企业一定期间的净利润。单步式利润表虽然比较直观、简单，易于编制，但不能反映各类收入与费用之间的配比关系，无法揭示收入、费用、利得、损失、利润各构成要素之间的内在联系，不利于分析企业从事日常活动、非日常活动的业绩。

多步式利润表将收入和费用项目加以归类，列示一些中间性收益指标，分步反映企业一定期间净利润的构成内容，从而能明显地反映出收入与费用配比的层次性，便于财务会计报告使用者清晰地了解企业净利润的形成过程，便于预测企业今后的获利能力。因此，我国企业的利润表一般采用多步式，见表9-4。

利润表主要反映收入、费用、利得、损失和利润等内容。在多步式利润表中，其计算步骤是：

第一步，以营业收入为基础，减去营业成本、税金及附加、销售费用、管理费用、财务费用等，再加上投资收益等，计算出企业一定会计期间的营业利润；

第二步，以营业利润为基础，加上营业外收入，减去营业外支出，计算出企业一定会计期间的利润总额；

第三步，以利润总额为基础，减去所得税费用，计算出企业一定会计期间的净利润。

三、利润表的编制方法及实例

利润表分别设有“本期金额”和“上期金额”两个金额栏。

利润表“本期金额”栏反映各项目的本报告期的累计实际发生数。具体说来，如果是按月编制的利润表，其“本期金额”栏反映各项目年初至该月的累计实际发生数；如果是按季度、按半年度、按年度编制的利润表，则其“本期金额”栏分别反映各项目该季度、该半年度、该年度的累计实际发生数。

利润表“上期金额”栏，反映各项目上年同期的累计实际发生数，其各项目的数字，应根据上年同期利润表中“本期金额”栏所列数字填列。如果上年利润表与本年利润表的项目名称和内容不相一致，应对上年利润表的项目名称和数字按本年度的规定进行调整后，再填入本表“上期金额”栏。

利润表各项目的金额，除“基本每股收益”和“稀释每股收益”项目的金额外，总的说来，应根据损益类账户的发生额分析、计算填列。具体地说，各项目的内容及填列方法如下：

“营业收入”项目：反映企业经营日常业务所确认的收入总额。该项目应根据“主营业务收入”账户和“其他业务收入”账户的发生额分析、计算填列。

“营业成本”项目：反映企业经营日常业务所发生的实际成本总额。该项目应根据“主营业务成本”和“其他业务成本”账户的发生额分析、计算填列。

“税金及附加”项目：反映企业经营日常业务应负担的各种税金及教育费附加。该项目应根据“税金及附加”账户的发生额分析、计算填列。

“销售费用”项目：反映企业在销售商品等过程中发生的各种销售费用。该项目应根据“销售费用”账户的发生额分析、计算填列。

“管理费用”项目：反映企业为组织和管理生产经营所发生的管理费用。该项目应根据“管理费用”账户的发生额分析、计算填列。

“财务费用”项目：反映企业为筹集生产经营所需资金而发生的财务费用。该项目应根据“财务费用”账户的发生额分析、计算填列。

“财务费用”项目下的“利息费用”项目：反映企业为筹集生产经营所需资金等而发生的应予费用化的利息支出。该项目应根据“财务费用”账户的相关明细账户的发生额分析填列。该项目作为“财务费用”项目的其中项，以正数填列。

“财务费用”项目下的“利息收入”项目：反映企业按照相关会计准则确认的应冲减财务费用的利息收入。该项目应根据“财务费用”账户的相关明细账户的发生额分析填列。该项目作为“财务费用”项目的其中项，以正数填列。

“投资收益”项目：反映企业以各种方式对外投资所取得的收益。该项目应根据“投资收益”账户的发生额分析、计算填列。

“营业利润”项目：反映企业实现的营业利润。该项目应根据营业收入减去营业成本、税金及附加、销售费用、管理费用、财务费用等，再加上投资收益等，计算填列，若为亏损，则以“-”号填列。

“营业外收入”项目：反映企业发生的与其生产经营无直接关系的各项收入。该项目应根据“营业外收入”账户的发生额分析、计算填列。

“营业外支出”项目：反映企业发生的与其生产经营无直接关系的各项支出。该项目应根据“营业外支出”账户的发生额分析、计算填列。

“利润总额”项目：反映企业实现的利润总额。该项目应根据营业利润加上营业外收入，减去营业外支出，计算填列，若为亏损，则以“-”号填列。

“所得税费用”项目：反映企业按规定从本期损益中扣除的所得税。该项目应根据“所得税费用”账户的发生额分析、计算填列。

“净利润”项目：反映企业实现的净利润。该项目应根据利润总额减去所得税费用计算填列，若为亏损，则以“-”号填列。

“其他综合收益的税后净额”项目：反映企业根据企业会计准则的规定未在损益中确认的各项利得和损失扣除所得税影响后的净额。

“综合收益总额”项目：反映企业净利润与其他综合收益税后净额的合计金额。

“每股收益”项目：反映普通股或潜在普通股已公开交易的企业，以及正处在公开发行普通股或潜在普通股过程中的企业，其普通股股东持有每一股份所能享有企业利润或承担企业损失的信息，包括基本每股收益和稀释每股收益两项指标，应根据净利润（或净亏损）计算填列。

万峰儿童玩具制造公司××年1—5月损益类账户的累计发生额见表9-4，该公司××年6月损益类账户所记录的发生额见图4-41，按照以上方法所编制的万峰儿童玩具制造公司××年6月份的利润表见表9-5。

表9-4　**万峰儿童玩具制造公司xx年1—5月损益类账户的累计发生额一览表**

序号	会计科目	借方发生额	贷方发生额
1	主营业务收入		5 207 126.00
2	其他业务收入		191 533.64
3	投资收益		97 944.00
4	营业外收入		132 900.00
5	主营业务成本	3 128 178.50	
6	其他业务成本	9 100.30	
7	税金及附加	15 114.33	
8	销售费用	76 900.00	
9	管理费用	108 971.12	
10	财务费用	4 665.25	
11	其中：利息费用	5 646.05	
12	利息收入		980.80
13	营业外支出	68 150.81	
14	所得税费用	553 333.33	

表9-5　　**利润表**　　会企02表

编制单位：万峰儿童玩具制造公司　　××年6月　　单位：元

项　目	本期金额	上期金额
一、营业收入	6 242 659.64	（略）
减：营业成本	3 500 405.80	
税金及附加	17 779.73	
销售费用	94 900.00	
管理费用	146 814.36	
财务费用	6 165.25	
其中：利息费用	7 646.05	
利息收入	1 480.80	
加：投资收益（损失以“-”号填列）	97 944.00	
二、营业利润（亏损以“-”号填列）	2 574 538.50	
加：营业外收入	144 200.00	
减：营业外支出	92 599.77	
三、利润总额（亏损总额以“-”号填列）	2 626 138.73	
减：所得税费用	656 534.68	
四、净利润（净亏损以“-”号填列）	1 969 604.05	
五、其他综合收益的税后净额	（略）	
六、综合收益总额	（略）	
七、每股收益	（略）	
（一）基本每股收益		
（二）稀释每股收益		

第四节　其他财务报表

如前所述，企业财务报表包括“四表一注”，即：资产负债表、利润表、现金流量表、所有者权益变动表和附注。以下对现金流量表、所有者权益变动表和附注作简要介绍。

一、现金流量表

（一）现金流量表的概念

现金流量表，是指反映企业在一定会计期间现金和现金等价物流入和流出的报表。其有助于使用者了解和评价企业获取现金和现金等价物的能力，并据以预测企业未来现金流量。

现金，是指企业库存现金以及可以随时用于支付的存款。

现金等价物，是指企业持有的期限短、流动性强、易于转换为已知金额现金、价值变动风险很小的投资（以下在提及“现金”时，除非同时提及现金等价物，均包括现金和现金等价物）。

编制现金流量表，是为了全面反映一个企业经营活动和财务活动对财务状况变动的影响，以及财务状况变动的原因，以反映经营活动、投资活动及筹资活动引起的现金流量的变化。

（二）现金流量表的作用

现金流量表主要提供有关企业现金流量方面的信息。编制现金流量表主要是为会计报表使用者提供企业一定会计期间内现金、现金等价物流入和流出的信息，以便于会计报表使用者了解和评价企业获得现金、现金等价物的能力，并据以预测企业未来现金流量。现金流量表的作用主要表现为：

（1）现金流量表能够说明企业一定期间内现金流入和流出的原因

现金流量表将现金流量划分为经营活动、投资活动和筹资活动所产生的现金流量，并按照流入现金和流出现金项目分别反映。因此，通过现金流量表能够反映现金从哪里来，又流到哪里去。这些信息是资产负债表和利润表所不能提供的。

（2）现金流量表能够说明企业的偿债能力和支付股利的能力

投资者投入资金、债权人提供企业短期或长期使用的资金，其主要是为了有利可图。通常情况下，报表阅读者比较关注企业的获利情况，并且往往以获利的多少作为衡量标准，企业获利多少在一定程度上能表明企业的现金支付能力。但是，企业在一定期间内获得的利润并不代表企业真正具有的偿债或支付能力。在某些情况下，虽然企业利润表上反映的经营业绩很可观，但却发生财务困难，不能偿还到期债务；还有些企业虽然利润表上反映的经营成果并不可观，但却有足够的偿付能力。产生这种情况有诸多原因，其中会计核算采用的权责发生制、配比原则等所含的估计因素也是其主要原因之一。现金流量表完全以现金的收支为基础，消除由于会计核算采用的估计等所产生的对获利能力和支付能力的影响。

（3）现金流量表有助于评价企业支付能力、偿债能力和周转能力

通过现金流量表能够了解企业现金流入的构成，分析企业偿债和支付股利的能力，增强投资者的投资信心和债权人收回债权的信心。同时，通过现金流量表可以使投资者和债权人了解企业获取现金的能力和现金偿付的能力，为筹资提供有用的信息，也使有限的社会资源流向最能产生效益的地方。

（4）现金流量表可用来分析企业未来获取现金的能力

现金流量表反映企业一定期间内的现金流入和流出的整体情况，说明企业现金从哪里来，又运用到哪里去。现金流量表中的经营活动产生的现金流量，代表企业运用其经济资源创造现金流量的能力，便于分析一定期间内产生的净利润与经营活动产生现金流量的差异；投资活动产生的现金流量，代表企业运用资金产生现金流量的能力；筹资活动产生的现金流量，代表企业筹资获得现金流量的能力。通过对现金流量表及其他财务信息加以分析，可以了解企业未来获取或支付现金的能力。

（5）现金流量表可用来分析企业投资和理财活动对经营成果和财务状况的影响

资产负债表能够提供企业在一定时点财务状况的情况，但它所提供的是静态的财务信息，并不能反映财务状况变动的原因，也不能表明这些资产、负债给企业带来多少现金，又用去多少现金；利润表虽然反映企业在一定期间内的经营成果，提供动态的财务信息，

但它只能反映利润的构成，却不能反映经营活动、投资活动和筹资活动给企业带来多少现金及支付多少现金，而且利润表不能反映投资和筹资活动的全部事项。现金流量表提供一定时期内现金流入和流出的动态财务信息，表明企业在报告期内由经营活动、投资活动和筹资活动获得多少现金，以及企业获得的这些现金是如何运用的。由于现金流量表能够说明资产、负债、净资产变动的原因，对资产负债表和利润表起到补充说明的作用，所以，可以说现金流量表是连接资产负债农和利润表的桥梁。

（三）现金流量表的编制

在现金流量表中，现金及现金等价物被视为一个整体。现金流量表所反映的现金流量，指企业现金和现金等价物的流入和流出。我国企业会计准则根据企业业务活动的性质和现金流量的来源，将企业一定期间产生的现金流量分为三类，即：经营活动现金流量、投资活动现金流量和筹资活动现金流量。

现金流量表的格式、内容、编制基础和编制方法等，将在专业会计教材中介绍。

二、所有者权益变动表

所有者权益变动表是反映构成所有者权益的各组成部分当期的增减变动情况的报表，在股份有限公司称为“股东权益变动表”。

所有者权益变动表应当全面反映一定时期所有者权益变动的情况，不仅包括所有者权益总量的增减变动，还包括所有者权益增减变动的重要结构性信息，特别是要反映直接计入所有者权益的利得和损失，让报表使用者准确理解所有者权益增减变动的根源。

所有者权益变动表至少应当单独列示反映下列信息的项目：一是综合收益总额；二是会计政策变更和前期差错更正的累积影响金额；三是所有者投入和减少资本；四是利润分配；五是所有者权益内部结转。

所有者权益变动表的具体格式、内容和编制方法等，将在专业会计教材中介绍。

三、附注

（一）附注的概念

附注是对资产负债表、利润表、现金流量表、所有者权益变动表等报表中列示项目所作的文字描述或明细资料，以及对未能在这些报表中列示项目的说明等。附注应当披露财务报表的编制基础，相关信息应当与资产负债表、利润表、现金流量表和所有者权益变动表等报表中列示的项目相互参照。

附注是财务报表不可或缺的重要组成部分，它与资产负债表、利润表、现金流量表、所有者权益变动表等报表具有同等的重要性。附注披露信息采用定量与定性相结合的方法，从而能从量和质两个角度完整反映企业的交易或事项。财务会计报告使用者要了解企业的财务状况、经营成果和现金流量，应当全面阅读附注，从而从整体上理解和把握财务报表，满足决策需求。

（二）附注披露的内容

按照我国企业会计准则的规定，附注应当披露以下有关内容：

一是企业的基本情况。其包括：企业注册地、组织形式和总部地址；企业的业务性质和主要经营活动，如企业所处的行业、所提供的主要产品或服务、客户的性质、销售策略、监管环境的性质等；母公司以及集团最终母公司的名称；财务报告的批准报出者和财务报告批准报出日；营业期限有限的企业，还应当披露有关其营业期限的信息。

二是财务报表的编制基础。

三是遵循企业会计准则的声明。企业应当声明编制的财务报表符合企业会计准则的要求，真实、完整地反映了企业的财务状况、经营成果和现金流量等有关信息，以此明确企业编制财务报表所依据的制度基础。如果企业编制的财务报表只是部分地遵循了企业会计准则，附注中不得作出这种表述。

四是重要会计政策和会计估计。重要会计政策的说明，包括财务报表项目的计量基础和在运用会计政策过程中所做的重要判断等。重要会计估计的说明，包括可能导致下一个会计期间内资产、负债账面价值重大调整的会计估计的确定依据等。企业应当披露采用的重要会计政策和会计估计，并结合企业的具体实际披露其重要会计政策的确定依据和财务报表项目的计量基础，及会计估计所采用的关键假设和不确定因素。

五是会计政策和会计估计变更以及差错更正的说明。

六是报表重要项目的说明。企业应当按照资产负债表、利润表、现金流量表、所有者权益变动表及其项目列示的顺序，对报表重要项目的说明采用文字和数字描述相结合的方式进行披露。报表重要项目的明细金额合计，应当与报表项目金额相衔接。企业应当在附注中披露费用按照性质分类的利润表补充资料，可将费用分为耗用的原材料、职工薪酬费用、折旧费用、摊销费用等。

七是或有和承诺事项、资产负债表日后非调整事项、关联方关系及交易等需要说明的事项。

八是有助于财务报表使用者评价企业管理资本的目标、政策及程序的信息。

[本章思考题]

1.何为财务会计报告？其构成是怎样的？

2.编制会计报表前应做好哪些准备工作？

3.何为资产负债表、利润表？二者各自有何作用？

4.试比较资产负债表、利润表的编制方法。

第十章

账务处理程序

第一节　账务处理程序概述

一、账务处理程序的意义

组织会计核算工作的重要工具是会计凭证、会计账簿和会计报表（或财务会计报告），填制和审核凭证、登记账簿、编制报表不仅是重要的会计核算方法，也是会计核算工作的三个主要环节和重要内容。会计凭证、会计账簿和会计报表并不是彼此孤立的，而是以一定的方式相互结合在一起，构成一个核算系统。账簿的登记依据是会计凭证，登记账簿是在审核无误的会计凭证的基础上，进一步对会计核算资料分类整理；编制报表的资料主要来源于会计账簿，报表是对会计核算资料进行再加工及综合汇总。显然，为了合理组织会计核算工作，确保会计信息的及时性，必须把各种会计凭证、会计账簿、会计报表等按一定要求有机结合起来。

账务处理程序也称会计核算形式、会计核算组织程序，是指会计凭证、会计账簿、会计报表之间相互结合的方式。它既包括会计凭证、会计账簿、会计报表各自的种类、格式，也包括根据审核无误的会计凭证登记会计账簿，根据核对无误的会计账簿记录编制会计报表这一记账程序和方法。

会计凭证、会计账簿、会计报表之间相互结合的方式不同，就会形成不同的账务处理程序。不同的账务处理程序具有不同的特点和适用性，对会计凭证、会计账簿的种类、格式、填制或登记方法等具有不同的要求。因此，如何根据本单位的规模大小、经济业务的繁简程度以及管理上的要求等实际情况，科学合理地选择或设计一种适用于本单位的账务处理程序，对于有效地组织会计核算工作，正确、及时、完整地提供会计信息，尽可能简化会计核算手续，节约人力、物力和核算费用，都具有十分重要的意义。

二、账务处理程序的种类

账务处理程序的种类取决于会计凭证、会计账簿、会计报表之间相互结合的方式。我国在长期的会计核算工作中，形成了多种各具特色的账务处理程序。根据登记总分类账的依据、方法不同，账务处理程序大致可分为六种，即：记账凭证账务处理程序、科目汇总表账务处理程序、汇总记账凭证账务处理程序、多栏式日记账账务处理程序、日记总账账务处理程序和通用日记账账务处理程序。

在上述账务处理程序中，记账凭证账务处理程序是最基本的一种账务处理程序，科目汇总表账务处理程序是运用最为广泛的一种账务处理程序，也有一些单位根据自身实际情况，分别采用汇总记账凭证账务处理程序、多栏式日记账账务处理程序、日记总账账务处理程序、通用日记账账务处理程序等。

各种账务处理程序尽管在诸多方面具有共同点，但仍然具有各自的明显特色。各种账务处理程序的区别主要表现在登记总分类账的依据、方法不同。

第二节 记账凭证账务处理程序

一、记账凭证账务处理程序的特点和内容

记账凭证账务处理程序的特点是直接根据记账凭证逐日逐笔登记总分类账。它是最基本的一种账务处理程序，其他各种账务处理程序都是在此基础上为适应经济管理、会计核算的不同需要演变而成的。

在记账凭证账务处理程序下，记账凭证可以采用收款凭证、付款凭证和转账凭证等专用记账凭证，也可以采用通用记账凭证；需要设置库存现金日记账、银行存款日记账、明细分类账和总分类账，其中，日记账和总分类账一般采用三栏式账页，明细分类账可根据实际需要采用三栏式、多栏式和数量金额式等账页。

记账凭证账务处理程序的内容如图10-1所示。

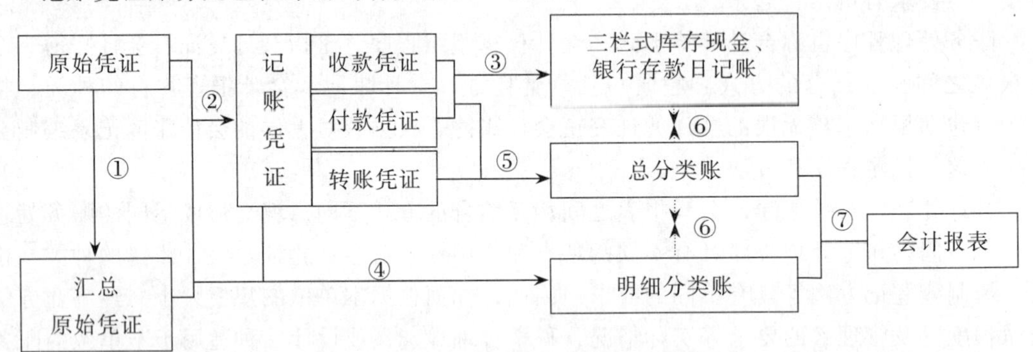

图10-1 记账凭证账务处理程序示意图

其一般程序是：

1.根据原始凭证编制汇总原始凭证；

2.根据原始凭证或汇总原始凭证编制记账凭证；

3.根据收款凭证、付款凭证逐日逐笔登记库存现金日记账和银行存款日记账；

4.根据原始凭证、汇总原始凭证和记账凭证登记明细分类账；

5.根据记账凭证逐笔登记总分类账；

6.期末，将库存现金日记账、银行存款日记账和明细分类账的余额，与有关总分类账

的余额核对相符；

7.期末，根据核对无误的总分类账和明细分类账记录编制会计报表。

二、记账凭证账务处理程序的优缺点和适用范围

在记账凭证账务处理程序下，由于是直接根据记账凭证逐日逐笔登记总分类账，因而账务处理程序简单明了，易于理解和运用；同时，其总分类账记录清晰，账户对应关系清楚，能较详细地反映各项交易或事项的发生情况。其不足之处主要体现在：当经济业务数量较多时，登记总分类账的工作量较大。

因此，记账凭证账务处理程序一般适用于规模较小、经济业务数量较少、记账凭证不多的单位。

三、记账凭证账务处理程序举例

以下举例说明记账凭证账务处理程序下专用记账凭证的填制，库存现金日记账、银行存款日记账、总分类账、有关明细分类账的登记，资产负债表和利润表的编制。

【例10-1】万峰儿童玩具制造公司采用记账凭证账务处理程序进行会计核算，其一般程序如下（编制汇总原始凭证从略）：

（1）万峰儿童玩具制造公司20××年6月份在生产经营过程中发生各项经济业务（见第四章【例4-1】中业务事项1至业务事项63，本例为简便起见，所取得的原始凭证及汇总原始凭证格式从略）。

（2）根据前述各项经济业务填制专用记账凭证（本例按经济业务的时间顺序并结合专用记账凭证类别填制记账凭证），见表10-1。

表10-1 **万峰儿童玩具制造公司20××年6月份记账凭证**

收款凭证

借方科目：银行存款　　20××年6月1日　　银收 字第1号

摘　要	贷方科目		金　额	记账符号
	总账科目	二级或明细科目		
从银行取得借款	短期借款		200 000.00	√
金 额 合 计			200 000.00	

收款凭证

借方科目：银行存款　　20××年6月2日　　银收 字第2号

摘　要	贷方科目		金　额	记账符号
	总账科目	二级或明细科目		
收到A公司投资	实收资本	A公司	500 000.00	√
金 额 合 计			500 000.00	

续表

收款凭证

借方科目：银行存款　　20××年6月3日　　银收 字第3号

<table>
<tr><th rowspan="2">摘　要</th><th colspan="2">贷方科目</th><th rowspan="2">金　额</th><th rowspan="2">记账符号</th></tr>
<tr><th>总账科目</th><th>二级或明细科目</th></tr>
<tr><td>向阳光百货公司预收货款</td><td>预收账款</td><td>阳光百货公司</td><td>20 000.00</td><td rowspan="2">√</td></tr>
<tr><td colspan="3">金额合计</td><td>20 000.00</td></tr>
</table>

收款凭证

借方科目：银行存款　　20××年6月4日　　银收 字第4号

<table>
<tr><th rowspan="2">摘　要</th><th colspan="2">贷方科目</th><th rowspan="2">金　额</th><th rowspan="2">记账符号</th></tr>
<tr><th>总账科目</th><th>二级或明细科目</th></tr>
<tr><td rowspan="2">收到B公司投资</td><td>实收资本</td><td>B公司</td><td>100 000.00</td><td rowspan="3">√</td></tr>
<tr><td>资本公积</td><td>资本溢价</td><td>20 000.00</td></tr>
<tr><td colspan="3">金额合计</td><td>120 000.00</td></tr>
</table>

收款凭证

借方科目：银行存款　　20××年6月18日　　银收 字第5号

<table>
<tr><th rowspan="2">摘　要</th><th colspan="2">贷方科目</th><th rowspan="2">金　额</th><th rowspan="2">记账符号</th></tr>
<tr><th>总账科目</th><th>二级或明细科目</th></tr>
<tr><td>接受补助</td><td>营业外收入</td><td></td><td>10 000.00</td><td rowspan="2">√</td></tr>
<tr><td colspan="3">金额合计</td><td>10 000.00</td></tr>
</table>

收款凭证

借方科目：银行存款　　20××年6月20日　　银收 字第6号

<table>
<tr><th rowspan="2">摘　要</th><th colspan="2">贷方科目</th><th rowspan="2">金　额</th><th rowspan="2">记账符号</th></tr>
<tr><th>总账科目</th><th>二级或明细科目</th></tr>
<tr><td rowspan="2">销售乙产品300件、单价380元，增值税税率13%</td><td>主营业务收入</td><td></td><td>114 000.00</td><td rowspan="3">√</td></tr>
<tr><td>应交税费</td><td>应交增值税（销项税额）</td><td>14 820.00</td></tr>
<tr><td colspan="3">金额合计</td><td>128 820.00</td></tr>
</table>

收款凭证

借方科目：银行存款　　20××年6月22日　　银收 字第7号

<table>
<tr><th rowspan="2">摘　要</th><th colspan="2">贷方科目</th><th rowspan="2">金　额</th><th rowspan="2">记账符号</th></tr>
<tr><th>总账科目</th><th>二级或明细科目</th></tr>
<tr><td>收到欠款</td><td>应收账款</td><td>光明玩具公司</td><td>100 000.00</td><td rowspan="2">√</td></tr>
<tr><td colspan="3">金额合计</td><td>100 000.00</td></tr>
</table>

收款凭证

借方科目：银行存款　　20××年6月28日　　银收 字第8号

<table>
<tr><th rowspan="2">摘　要</th><th colspan="2">贷方科目</th><th rowspan="2">金　额</th><th rowspan="2">记账符号</th></tr>
<tr><th>总账科目</th><th>二级或明细科目</th></tr>
<tr><td>收到保险赔款</td><td>其他应收款</td><td>鑫鑫保险公司</td><td>7 500.00</td><td rowspan="2">√</td></tr>
<tr><td colspan="3">金额合计</td><td>7 500.00</td></tr>
</table>

续表

收款凭证

借方科目：银行存款　　20××年6月30日　　银收 字第 9 号

摘　要	贷方科目		金　额	记账符号
	总账科目	二级或明细科目		
银行存款利息	财务费用		500.00	√
金额合计			500.00	

付款凭证

贷方科目：库存现金　　20××年6月3日　　现付 字第 1 号

摘　要	借方科目		金额	记账符号
	总账科目	二级或明细科目		
支付银行手续费	财务费用		150.00	√
金额合计			150.00	

付款凭证

贷方科目：库存现金　　20××年6月7日　　现付 字第 2 号

摘　要	借方科目		金额	记账符号
	总账科目	二级或明细科目		
支付塑料采购运杂费及增值税	材料采购	塑料	900.00	√
	应交税费	应交增值税（进项税额）	81.00	
金额合计			981.00	

付款凭证

贷方科目：库存现金　　20××年6月9日　　现付 字第 3 号

摘　要	借方科目		金额	记账符号
	总账科目	二级或明细科目		
发放本月职工工资	应付职工薪酬		150 000.00	√
金额合计			150 000.00	

付款凭证

贷方科目：库存现金　　20××年6月15日　　现付 字第 4 号

摘　要	借方科目		金额	记账符号
	总账科目	二级或明细科目		
现金短款	待处理财产损溢	待处理流动资产损溢	215.00	√
金额合计			215.00	

付款凭证

贷方科目：银行存款　　20××年6月1日　　银付 字第 1 号

摘　要	借方科目		金额	记账符号
	总账科目	二级或明细科目		
预付购料款	预付账款	山城五金公司	72 000.00	√
金额合计			72 000.00	

续表

付款凭证

贷方科目：银行存款　　20××年6月2日　　银付 字第2号

摘要	借方科目		金额	记账符号
	总账科目	二级或明细科目		
购入生产设备一台	固定资产		103 000.00	√
	应交税费	应交增值税（进项税额）	13 270.00	
金额合计			116 270.00	

付款凭证

贷方科目：银行存款　　20××年6月3日　　银付 字第3号

摘要	借方科目		金额	记账符号
	总账科目	二级或明细科目		
支付材料货款、运杂费、进项税额	材料采购	五金材料	227 700.00	√
	应交税费	应交增值税（进项税额）	29 493.00	
金额合计			257 193.00	

付款凭证

贷方科目：银行存款　　20××年6月4日　　银付 字第4号

摘要	借方科目		金额	记账符号
	总账科目	二级或明细科目		
支付广告费	销售费用		18 000.00	√
	应交税费	应交增值税（进项税额）	1 080.00	
金额合计			19 080.00	

付款凭证

贷方科目：银行存款　　20××年6月5日　　银付 字第5号

摘要	借方科目		金额	记账符号
	总账科目	二级或明细科目		
交纳5月份税费	应交税费	应交增值税（已交税金）	5 500.00	√
		应交所得税	34 995.00	
		应交城市维护建设税	385.00	
		应交教育费附加	165.00	
金额合计			41 045.00	

付款凭证

贷方科目：银行存款　　20××年6月6日　　银付 字第6号

摘要	借方科目		金额	记账符号
	总账科目	二级或明细科目		
购置办公用品	制造费用		2 500.00	√
	管理费用		2 800.00	
	应交税费	应交增值税（进项税额）	689.00	
金额合计			5 989.00	

续表

付款凭证

贷方科目：银行存款　　20××年6月9日　　银付 字第 7 号

摘　要	借方科目		金　额	记账符号
	总账科目	二级或明细科目		
从银行提取现金	库存现金		150 000.00	√
金 额 合 计			150 000.00	

付款凭证

贷方科目：银行存款　　20××年6月10日　　银付 字第 8 号

摘　要	借方科目		金　额	记账符号
	总账科目	二级或明细科目		
支付材料运杂费	材料采购	塑料	600.00	√
		颜料	900.00	
	应交税费	应交增值税（进项税额）	135.00	
金 额 合 计			1 635.00	

付款凭证

贷方科目：银行存款　　20××年6月10日　　银付 字第 9 号

摘　要	借方科目		金　额	记账符号
	总账科目	二级或明细科目		
支付税款滞纳金	营业外支出		800.00	√
金 额 合 计			800.00	

付款凭证

贷方科目：银行存款　　20××年6月15日　　银付 字第 10 号

摘　要	借方科目		金　额	记账符号
	总账科目	二级或明细科目		
生产机器设备日常维修	管理费用		1 000.00	√
	应交税费	应交增值税（进项税额）	130.00	
金 额 合 计			1 130.00	

付款凭证

贷方科目：银行存款　　20××年6月15日　　银付 字第 11 号

摘　要	借方科目		金　额	记账符号
	总账科目	二级或明细科目		
向孤儿院捐款	营业外支出		20 000.00	√
金 额 合 计			20 000.00	

续表

付款凭证

贷方科目：银行存款　　20××年6月26日　　银付 字第 12 号

摘要	借方科目		金额	记账符号
	总账科目	二级或明细科目		
支付本月水电费	制造费用		6 512.00	√
	管理费用		2 488.00	
	应交税费	应交增值税（进项税额）	1 030.00	
金额合计			10 030.00	

付款凭证

贷方科目：银行存款　　20××年6月30日　　银付 字第 13 号

摘要	借方科目		金额	记账符号
	总账科目	二级或明细科目		
支付本季度利息	应付利息		2 250.00	√
金额合计			2 250.00	

付款凭证

贷方科目：银行存款　　20××年6月30日　　银付 字第 14 号

摘要	借方科目		金额	记账符号
	总账科目	二级或明细科目		
归还到期短期借款	短期借款		30 000.00	√
金额合计			30 000.00	

付款凭证

贷方科目：银行存款　　20××年6月30日　　银付 字第 15 号

摘要	借方科目		金额	记账符号
	总账科目	二级或明细科目		
支付分配股利	应付股利		150 000.00	√
金额合计			150 000.00	

转账凭证

20××年6月5日　　转 字第 1 号

摘要	会计科目		借方金额	贷方金额	记账符号
	总账科目	二级或明细科目			
收到C公司投资设备	固定资产		300 000.00		√
	实收资本	C公司		300 000.00	
金额合计			300 000.00	300 000.00	

续表

转账凭证

20××年6月5日　　　　转字第2号

摘　要	会计科目		借方金额	贷方金额	记账符号
	总账科目	二级或明细科目			
以商业汇票购入材料	材料采购	颜料	61 200.00		√
	应交税费	应交增值税（进项税额）	7 908.00		
	应付票据	万里工厂		69 108.00	
金额合计			69 108.00	69 108.00	

转账凭证

20××年6月5日　　　　转字第3号

摘　要	会计科目		借方金额	贷方金额	记账符号
	总账科目	二级或明细科目			
仓库发出材料	生产成本	甲产品	75 900.00		√
		乙产品	68 310.00		
	制造费用		2 277.00		
	管理费用		1 518.00		
	原材料	五金材料		148 005.00	
金额合计			148 005.00	148 005.00	

转账凭证

20××年6月6日　　　　转字第4号

摘　要	会计科目		借方金额	贷方金额	记账符号
	总账科目	二级或明细科目			
以预付账款购入材料	材料采购	塑料	120 000.00		√
	应交税费	应交增值税（进项税额）	15 600.00		
	预付账款	彩虹塑料厂		135 600.00	
金额合计			135 600.00	135 600.00	

转账凭证

20××年6月6日　　　　转字第5号

摘　要	会计科目		借方金额	贷方金额	记账符号
	总账科目	二级或明细科目			
仓库发出材料	生产成本	甲产品	90 110.00		√
		乙产品	76 590.00		
	制造费用		9 011.00		
	原材料	塑料		120 100.00	
		颜料		55 611.00	
金额合计			175 711.00	175 711.00	

续表

转账凭证

20××年6月6日 转 字第 6 号

摘要	会计科目		借方金额	贷方金额	记账符号
	总账科目	二级或明细科目			
销售甲产品500件、单价500元，增值税税率13%	应收账款	光明玩具公司	282 500.00		√
	主营业务收入			250 000.00	
	应交税费	应交增值税（销项税额）		32 500.00	
金额合计			282 500.00	282 500.00	

转账凭证

20××年6月9日 转 字第 7 号

摘要	会计科目		借方金额	贷方金额	记账符号
	总账科目	二级或明细科目			
购入材料	材料采购	塑料	60 000.00		√
		颜料	45 000.00		
	应交税费	应交增值税（进项税额）	13 650.00		
	应付账款	辉煌油漆厂		118 650.00	
金额合计			118 650.00	118 650.00	

转账凭证

20××年6月10日 转 字第 8 号

摘要	会计科目		借方金额	贷方金额	记账符号
	总账科目	二级或明细科目			
销售乙产品500件、单价380元，增值税税率13%	应收票据		214 700.00		√
	主营业务收入			190 000.00	
	应交税费	应交增值税（销项税额）		24 700.00	
金额合计			214 700.00	214 700.00	

转账凭证

20××年6月13日 转 字第 9 号

摘要	会计科目		借方金额	贷方金额	记账符号
	总账科目	二级或明细科目			
收到D公司投入专利权	无形资产		150 000.00		√
	实收资本	D公司		150 000.00	
金额合计			150 000.00	150 000.00	

续表

转账凭证

20××年6月16日　　转字第10号

摘 要	会计科目		借方金额	贷方金额	记账符号
	总账科目	二级或明细科目			
以资本公积转增资本	资本公积		80 000.00		√
	实收资本			80 000.00	
金额合计			80 000.00	80 000.00	

转账凭证

20××年6月16日　　转字第11号

摘 要	会计科目		借方金额	贷方金额	记账符号
	总账科目	二级或明细科目			
以盈余公积转增资本	盈余公积		60 000.00		√
	实收资本			60 000.00	
金额合计			60 000.00	60 000.00	

转账凭证

20××年6月16日　　转字第12号

摘 要	会计科目		借方金额	贷方金额	记账符号
	总账科目	二级或明细科目			
设备盘亏	待处理财产损溢	待处理固定资产损溢	7 000.00		√
	累计折旧		8 000.00		
	固定资产			15 000.00	
金额合计			15 000.00	15 000.00	

转账凭证

20××年6月17日　　转字第13号

摘 要	会计科目		借方金额	贷方金额	记账符号
	总账科目	二级或明细科目			
颜料原材料盘盈	原材料	颜料	4 590.00		√
	待处理财产损溢	待处理流动资产损溢		4 590.00	
金额合计			4 590.00	4 590.00	

转账凭证

20××年6月19日　　转字第14号

摘 要	会计科目		借方金额	贷方金额	记账符号
	总账科目	二级或明细科目			
转销应付账款	应付账款	小林玩具公司	500.00		√
	营业外收入			500.00	
金额合计			500.00	500.00	

续表

转账凭证

20××年6月19日

转 字第15号

摘 要	会计科目		借方金额	贷方金额	记账符号
	总账科目	二级或明细科目			
销售甲产品200件、单价500元，乙产品500件、单价380元，增值税税率13%	预收账款	Coco玩具公司	327 700.00		√
	主营业务收入			290 000.00	
	应交税费	应交增值税（销项税额）		37 700.00	
金额合计			327 700.00	327 700.00	

转账凭证

20××年6月20日

转 字第16号

摘 要	会计科目		借方金额	贷方金额	记账符号
	总账科目	二级或明细科目			
没收逾期未退包装物押金	其他应付款	茜茜玩具公司	800.00		√
	营业外收入			800.00	
金额合计			800.00	800.00	

转账凭证

20××年6月20日

转 字第17号

摘 要	会计科目		借方金额	贷方金额	记账符号
	总账科目	二级或明细科目			
转销本月盘亏设备的净值	营业外支出		3 000.00		√
	其他应收款	鑫鑫保险公司	4 000.00		
	待处理财产损溢	待处理固定资产损溢		7 000.00	
金额合计			7 000.00	7 000.00	

转账凭证

20××年6月21日

转 字第18号

摘 要	会计科目		借方金额	贷方金额	记账符号
	总账科目	二级或明细科目			
甲产品短缺	待处理财产损溢	待处理流动资产损溢	5 186.20		√
	库存商品	甲产品		5 186.20	
金额合计			5 186.20	5 186.20	

转账凭证

20××年6月22日

转 字第19号

摘 要	会计科目		借方金额	贷方金额	记账符号
	总账科目	二级或明细科目			
转销现金短款	其他应收款	陈丽丽	215.00		√
	待处理财产损溢	待处理流动资产损溢		215.00	
金额合计			215.00	215.00	

续表

转账凭证

20××年6月22日　　　　转 字第20号

摘要	会计科目		借方金额	贷方金额	记账符号
	总账科目	二级或明细科目			
转销本月盘盈的颜料原材料	待处理财产损溢	待处理流动资产损溢	4 590.00		√
	管理费用			4 590.00	
金额合计			4 590.00	4 590.00	

转账凭证

20××年6月24日　　　　转 字第21号

摘要	会计科目		借方金额	贷方金额	记账符号
	总账科目	二级或明细科目			
转销本月盘亏的甲产品	其他应收款	鑫鑫保险公司	3 500.00		√
	营业外支出		648.96		
	管理费用		1 037.24		
	待处理财产损溢	待处理流动资产损溢		5 186.20	
金额合计			5 186.20	5 186.20	

转账凭证

20××年6月30日　　　　转 字第22号

摘要	会计科目		借方金额	贷方金额	记账符号
	总账科目	二级或明细科目			
计提本月利息	财务费用		1 350.00		√
	应付利息			1 350.00	
金额合计			1 350.00	1 350.00	

转账凭证

20××年6月30日　　　　转 字第23号

摘要	会计科目		借方金额	贷方金额	记账符号
	总账科目	二级或明细科目			
结转本月已验收入库材料的实际采购成本	原材料	五金材料	227 700.00		√
		塑料	181 500.00		
		颜料	107 100.00		
	材料采购	五金材料		227 700.00	
		塑料		181 500.00	
		颜料		107 100.00	
金额合计			516 300.00	516 300.00	

续表

转账凭证

20××年6月30日　　　　转 字第 24 号

摘要	会计科目		借方金额	贷方金额	记账符号
	总账科目	二级或明细科目			
计算、分配本月职工工资	生产成本	甲产品	58 000.00		√
		乙产品	40 000.00		
	制造费用		15 000.00		
	管理费用		22 000.00		
	应付职工薪酬			135 000.00	
金额合计			135 000.00	135 000.00	

转账凭证

20××年6月30日　　　　转 字第 25 号

摘要	会计科目		借方金额	贷方金额	记账符号
	总账科目	二级或明细科目			
发放员工福利	生产成本	甲产品	7 800.00		√
		乙产品	4 850.00		
	制造费用		5 500.00		
	管理费用		4 000.00		
	应付职工薪酬			22 150.00	
金额合计			22 150.00	22 150.00	

转账凭证

20××年6月30日　　　　转 字第 26 号

摘要	会计科目		借方金额	贷方金额	记账符号
	总账科目	二级或明细科目			
计提本月固定资产折旧	制造费用		6 500.00		√
	管理费用		3 000.00		
	累计折旧			9 500.00	
金额合计			9 500.00	9 500.00	

转账凭证

20××年6月30日　　　　转 字第 27 号

摘要	会计科目		借方金额	贷方金额	记账符号
	总账科目	二级或明细科目			
分配、结转本月制造费用	生产成本	甲产品	27 500.00		√
		乙产品	19 800.00		
	制造费用			47 300.00	
金额合计			47 300.00	47 300.00	

续表

转账凭证

20××年6月30日　　转 字第28号

摘要	会计科目		借方金额	贷方金额	记账符号
	总账科目	二级或明细科目			
结转本月完工入库甲产品1 000件、乙产品1 500件的实际生产成本	库存商品	甲产品	259 310.00		√
		乙产品	209 550.00		
	生产成本	甲产品		259 310.00	
		乙产品		209 550.00	
金额合计			468 860.00	468 860.00	

转账凭证

20××年6月30日　　转 字第29号

摘要	会计科目		借方金额	贷方金额	记账符号
	总账科目	二级或明细科目			
计算本月应交城市维护建设税	税金及附加		1 865.78		√
	应交税费	应交城市维护建设税		1 865.78	
金额合计			1 865.78	1 865.78	

转账凭证

20××年6月30日　　转 字第30号

摘要	会计科目		借方金额	贷方金额	记账符号
	总账科目	二级或明细科目			
计算本月应交教育费附加	税金及附加		799.62		√
	应交税费	应交教育费附加		799.62	
金额合计			799.62	799.62	

转账凭证

20××年6月30日　　转 字第31号

摘要	会计科目		借方金额	贷方金额	记账符号
	总账科目	二级或明细科目			
结转本月已售甲、乙产品的实际生产成本	主营业务成本		363 127.00		√
	库存商品	甲产品		181 517.00	
		乙产品		181 610.00	
金额合计			363 127.00	363 127.00	

转账凭证

20××年6月30日　　转 字第32号

摘要	会计科目		借方金额	贷方金额	记账符号
	总账科目	二级或明细科目			
结转本月收入	主营业务收入		844 000.00		√
	营业外收入		11 300.00		
	本年利润			855 300.00	
金额合计			855 300.00	855 300.00	

续表

转账凭证

20××年6月30日　　转字第33号

摘　要	会计科目		借方金额	贷方金额	记账符号
	总账科目	二级或明细科目			
结转本月费用	本年利润		442 494.60		√
	主营业务成本			363 127.00	
	税金及附加			2 665.40	
	销售费用			18 000.00	
	管理费用			33 253.24	
	财务费用			1 000.00	
	营业外支出			24 448.96	
金额合计			442 494.60	442 494.60	

转账凭证

20××年6月30日　　转字第34号

摘　要	会计科目		借方金额	贷方金额	记账符号
	总账科目	二级或明细科目			
计算本月应交所得税	所得税费用		103 201.35		√
	应交税费	应交所得税		103 201.35	
金额合计			103 201.35	103 201.35	

转账凭证

20××年6月30日　　转字第35号

摘　要	会计科目		借方金额	贷方金额	记账符号
	总账科目	二级或明细科目			
结转本月所得税费用	本年利润		103 201.35		√
	所得税费用			103 201.35	
金额合计			62 500.00	62 500.00	

转账凭证

20××年6月30日　　转字第36号

摘　要	会计科目		借方金额	贷方金额	记账符号
	总账科目	二级或明细科目			
计提盈余公积	利润分配	提取法定盈余公积	30 960.41		√
	盈余公积			30 960.41	
金额合计			30 960.41	30 960.41	

续表

转 账 凭 证

20××年6月30日　　　　转 字第37号

摘 要	会计科目		借方金额	贷方金额	记账符号
	总账科目	二级或明细科目			
向投资者分配利润	利润分配	应付现金股利	150 000.00		
	应付股利			150 000.00	√
金 额 合 计			150 000.00	150 000.00	

（3）根据收款凭证、付款凭证逐日逐笔登记库存现金日记账和银行存款日记账（日记账应每日结出借方合计、贷方合计和余额，本例为简便起见，按月结账），分别见表10-2和表10-3。

表10-2

库 存 现 金 日 记 账

第　页

20××年		凭证		摘 要	对方科目	借方（收入）	贷方（支出）	余额（结余）
月	日	字	号					
6	1			期初余额				10 230
	3	现付	1	支付银行手续费	财务费用		150	10 080
	7	现付	2	支付塑料采购运杂费	材料采购		900	9 180
	7	现付	2	支付塑料采购增值税	应交税费		81	9 099
	9	银付	7	从银行提取现金	银行存款	150 000		159 099
	9	现付	3	发放本月职工工资	应付职工薪酬		150 000	9 099
	15	现付	4	现金短款	待处理财产损溢		215	8 884
6	30			6月份合计及余额		150 000	151 346	8 884

表10-3

银 行 存 款 日 记 账

第　页

20××年		凭证		结算方式			摘 要	对方科目	借方（收入）	贷方（支出）	余额（结余）
月	日	字	号	支票	托收	其他					
6	1						期初余额				297 800
	1	银收	1				从银行取得借款	短期借款	200 000		497 800
	1	银付	1				预付购料款	预付账款		72 000	425 800
	2	银收	2				收到A公司投入资金	实收资本	500 000		925 800
	2	银付	2				购入生产设备	固定资产		103 000	822 800
	2	银付	2				购入生产设备	应交税费		13 270	809 530
	3	银付	3				购入五金材料	材料采购		227 700	581 830
	3	银付	3				购入五金材料	应交税费		29 493	552 337
	3	银收	3				向阳光百货公司预收货款	预收账款	20 000		572 337
	4	银收	4				收到B公司投入资金	实收资本	100 000		672 337

续表

20××年		凭证		结算方式			摘要	对方科目	借方（收入）	贷方（支出）	余额（结余）
月	日	字	号	支票	托收	其他					
6	4	银收	4				收到B公司投入资金	资本公积	20 000		692 337
	4	银付	4				支付广告费	销售费用		18 000	674 337
	4	银付	4				支付广告费	应交税费		1 080	673 257
	5	银付	5				交纳5月份税费	应交税费		41 045	632 212
	6	银付	6				购置办公用品	制造费用		2 500	629 712
	6	银付	6				购置办公用品	管理费用		2 800	626 912
	6	银付	6				购置办公用品	应交税费		689	626 223
	9	银付	7				从银行提取现金	库存现金		150 000	476 223
	10	银付	8				支付材料运杂费	材料采购		1 500	474 723
	10	银付	8				支付材料运杂费	应交税费		135	474 588
	10	银付	9				支付税款滞纳金	营业外支出		800	473 788
	15	银付	10				生产设备日常维修	管理费用		1 000	472 788
	15	银付	10				生产设备日常维修	应交税费		130	472 658
	15	银付	11				向孤儿院捐款	营业外支出		20 000	452 658
	18	银收	5				接受补助	营业外收入	10 000		462 658
	20	银收	6				销售乙产品	主营业务收入	114 000		576 658
	20	银收	6				销售乙产品	应交税费	14 820		591 478
	22	银收	7				收到欠款	应收账款	100 000		691 478
	26	银付	12				支付本月水电费	制造费用		6 512	684 966
	26	银付	12				支付本月水电费	管理费用		2 488	682 478
	26	银付	12				支付本月水电费	应交税费		1 030	681 448
	28	银收	8				收到保险赔款	其他应收款	7 500		688 948
	30	银付	13				支付本季度利息	应付利息		2 250	686 698
	30	银付	14				归还到期短期借款	短期借款		30 000	656 698
	30	银收	9				银行存款利息	财务费用	500		657 198
	30	银付	15				支付分配股利	应付股利		150 000	507 198
6	30						6月份合计及余额		1 086 820	877 422	507 198

（4）根据原始凭证、汇总原始凭证和记账凭证登记材料采购明细账、生产成本明细账（其他明细账从略），分别见表4-1和表4-4。

（5）根据记账凭证逐笔登记总分类账（总分类账一般为三栏式，并应按记账凭证顺序号逐笔登记，本例为简便起见，采用“T”形账，按分录序号逐笔登记），如图4-41所示。

（6）月末，将库存现金日记账、银行存款日记账及材料采购明细账、生产成本明细账记录分别与有关总分类账记录进行核对，编制“日记账、明细账与总账核对表”，见表10-4。

表10-4 日记账、明细账与总账核对表

20××年6月30日 单位：元

会计科目	期初余额		本期发生额		期末余额	
	借方	贷方	借方	贷方	借方	贷方
库存现金日记账	10 230		150 000	151 346	8 884	
“库存现金”总分类账	10 230		150 000	151 346	8 884	
银行存款日记账	297 800		1 086 820	877 422	507 198	
“银行存款”总分类账	297 800		1 086 820	877 422	507 198	
材料采购——五金明细账			227 700	227 700		
材料采购——塑料明细账			181 500	181 500		
材料采购——颜料明细账			107 100	107 100		
“材料采购”总分类账			516 300	516 300		
生产成本——甲产品明细账			259 310	259 310		
生产成本——乙产品明细账			209 550	209 550		
“生产成本”总分类账			468 860	468 860		

（7）月末，根据总分类账和明细分类账记录，编制资产负债表和利润表，见表9-3和表9-5。

第三节 科目汇总表账务处理程序

一、科目汇总表账务处理程序的特点和内容

科目汇总表账务处理程序又称记账凭证汇总表账务处理程序。其主要特点是：定期根据当期全部记账凭证编制科目汇总表，然后根据科目汇总表登记总分类账。

在科目汇总表账务处理程序下，其记账凭证、账簿的设置与记账凭证账务处理程序的要求基本相同。

科目汇总表账务处理程序的内容如图10-2所示。

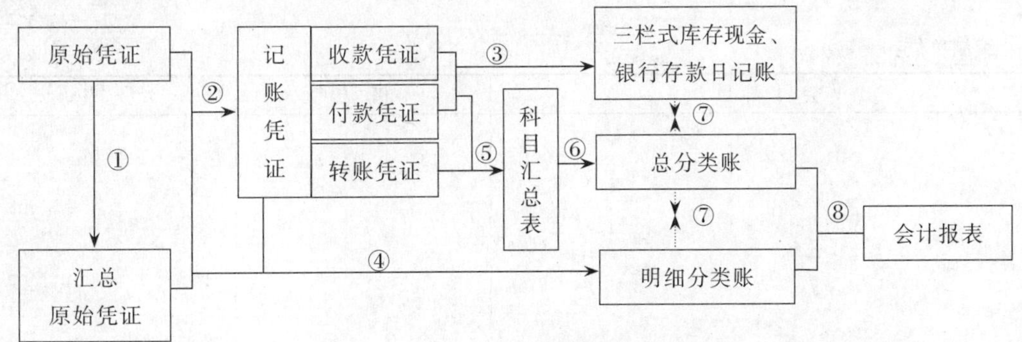

图10-2 科目汇总表账务处理程序示意图

其一般程序是：

1.根据原始凭证编制汇总原始凭证；

2.根据原始凭证或汇总原始凭证编制记账凭证；

3.根据收款凭证、付款凭证逐日逐笔登记库存现金日记账和银行存款日记账；

4.根据原始凭证、汇总原始凭证和记账凭证登记明细分类账；

5.根据一定时期的全部记账凭证，定期汇总，编制科目汇总表；

6.根据科目汇总表登记总分类账；

7.期末，将库存现金日记账、银行存款日记账和明细分类账的余额，与有关总分类账的余额核对相符；

8.期末，根据核对无误的总分类账和明细分类账记录编制会计报表。

二、科目汇总表的格式和编制方法

掌握科目汇总表账务处理程序，主要是在熟悉记账凭证账务处理程序的基础上，重点掌握科目汇总表的格式、编制和据以登记总分类账的方法。

科目汇总表也可称为记账凭证汇总表，是指定期根据当期全部专用记账凭证（或全部通用记账凭证），按照相同科目的借方、贷方分别进行归类，并计算出每一总账科目该期的借方发生额合计数和贷方发生额合计数所编制的汇总表，它是一种特种记账凭证。

编制科目汇总表，首先应当确定汇总的期间范围即“定期”。在实际工作中，各单位可以根据本单位经济业务数量多少的具体情况，确定科目汇总表汇总的期间范围，如五天，或十天，或半个月，或一个月。通常，经济业务数量较多的，汇总的期间范围适宜短一些，经济业务数量较少的，汇总的期间范围则适宜长一些甚至可以按月汇总。

在实际运用中，科目汇总表没有具体的固定格式。常见的格式有两种，见表10-5、表10-6。表10-5所示的科目汇总表可以按月汇总编制一张，也可在一个月内定期汇总，每汇总一次编制一张；表10-6所示的科目汇总表则是在一个月内定期（如按旬）汇总，每月只编制一张。科目汇总表可以每汇总一次编制一张，也可以按月汇总一次，每月编制一张。

表10-5　　**科目汇总表（格式1）**

科汇字第__号

编制单位：　　　　年　月　日至　日　　　　单位：元

会计科目	借方	贷方

表10-6　　科目汇总表（格式2）

科汇字第__号

编制单位：　　年　月　　单位：元

会计科目	1—10日		11—20日		21—31日		本月合计	
	借方	贷方	借方	贷方	借方	贷方	借方	贷方

科目汇总表的编制，概括地说，就是定期将该期间内的所有记账凭证，按相同会计科目归类，汇总每一会计科目的借方本期发生额和贷方本期发生额，分别填入科目汇总表的借方栏和贷方栏内，最终计算出全部总账科目该期的借方发生额合计数和贷方发生额合计数，并经试算平衡即可。其编制步骤是：

首先，按照总分类账账页目录中的账户名称，开设"T"形账；

其次，定期将该期间内的所有记账凭证过入"T"形账内；

再次，根据"T"形账记录，计算每个账户的借方、贷方发生额；

最后，根据"T"形账记录中每个账户的借方、贷方发生额填列科目汇总表，加计合计数，检查借方发生额合计数和贷方发生额合计数是否平衡。如果借方发生额合计数与贷方发生额合计数相等，说明记账凭证和科目汇总表编制基本正确，可以根据科目汇总表登记总分类账。如果不等，需查找原因，平衡之后方可据以登记总分类账。

三、科目汇总表账务处理程序的优缺点和适用范围

采用科目汇总表账务处理程序，由于是根据编制的科目汇总表汇总登记总分类账，因而可以大大减少登记总账的工作量；同时，由于科目汇总表实际上又是一定时期内的总分类账户本期发生额对照表，因此，科目汇总表起到了登记总账前的试算平衡作用，从而防止了可能出现的一些过账错误。

科目汇总表账务处理程序的缺点是：首先，由于科目汇总表及总分类账户都不写摘要，因而无法反映经济业务的概要；其次，科目汇总表及总分类账户都不反映账户对应关系，故不利于检查经济业务的来龙去脉，不利于日后查考和根据账簿记录进行分析。

从总体上说，科目汇总表账务处理程序是实际工作中运用最为广泛的一种账务处理程序，任何单位，不论规模大小，都可以采用这种账务处理程序。当然，由于科目汇总表账务处理程序可以大大减少登记总账的工作量，因而特别适用于规模较大、经济业务数量较多、记账凭证较多的单位。如果规模小、经济业务数量少、记账凭证不多的单位采用科目汇总表账务处理程序，应当注意把科目汇总表汇总的期间范围定长一些，必要时可按月汇总编制一张科目汇总表，从而充分发挥其能够减少登记总账工作量的长处，提高会计核算

工作效率。

四、科目汇总表账务处理程序举例

与本章第二节所述记账凭证账务处理程序相比，在科目汇总表账务处理程序下，应当定期根据记账凭证编制科目汇总表并据以登记总分类账，除此之外，其一般程序与记账凭证账务处理程序完全相同。以下主要举例说明科目汇总表的编制和总分类账的登记。

以【例10-1】中万峰儿童玩具制造公司20××年6月份的账务处理为例，根据该公司6月份的记账凭证（见表10-1），按月汇总编制科目汇总表，见表10-7；根据该科目汇总表登记总分类账，见表10-8。

表10-7　　科目汇总表

科汇字第6号

编制单位：万峰儿童玩具制造公司　××年6月1日至30日　单位：元

会计科目	借方	贷方	会计科目	借方	贷方
库存现金	150 000.00	151 346.00	承上页	4 532 337.20	3 303 533.15
银行存款	1 086 820.00	877 422.00	应付股利	150 000.00	150 000.00
应收票据	214 700.00		其他应付款	800.00	
应收账款	282 500.00	100 000.00	实收资本		1 190 000.00
预付账款	72 000.00	135 600.00	资本公积	80 000.00	20 000.00
其他应收款	7 715.00	7 500.00	盈余公积	60 000.00	30 960.41
材料采购	516 300.00	516 300.00	本年利润	545 695.95	855 300.00
原材料	520 890.00	323 716.00	利润分配	180 960.41	
库存商品	468 860.00	368 313.20	生产成本	468 860.00	468 860.00
固定资产	403 000.00	15 000.00	制造费用	47 300.00	47 300.00
累计折旧	8 000.00	9 500.00	主营业务收入	844 000.00	844 000.00
无形资产	150 000.00		营业外收入	11 300.00	11 300.00
待处理财产损溢	16 991.20	16 991.20	主营业务成本	363 127.00	363 127.00
短期借款	30 000.00	200 000.00	税金及附加	2 665.40	2 665.40
应付票据		69 108.00	销售费用	18 000.00	18 000.00
应付账款	500.00	118 650.00	管理费用	37 843.24	37 843.24
预收账款	327 700.00	20 000.00	财务费用	1 500.00	1 500.00
应付职工薪酬	150 000.00	157 150.00	营业外支出	24 448.96	24 448.96
应交税费	124 111.00	215 586.75	所得税费用	103 201.35	103 201.35
应付利息	2 250.00	1 350.00			
转下页	4 532 337.20	3 303 533.15	合计	7 472 039.51	7 472 039.51

表10-8

总分类账

会计科目：库存现金

20××年		凭证		摘要	借方	贷方	借或贷	余额
月	日	字	号					
6	1			期初余额			借	10 230.00
	30	科汇	6	1—30日发生额	150 000.00	151 346.00	借	8 884.00
6	30			本月发生额及余额	150 000.00	151 346.00	借	8 884.00

会计科目：银行存款

20××年		凭证		摘要	借方	贷方	借或贷	余额
月	日	字	号					
6	1			期初余额			借	297 800.00
	30	科汇	6	1—30日发生额	1 086 820.00	877 422.00	借	507 198.00
6	30			本月发生额及余额	1 086 820.00	877 422.00	借	507 198.00

会计科目：应收票据

20××年		凭证		摘要	借方	贷方	借或贷	余额
月	日	字	号					
6	1			期初余额			借	750 000.00
	30	科汇	6	1—30日发生额	214 700.00		借	964 700.00
6	30			本月发生额及余额	214 700.00		借	964 700.00

会计科目：应收账款

20××年		凭证		摘要	借方	贷方	借或贷	余额
月	日	字	号					
6	1			期初余额			借	128 650.00
	30	科汇	6	1—30日发生额	282 500.00	100 000.00	借	311 150.00
6	30			本月发生额及余额	282 500.00	100 000.00	借	311 150.00

会计科目：预付账款

20××年		凭证		摘要	借方	贷方	借或贷	余额
月	日	字	号					
6	1			期初余额			借	185 600.00
	30	科汇	6	1—30日发生额	72 000.00	135 600.00	借	122 000.00
6	30			本月发生额及余额	72 000.00	135 600.00	借	122 000.00

续表

会计科目：其他应收款

20××年		凭证		摘要	借方	贷方	借或贷	余额
月	日	字	号					
6	1			期初余额			借	15 400.00
	30	科汇	6	1—30日发生额	7 715.00	7 500.00	借	15 615.00
6	30			本月发生额及余额	7 715.00	7 500.00	借	15 615.00

会计科目：材料采购

20××年		凭证		摘要	借方	贷方	借或贷	余额
月	日	字	号					
6	30	科汇	6	1—30日发生额	516 300.00	516 300.00	平	0
6	30			本月发生额及余额	516 300.00	516 300.00	平	0

会计科目：原材料

20××年		凭证		摘要	借方	贷方	借或贷	余额
月	日	字	号					
6	1			期初余额			借	198 570.00
	30	科汇	6	1—30日发生额	520 890.00	323 716.00	借	395 744.00
6	30			本月发生额及余额	520 890.00	323 716.00	借	395 744.00

会计科目：库存商品

20××年		凭证		摘要	借方	贷方	借或贷	余额
月	日	字	号					
6	30	科汇	6	1—30日发生额	468 860.00	368 313.20	借	100 546.80
6	30			本月发生额及余额	468 860.00	368 313.20	借	100 546.80

会计科目：固定资产

20××年		凭证		摘要	借方	贷方	借或贷	余额
月	日	字	号					
6	1			期初余额			借	3 550 000.00
	30	科汇	6	1—30日发生额	403 000.00	15 000.00	借	3 938 000.00
6	30			本月发生额及余额	403 000.00	15 000.00	借	3 938 000.00

续表

会计科目：累计折旧

20××年		凭　证		摘　要	借　方	贷　方	借或贷	余　额
月	日	字	号					
6	1			期初余额			贷	150 000.00
	30	科汇	6	1—30日发生额	8 000.00	9 500.00	贷	151 500.00
6	30			本月发生额及余额	8 000.00	9 500.00	贷	151 500.00

会计科目：无形资产

20××年		凭　证		摘　要	借　方	贷　方	借或贷	余　额
月	日	字	号					
6	1			期初余额			借	249 000.00
	30	科汇	6	1—30日发生额	150 000.00		借	399 000.00
6	30			本月发生额及余额	150 000.00		借	399 000.00

会计科目：待处理财产损溢

20××年		凭　证		摘　要	借　方	贷　方	借或贷	余　额
月	日	字	号					
6	30	科汇	6	1—30日发生额	16 991.20	16 991.20	平	0
6	30			本月发生额及余额	16 991.20	16 991.20	平	0

会计科目：短期借款

20××年		凭　证		摘　要	借　方	贷　方	借或贷	余　额
月	日	字	号					
6	1			期初余额			贷	130 000.00
	30	科汇	6	1—30日发生额	30 000.00	200 000.00	贷	300 000.00
6	30			本月发生额及余额	30 000.00	200 000.00	贷	300 000.00

会计科目：应付票据

20××年		凭　证		摘　要	借　方	贷　方	借或贷	余　额
月	日	字	号					
6	1			期初余额			贷	21 000.00
	30	科汇	6	1—30日发生额		69 108.00	贷	90 108.00
6	30			本月发生额及余额		69 108.00	贷	90 108.00

续表

会计科目：应付账款

20××年		凭证		摘要	借方	贷方	借或贷	余额
月	日	字	号					
6	1			期初余额			贷	72 000.00
	30	科汇	6	1—30日发生额	500.00	118 650.00	贷	190 150.00
6	30			本月发生额及余额	500.00	118 650.00	贷	190 150.00

会计科目：预收账款

20××年		凭证		摘要	借方	贷方	借或贷	余额
月	日	字	号					
6	1			期初余额			贷	327 700.00
	30	科汇	6	1—30日发生额	327 700.00	20 000.00	贷	20 000.00
6	30			本月发生额及余额	327 700.00	20 000.00	贷	20 000.00

会计科目：应付职工薪酬

20××年		凭证		摘要	借方	贷方	借或贷	余额
月	日	字	号					
6	1			期初余额			贷	72 350.00
	30	科汇	6	1—30日发生额	150 000.00	157 150.00	贷	79 500.00
6	30			本月发生额及余额	150 000.00	157 150.00	贷	79 500.00

会计科目：应交税费

20××年		凭证		摘要	借方	贷方	借或贷	余额
月	日	字	号					
6	1			期初余额			贷	58 900.00
	30	科汇	6	1—30日发生额	124 111.00	215 586.75	贷	150 375.75
6	30			本月发生额及余额	124 111.00	215 586.75	贷	150 375.75

会计科目：应付利息

20××年		凭证		摘要	借方	贷方	借或贷	余额
月	日	字	号					
6	1			期初余额			贷	5 800.00
	30	科汇	6	1—30日发生额	2 250.00	1 350.00	贷	4 900.00
6	30			本月发生额及余额	2 250.00	1 350.00	贷	4 900.00

续表

会计科目：应付股利

20××年		凭证		摘要	借方	贷方	借或贷	余额
月	日	字	号					
6	1			期初余额			贷	54 000.00
	30	科汇	6	1—30日发生额	150 000.00	150 000.00	贷	54 000.00
6	30			本月发生额及余额	150 000.00	150 000.00	贷	54 000.00

会计科目：其他应付款

20××年		凭证		摘要	借方	贷方	借或贷	余额
月	日	字	号					
6	1			期初余额			贷	8 000.00
	30	科汇	6	1—30日发生额	800.00		贷	7 200.00
6	30			本月发生额及余额	800.00		贷	7 200.00

会计科目：实收资本

20××年		凭证		摘要	借方	贷方	借或贷	余额
月	日	字	号					
6	1			期初余额			贷	2 000 000.00
	30	科汇	6	1—30日发生额		1 190 000.00	贷	3 190 000.00
6	30			本月发生额及余额		1 190 000.00	贷	3 190 000.00

会计科目：资本公积

20××年		凭证		摘要	借方	贷方	借或贷	余额
月	日	字	号					
6	1			期初余额			贷	154 000.00
	30	科汇	6	1—30日发生额	80 000.00	20 000.00	贷	94 000.00
6	30			本月发生额及余额	80 000.00	20 000.00	贷	94 000.00

会计科目：盈余公积

20××年		凭证		摘要	借方	贷方	借或贷	余额
月	日	字	号					
6	1			期初余额			贷	108 000.00
	30	科汇	6	1—30日发生额	60 000.00	30 960.41	贷	78 960.41
6	30			本月发生额及余额	60 000.00	30 960.41	贷	78 960.41

续表

会计科目：本年利润

20××年		凭证		摘要	借方	贷方	借或贷	余额
月	日	字	号					
6	1			期初余额			贷	1 660 000.00
	30	科汇	6	1—30日发生额	545 695.95	855 300.00	贷	1 969 604.05
6	30			本月发生额及余额	545 695.95	855 300.00	贷	1 969 604.05

会计科目：利润分配

20××年		凭证		摘要	借方	贷方	借或贷	余额
月	日	字	号					
6	1			期初余额			贷	563 500.00
	30	科汇	6	1—30日发生额	180 960.41		贷	382 539.59
6	30			本月发生额及余额	180 960.41		贷	382 539.59

会计科目：生产成本

20××年		凭证		摘要	借方	贷方	借或贷	余额
月	日	字	号					
6	30	科汇	6	1—30日发生额	468 860.00	468 860.00	平	0
6	30			本月发生额及余额	468 860.00	468 860.00	平	0

会计科目：制造费用

20××年		凭证		摘要	借方	贷方	借或贷	余额
月	日	字	号					
6	30	科汇	6	1—30日发生额	47 300.00	47 300.00	平	0
6	30			本月发生额及余额	47 300.00	47 300.00	平	0

会计科目：主营业务收入

20××年		凭证		摘要	借方	贷方	借或贷	余额
月	日	字	号					
6	30	科汇	6	1—30日发生额	844 000.00	844 000.00	平	0
6	30			本月发生额及余额	844 000.00	844 000.00	平	0

会计科目：营业外收入

20××年		凭证		摘要	借方	贷方	借或贷	余额
月	日	字	号					
6	30	科汇	6	1—30日发生额	11 300.00	11 300.00	平	0
6	30			本月发生额及余额	11 300.00	11 300.00	平	0

续表

会计科目：主营业务成本

20××年		凭证		摘要	借方	贷方	借或贷	余额
月	日	字	号					
6	30	科汇	6	1—30日发生额	363 127.00	363 127.00	平	0
6	30			本月发生额及余额	363 127.00	363 127.00	平	0

会计科目：税金及附加

20××年		凭证		摘要	借方	贷方	借或贷	余额
月	日	字	号					
6	30	科汇	6	1—30日发生额	2 665.40	2 665.40	平	0
6	30			本月发生额及余额	2 665.40	2 665.40	平	0

会计科目：销售费用

20××年		凭证		摘要	借方	贷方	借或贷	余额
月	日	字	号					
6	30	科汇	6	1—30日发生额	18 000.00	18 000.00	平	0
6	30			本月发生额及余额	18 000.00	18 000.00	平	0

会计科目：管理费用

20××年		凭证		摘要	借方	贷方	借或贷	余额
月	日	字	号					
6	30	科汇	6	1—30日发生额	37 843.24	37 843.24	平	0
6	30			本月发生额及余额	37 843.24	37 843.24	平	0

会计科目：财务费用

20××年		凭证		摘要	借方	贷方	借或贷	余额
月	日	字	号					
6	30	科汇	6	1—30日发生额	1 500.00	1 500.00	平	0
6	30			本月发生额及余额	1 500.00	1 500.00	平	0

会计科目：营业外支出

20××年		凭证		摘要	借方	贷方	借或贷	余额
月	日	字	号					
6	30	科汇	6	1—30日发生额	24 448.96	24 448.96	平	0
6	30			本月发生额及余额	24 448.96	24 448.96	平	0

续表

会计科目：所得税费用

20××年		凭证		摘要	借方	贷方	借或贷	余额
月	日	字	号					
6	30	科汇	6	1—30日发生额	103 201.35	103 201.35	平	0
6	30			本月发生额及余额	103 201.35	103 201.35	平	0

第四节 其他账务处理程序

正如第一节指出的那样，我国在长期的会计核算工作中，形成了多种账务处理程序。目前，除了记账凭证账务处理程序这一最基本的账务处理程序、科目汇总表账务处理程序这一运用最为广泛的账务处理程序以外，在实际工作中采用汇总记账凭证账务处理程序、多栏式日记账账务处理程序、日记总账账务处理程序和通用日记账账务处理程序的单位并不多见。因此，以下对这四种账务处理程序作简要介绍。

一、汇总记账凭证账务处理程序

（一）汇总记账凭证账务处理程序的特点和内容

汇总记账凭证账务处理程序的特点是：根据记账凭证定期编制汇总记账凭证，月末根据汇总记账凭证一次性登记总分类账。

汇总记账凭证账务处理程序中设置的账簿与记账凭证账务处理程序的要求基本相同。但总分类账的格式一般要求采用有“对应科目”专栏的三栏式，其余账簿的格式与记账凭证账务处理程序的要求相同。至于记账凭证的种类和格式，应当采用专用记账凭证，即收款凭证、付款凭证、转账凭证。

汇总记账凭证账务处理程序的内容如图10-3所示。

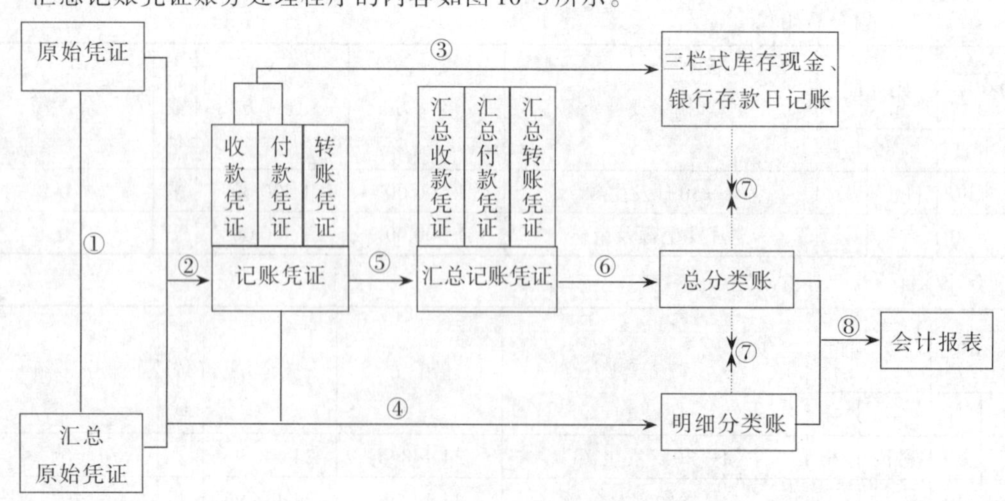

图10-3 汇总记账凭证账务处理程序示意图

汇总记账凭证账务处理程序的一般程序是：

1.根据原始凭证编制汇总原始凭证；

2.根据原始凭证或汇总原始凭证编制记账凭证；

3.根据收款凭证、付款凭证逐日逐笔登记库存现金日记账和银行存款日记账；

4.根据原始凭证、汇总原始凭证和记账凭证登记各种明细分类账；

5.根据专用记账凭证分别定期编制汇总收款凭证、汇总付款凭证、汇总转账凭证等汇总记账凭证；

6.月末，根据各种汇总记账凭证登记总分类账；

7.月末，将库存现金日记账、银行存款日记账和明细分类账的余额，与有关总分类账的余额核对相符；

8.月末，根据核对无误的总分类账和明细分类账记录编制会计报表。

（二）汇总记账凭证的种类、格式与编制方法

汇总记账凭证是根据不同的记账凭证，利用账户的对应关系按相同的会计科目定期汇总编制而成的一种汇总式的记账凭证。由于专用记账凭证分为三种，汇总记账凭证相应地也有三种，即汇总收款凭证、汇总付款凭证、汇总转账凭证。

汇总收款凭证，是按库存现金科目或银行存款科目的借方分别设置，定期（如五天或十天）将该期间内的全部库存现金收款凭证或银行存款收款凭证，分别按与设证科目相对应的贷方科目加以归类，汇总填列一次，每月编制一张。月末结算出汇总收款凭证的合计数，据以登记“库存现金”或“银行存款”账户的借方金额以及各有关账户的贷方金额。汇总收款凭证的格式见表10-9。

表10-9 汇总收款凭证

借方科目： 年 月 汇收字第 号

贷方科目	金额				记账符号
	1—10日收款凭证 第 号至第 号	11—20日收款凭证 第 号至第 号	21—31日收款凭证 第 号至第 号	合 计	
合 计					

汇总付款凭证，是按库存现金科目或银行存款科目的贷方分别设置，定期（如五天或十天）将该期间内的全部库存现金付款凭证或银行存款付款凭证，分别按与设证科目相对应的借方科目加以归类，汇总填制一次，每月编制一张。月末结算出汇总付款凭证的合计数，据以登记“库存现金”或“银行存款”账户的贷方金额以及各有关账户的借方金额。汇总付款凭证的格式见表10-10。

表10-10

汇总付款凭证

贷方科目：　　　　　　　　　　年　月　　　　　　　　　　汇付字第　号

借方科目	金额				记账符号
	1—10日付款凭证 第 号至第 号	11—20日付款凭证 第 号至第 号	21—31日付款凭证 第 号至第 号	合计	
合计					

汇总转账凭证，通常是按每一科目的贷方分别设置，定期（如五天或十天）将该期间内的全部转账凭证，按与设证科目相对应的借方科目加以归类，汇总填列一次，每月编制一张。月末结算出汇总转账凭证的合计数，据以登记设证账户的贷方金额以及各有关账户的借方金额。如果某一贷方账户的转账凭证数量不多，如“累计折旧”账户通常每月只有一张转账凭证，或汇总原始凭证、自制原始凭证已按贷方科目设置，也可以不编制汇总转账凭证，直接根据转账凭证登记有关总账。汇总转账凭证的格式见表10-11。

表10-11

汇总转账凭证

贷方科目：　　　　　　　　　　年　月　　　　　　　　　　汇转字第　号

借方科目	金额				记账符号
	1—10日转账凭证 第 号至第 号	11—20日转账凭证 第 号至第 号	21—31日转账凭证 第 号至第 号	合计	
合计					

（三）汇总记账凭证账务处理程序的优缺点和适用范围

汇总记账凭证账务处理程序由于是在月终根据汇总记账凭证一次性登记总账，因而可以大大减少登记总账的工作量。同时，汇总记账凭证及登记的总分类账能反映科目之间的对应关系，有利于了解经济业务的概貌。但是，由于这种账务处理程序下的汇总转账凭证是按每一贷方科目而不是按经济业务的性质归类汇总的，因而不利于日常核算工作的合理分工，而且编制汇总转账凭证的工作量较大。另外，登记后的总账虽然反映了科目的对应关系，但数字均是总括数，也不便于查账。

就其具有的优点看，汇总记账凭证账务处理程序适用于规模较大、经济业务数量较多、尤其收付款业务频繁、记账凭证较多的单位。在实际工作中，采用这种账务处理程序的单位不多见。

二、多栏式日记账账务处理程序

（一）多栏式日记账账务处理程序的特点和内容

多栏式日记账账务处理程序的特点是：设置并根据收款凭证、付款凭证逐日逐笔登记多栏式日记账，根据转账凭证定期编制转账凭证汇总表，月末再根据多栏式日记账和转账凭证汇总表登记总分类账。如果转账凭证不多，也可直接用以登记总账，不编制转账凭证汇总表。

在多栏式日记账账务处理程序下，除日记账采用多栏式外，记账凭证和其他账簿的种类、格式等，与记账凭证账务处理程序的要求基本一样；转账凭证汇总表的格式、编制方法与科目汇总表一样。多栏式日记账账页格式见表7-3、表7-4、表7-5。

多栏式日记账账务处理程序的内容如图10-4所示。

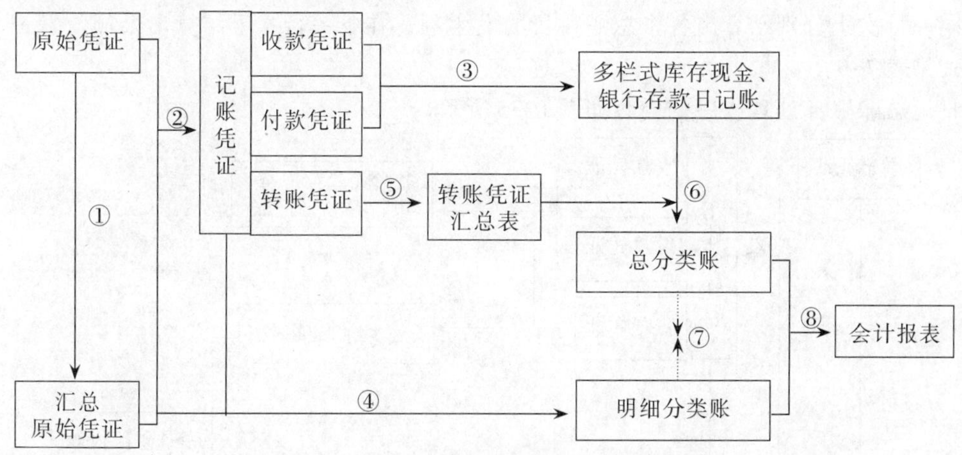

图10-4 多栏式日记账账务处理程序示意图

多栏式日记账账务处理程序的一般程序是：

1.根据原始凭证编制汇总原始凭证；

2.根据原始凭证或汇总原始凭证编制记账凭证；

3.根据收款凭证、付款凭证逐日逐笔登记多栏式库存现金日记账和银行存款日记账；

4.根据原始凭证、汇总原始凭证和记账凭证登记各种明细分类账；

5.根据转账凭证编制转账凭证汇总表；

6.月末，根据多栏式库存现金日记账、银行存款日记账和转账凭证汇总表登记总分类账；

7.月末，将明细分类账的余额与有关总分类账的余额核对相符；

8.月末，根据核对无误的总分类账和明细分类账记录编制会计报表。

（二）多栏式日记账账务处理程序的优缺点和适用范围

采用多栏式日记账账务处理程序，由于是月末一次汇总登记总账，故可大大减少登记总账的工作量；同时，借助于多栏式日记账，能减少记账凭证的归类整理工作，并可以清晰地反映库存现金、银行存款的来龙去脉。其缺点是：多栏式日记账的账页可能因对应科目较多而变得太宽，不便于记账。

就其具有的优点看，多栏式日记账账务处理程序通常适用于规模不大、运用会计科目较少而涉及库存现金或银行存款增加、减少的经济业务（即收付款业务）又相对较多的单位。在实际工作中，很少有单位采用这种账务处理程序。

三、日记总账账务处理程序

（一）日记总账账务处理程序的特点和内容

日记总账账务处理程序的特点是：设置日记总账，根据记账凭证逐笔登记日记总账。

在日记总账账务处理程序下，记账凭证、日记账、明细账的种类和格式等，与记账凭证账务处理程序的要求一样，但需要特别开设日记总账。

日记总账是日记账和总分类账结合设置的一种联合账簿，它将全部总账科目集中设置在一张账页上，以记账凭证为依据，对发生的各项经济业务逐笔进行序时登记，月末在账页的同一行次上分别结算出各个总账科目的发生额，在下一行次上结算出余额。日记总账的格式见表7-9。

日记总账账务处理程序的内容如图10-5所示。

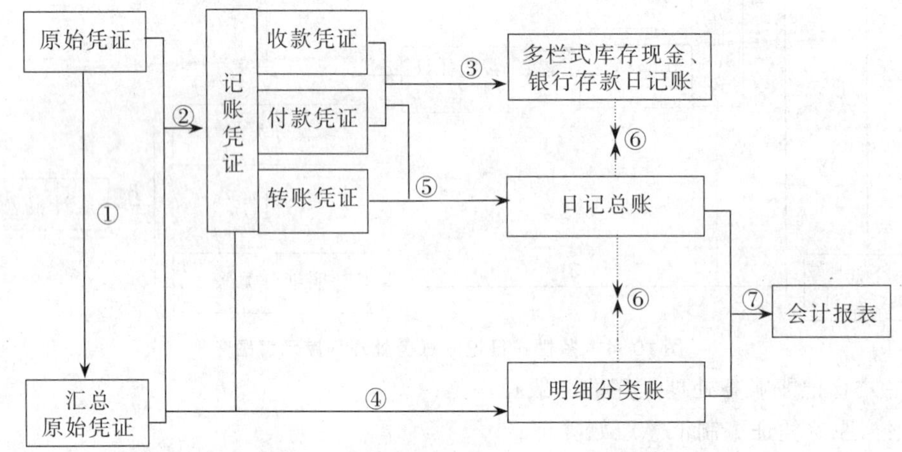

图10-5 日记总账账务处理程序示意图

日记总账账务处理程序的一般程序是：

1.根据原始凭证编制汇总原始凭证；

2.根据原始凭证或汇总原始凭证编制记账凭证；

3.根据收款凭证、付款凭证逐日逐笔登记库存现金日记账和银行存款日记账；

4.根据原始凭证、汇总原始凭证和记账凭证登记明细分类账；

5.根据记账凭证逐笔登记日记总账；

6.期末，将库存现金日记账、银行存款日记账和明细分类账的余额，与日记总账中有关总分类账的余额核对相符；

7.期末，根据核对无误的日记总账和明细分类账记录编制会计报表。

（二）日记总账账务处理程序的优缺点和适用范围

采用日记总账账务处理程序，由于日记总账是按全部科目分借方和贷方设置的，并且是根据记账凭证逐笔登记的，因而可以全面反映各项经济业务的来龙去脉，有利于对会计核算资料的分析和使用，而且账务处理程序也比较简单。其缺点是：企业单位如果运用的会计科目多，会导致日记总账的账页过长，不便于记账和查阅。

鉴于其缺点，日记总账账务处理程序通常只适用于规模小、经济业务简单、使用会计科目很少的单位。在实际工作中，很少有单位采用这种账务处理程序。

四、通用日记账账务处理程序

（一）通用日记账账务处理程序的特点和内容

通用日记账账务处理程序的特点是：将所有交易或事项按所涉及的会计科目，以分录的形式记入通用日记账，再根据通用日记账的记录登记总分类账。

采用通用日记账账务处理程序，一般不填制记账凭证，而是根据原始凭证或汇总原始凭证直接登记通用日记账。这种做法实际上是用订本式通用日记账账簿代替记账凭证。通用日记账的格式见表7-6。

采用这种账务处理程序，总分类账是根据通用日记账逐笔登记的，一般采用三栏式。由于通用日记账的记录实际上就是各项经济业务的会计分录，已经反映了科目对应关系，因此，总分类账一般采用不反映对应科目的借贷余三栏式，不登记对应科目。另外，在这种账务处理程序下，为避免重复设账，一般不设库存现金日记账、银行存款日记账。这样，库存现金的每日收、付金额和余额，需要根据总账“库存现金”科目的记录进行了解，或者根据通用日记账的相应记录计算得出。企业单位与开户银行之间有关银行存款收付金额和余额的核对，也要根据“银行存款”总账科目的记录或通用日记账的记录进行。在规模小、经济业务数量较少的单位，为了加强对货币资金的管理，也可以设“库存现金日记账”和“银行存款日记账”（可采用三栏式），根据通用日记账所记录的会计分录及原始凭证或汇总原始凭证登记。

通用日记账账务处理程序的内容如图10-6所示。

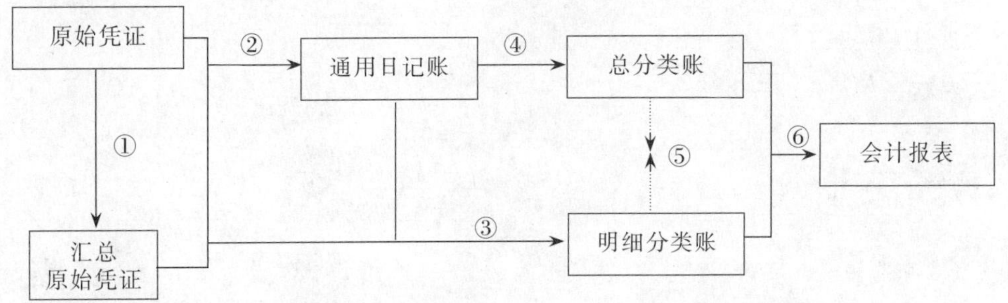

图10-6　通用日记账账务处理程序示意图

通用日记账账务处理程序的一般程序是：

1.根据原始凭证编制汇总原始凭证；

2.根据原始凭证或汇总原始凭证登记通用日记账；

3.根据原始凭证、汇总原始凭证和通用日记账登记明细分类账；

4.根据通用日记账逐笔登记总分类账；

5.期末，将明细分类账的余额与有关总分类账的余额核对相符；

6.期末，根据核对无误的总分类账和明细分类账记录编制会计报表。

（二）通用日记账账务处理程序的优缺点和适用范围

通用日记账账务处理程序的优点在于减少了编制记账凭证的大量工作，便于了解企业单位每日每项经济业务的发生和完成情况，便于按经济业务发生的时间顺序查阅资料。其不足之处在于：只设一本通用日记账，不便于会计核算分工；根据原始凭证或汇总原始凭证登记通用日记账，账簿记录容易发生错误；根据通用日记账逐笔登记总分类账，则登记总分类账的工作量大。这种账务处理程序通常只适用于规模小、经济业务简单的单位。在实际工作中，很少有单位采用这种账务处理程序。

最后应当指出的是，一个单位开展会计核算工作，可以采用手工的方式，也可以采用会计电算化的方式。虽然本章所述的各种账务处理程序主要是在手工会计核算条件下的账务处理程序，但由于会计电算化是在会计工作中应用电子计算机和现代数据处理技术，以电子计算机代替人工进行记账、算账、报账以及部分代替人脑完成会计信息分析的过程，其基本原理与手工会计核算的基本原理是相同的，因而从理论上讲，这些账务处理程序在会计电算化条件下也是可以采用的。当然，由于科目汇总表账务处理程序是运用最为广泛的一种账务处理程序，为了便于实现会计电算化与手工会计核算的衔接，目前我国的会计核算软件几乎都是按照科目汇总表账务处理程序进行设计的。

[本章思考题]

1.何为账务处理程序？其种类有哪些？它们的主要区别何在？

2.在采用科目汇总表情况下，账务处理程序是怎样的？

3.试比较记账凭证账务处理程序、科目汇总表账务处理程序、汇总记账凭证账务处理程序各自的特点、优缺点和适用范围。

第十一章

会计工作组织

第一节　会计工作组织概述

一、会计工作组织的含义

一个单位或组织的会计工作，必须通过设置的会计机构、配备的会计人员并遵循健全的会计规范，才能得以正常高效进行。会计工作组织，主要就是指根据单位会计工作的需要，如何进行会计机构的设置、会计人员的配备、会计规范的制定与执行和会计档案的保管等一系列工作。

科学合理地组织会计工作，对于提高会计工作效率、保证会计工作质量、保证会计工作与其他经济管理工作的协调一致、健全和强化单位内部经济责任制、保证国家统一的会计规范的实施与落实、最终实现会计目标等，都具有十分重要的意义。

二、组织会计工作应遵循的基本要求

遵循一定的基本要求组织会计工作，是各单位做好会计工作、提高会计工作效率、确保会计工作质量的重要保证。组织会计工作应遵循的基本要求主要是：

首先，必须遵循会计法律、法规和国家统一会计规范的要求。任何单位的经济活动都是整个国家国民经济活动的组成部分，所提供的会计信息都是国家进行宏观经济管理与调控的重要依据。各单位遵循会计法律、法规和国家统一会计规范的要求组织会计工作，才能发挥会计工作在维护社会主义市场经济和法制中的重要作用。

其次，必须适应各单位经济管理的要求和经营管理活动的特点。各单位在遵循会计法律、法规和国家统一会计规范的前提下，应当结合本单位经济管理的要求和经营管理活动的特点，对会计工作组织作出切合实际的安排，建立健全本单位会计工作岗位责任制，制定具体实施办法，才能满足本单位会计工作组织的实际需要。

最后，必须遵循保证质量、提高效率、精简节约的要求。各单位在组织会计工作时，应当在保证会计核算工作质量、提高会计核算工作效率的前提下，对会计人员的配备、会计机构的设置、各种会计工作流程的设计、各种内部会计管理制度的制定与实施等，坚持精简节约的原则，避免重复、烦琐。

三、会计工作的组织形式

各单位按其会计核算工作是否完整独立，分为独立核算单位和非独立核算单位。独立核算单位是指拥有一定数量的自有资金和独立经营的自主权，单独在银行开户，独立对外结算，定期编制财务会计报告的单位。非独立核算单位则是向上级机构领取一定数量的资金和物资从事业务活动，具有一定的经营管理权，不具有独立的资本金，不单独在银行开户，不独立核算，对内报送会计报表的单位。

独立核算单位会计工作的组织形式有集中核算和非集中核算两种。

（一）集中核算

就企业而言，集中核算是指企业的主要会计核算工作都集中在企业会计部门内进行。在采用集中核算的情况下，企业内部的其他部门和下属车间单位等不单独核算，只对本部门发生的经济业务进行原始记录，填制原始凭证或原始凭证汇总表，并送交会计部门审核，会计部门根据审核无误的原始凭证或原始凭证汇总表填制记账凭证，进行总分类核算和明细分类核算，并定期编制财务会计报告。

实行集中核算，可以减少核算环节，简化核算手续，精简会计人员，会计部门便于集中掌握会计核算资料，有利于及时、全面了解企业的财务状况、经营成果和现金流量情况。实行集中核算，不便于各个基层单位了解本部门的核算资料，不利于各个基层单位加强管理。集中核算一般适用于小型企业单位。

（二）非集中核算

就企业而言，非集中核算是指企业的会计核算工作分散在企业内部各有关部门进行，故也称为分散核算。在采用非集中核算的情况下，企业其他有关部门和下属车间单位等在会计部门的指导下，对本部门发生的经济业务进行较为全面的核算，进行原始记录，填制原始凭证或原始凭证汇总表.并进行明细分类核算，企业会计部门进行总分类核算、一部分明细分类核算和定期编制财务会计报告。

实行非集中核算，各基层单位能及时地了解本部门的核算资料，便于加强本部门内部经营管理，有利于落实经济责任制。采用非集中核算，会计核算工作层次多，手续复杂，不便于精简会计人员，也不便于会计部门及时集中了解整个企业的会计核算资料。非集中核算一般适用于大中型企业单位。

应该指出的是，会计工作组织形式的采用主要取决于企业生产经营规模的大小和内部经营管理的需要。企业也可以根据本企业的具体情况，将集中核算和非集中核算结合使用。

第二节　会计人员

一、会计人员的含义

会计人员是指根据会计法的规定，在国家机关、社会团体、企业、事业单位和其他组织中从事会计核算、实行会计监督等会计工作的人员。

会计人员包括从事出纳、稽核、资产和负债及所有者权益的核算、收入和费用的核算、财务成果的核算、财务会计报告编制、会计监督、会计机构内会计档案管理、其他会计工作等具体会计工作的人员。

担任单位会计机构负责人或会计主管人员、总会计师的人员，也属于会计人员。

各单位按照国家有关规定，结合本单位的具体情况，配备符合要求的一定数量的会计人员，是办理会计事务、做好会计工作、充分发挥会计职能作用的重要保证。

二、会计人员的配备

单位应当根据会计法等法律法规的有关规定，结合本单位会计工作需要，自主任用（聘用）一定数量的会计人员。

单位配备的会计人员应当符合规定要求。按照规定，会计人员从事会计工作，应当符合下列要求：一是遵守《中华人民共和国会计法》和国家统一的会计制度等法律法规；二是具备良好的职业道德；三是按照国家有关规定参加继续教育；四是具备从事会计工作所需要的专业能力。会计人员的专业能力，主要是指会计人员具有会计类专业知识，基本掌握会计基础知识和业务技能，能够独立处理基本会计业务，具备从事会计工作所需要的专业能力。单位应当根据国家有关法律法规的规定，判断会计人员是否具备从事会计工作所需要的专业能力。

因有提供虚假会计报告，做假账，隐匿或者故意销毁会计凭证、会计账簿、会计报告，贪污，挪用公款，职务侵占等与会计职务有关的违法行为被依法追究刑事责任的人员，不得再从事会计工作。因违反《中华人民共和国会计法》有关规定受到行政处罚五年内不得从事会计工作的人员，处罚期届满前，单位也不得任用（聘用）其从事会计工作。

单位任用（聘用）的会计机构负责人或会计主管人员，应当符合《中华人民共和国会计法》等法律法规的有关规定。担任单位会计机构负责人或会计主管人员的，应当具备会计师以上专业技术职务资格等与其岗位相匹配的专业能力或者从事会计工作三年以上经历。

单位任用（聘用）的总会计师，应当符合《中华人民共和国会计法》《总会计师条例》等法律法规的有关规定。按照我国有关会计法律法规的要求，国有的和国有资产占控股地位或者主导地位的大、中型企业必须设置总会计师。行政事业单位根据需要，经批准可以设置总会计师。总会计师是单位的行政领导成员，协助单位主要行政领导人工作，直接对单位主要行政领导人负责。总会计师主要是组织领导本单位的财务管理、成本管理、预算管理、会计核算和会计监督等方面的工作，参与本单位重要经济问题的分析和决策。凡设置总会计师的单位，在单位行政领导成员中不设与总会计师职权重叠的副职，以充分发挥总会计师的作用。担任总会计师的人员必须具备会计师以上的专业技术职称，一般应由高级会计师担任。

我国国家机关、国有企业、事业单位任用会计人员，应当实行回避制度。按照规定，单位领导人的直系亲属不得担任本单位的会计机构负责人或会计主管人员。会计机构负责人或会计主管人员的直系亲属不得在本单位会计机构中担任出纳工作。需要回避的直系亲属为夫妻关系、直系血亲关系、三代以内旁系血亲以及配偶亲关系。

《中华人民共和国会计法》规定，任何单位或者个人不得以任何方式对依法履行职责、抵制违反会计法规定行为的会计人员进行打击报复。对于侵害会计人员合法权益的行为，依照相关法律法规予以查处。与此同时，对认真执行会计法，忠于职守，坚持原则，作出显著成绩的会计人员，应当给予精神的或者物质的奖励。

三、会计人员的职责和权限

（一）会计人员的职责

《中华人民共和国会计法》规定："会计机构、会计人员依照本法规定进行会计核算，实行会计监督。"进行会计核算、实行会计监督是法律赋予会计机构、会计人员的一种责任，会计机构、会计人员有责任、有义务依法做好会计核算和监督工作。具体说来，会计人员的职责主要包括以下几个方面：

1.进行会计核算

按照《中华人民共和国会计法》的规定，下列经济业务，应当办理会计手续，进行会计核算：（1）款项和有价证券的收付；（2）财物的收发、增减和使用；（3）债权债务的发生和结算；（4）资本、基金的增减；（5）收入、支出、费用、成本的计算；（6）财务成果或运营结果的计算和处理；（7）需要办理会计手续、进行会计核算的其他事项。

会计人员应当以实际发生的经济业务为依据进行会计核算，认真填制和审核会计凭证，登记会计账簿，编制财务会计报告。

2.实行会计监督

按照《中华人民共和国会计法》的规定，各单位应当建立、健全本单位内部会计监督制度，会计人员应当对本单位各项经济业务和会计手续的合法性、合理性进行监督。

根据会计法的规定，会计机构、会计人员发现会计账簿记录与实物、款项及有关资料不相符的，按照国家统一的会计制度的规定有权自行处理的，应当及时处理；无权处理的，应当立即依职责权限向上级或单位负责人报告，请求查明原因，作出处理。

3.拟定本单位办理会计事务的具体办法

各单位的会计人员应当按照法律和有关法规的规定，结合本单位的具体情况，拟定本单位办理会计事务的具体办法，并组织贯彻执行。

4.参与相关管理工作

各单位的会计人员应当根据工作需要并结合专业特长，参与制订经济计划、业务计划，编制预算和财务计划等，并考核、分析其执行情况。

5.办理其他会计事项

各单位的会计人员除了应当依法履行以上职责外，还应当妥善保管会计凭证、会计账簿、财务会计报告等会计档案资料和办理其他会计事项等。

（二）会计人员的权限

为了保障会计人员依法履行职责，国家赋予了会计人员必要的工作权限，主要有以下几方面：

第一，有权要求本单位有关部门、人员认真执行国家批准的计划、预算，遵守国家财经纪律和财务会计制度；如有违反，会计人员有权拒绝付款、拒绝报销或拒绝执行，并向单位负责人报告。对于弄虚作假、营私舞弊、欺骗上级等违法乱纪行为，会计人员必须坚决拒绝执行，并向单位负责人或上级机关、财政部门报告。

第二，有权参与本单位编制计划、制定定额、签订经济合同，参与有关的生产、经营管理会议。单位负责人和有关部门对会计人员提出的有关财务开支和经济效益等方面的问题和意见，要认真考虑，合理的意见应予以采纳。

第三，有权监督、检查本单位有关部门的财务收支、资金使用和财产的保管、收发、计量、检验等情况。有关部门要提供资料，如实反映情况。

四、会计人员的职业道德

会计职业道德是会计人员在会计工作中应当遵守的道德规范和职业行为准则，是会计人员职业品质、工作作风、工作纪律和职业责任的统一。由于会计职业道德是对会计法律制度的重要补充，是规范会计行为的基础，是实现会计目标的重要保证，是提高会计人员素质的内在要求，因此，加强会计人员职业道德建设和教育，不断提高会计人员职业道德修养水平，具有特别重要的意义。

根据《中华人民共和国会计法》、《会计基础工作规范》和中国注册会计师协会颁布的《中国注册会计师职业道德基本准则》《中国注册会计师职业道德规范指导意见》的基本要求，结合《新时代公民道德建设实施纲要》、我国会计人员的实际情况和国际上会计职业道德的一般要求，我国会计人员职业道德的内容可以概括为：爱岗敬业、诚实守信、廉洁自律、客观公正、坚持准则、提高技能、参与管理、强化服务。

爱岗敬业就是会计人员应该热爱自己的本职工作，任劳任怨，安心于本职岗位，充分认识会计工作在社会经济活动中的地位和作用，认识会计工作的社会意义和道德价值，敬重会计职业，具有会计职业的荣誉感和自豪感，在职业活动中具有高度的劳动热情和创造性，以强烈的事业心、责任感从事会计工作，忠于职守，尽职尽责。

诚实守信就是会计人员应该言行和内心思想一致，忠诚老实，说老实话，办老实事，做老实人，不弄虚作假，不欺上瞒下，遵守自己所作出的承诺，讲信用、重信用，信守诺言，信誉至上，执业谨慎，保守商业秘密，除法律规定和单位领导人同意外，不私自向外界提供或者泄露单位的会计信息，不为利益所诱惑。

廉洁自律就是会计人员应该按照国家法律法规的规定履行职责，办理会计事务，不违法乱纪，不利用职权优势以权谋私，要树立正确的人生观和价值观，要自省、自爱、自重，要自我约束、自我控制，自觉抵制享乐主义、个人主义、拜金主义，做到遵纪守法、公私分明、不贪不占、清正廉洁，敢于、善于运用法律所赋予的权利抵制不正之风，维护会计职业声望。

客观公正就是会计人员应该遵守法律法规，尊重事物的本来面目，实事求是，端正态度，不偏不倚，不掺杂个人的主观意愿，也不为他人的意见所左右，保持应有的独立性，保持客观、公平、公正的从业心态，依法办理会计业务和事项，作出客观公正的会计职业判断，确保会计信息的质量。

坚持准则就是会计人员应该熟悉、掌握国家会计法律、会计法规、国家统一的会计制度和会计工作管理制度，在办理会计业务事项的过程中，正确处理各种利益关系，始终遵循并坚持按会计法律法规、国家统一会计制度和会计工作管理制度的要求进行会计核算，实施会计监督，不为主观意志或他人意志所左右，切实对单位、对社会公众、对国家负责。

提高技能就是会计人员应该增强专业技能的自觉性和紧迫感，勤学苦练，刻苦钻研，积极探索，不断进取，掌握科学的学习方法，向书本学、向社会学、向实际工作学，在学中思，在思中学，努力提高会计专业理论水平、会计实务操作能力和职业判断能力，使自己的知识和技能适应所从事的会计工作的要求。

参与管理就是会计人员应该在做好本职工作的同时，树立参与管理活动的意识，努力钻研相关业务，全面了解财经法规和相关制度，全面熟悉本单位经营活动和业务流程，不断提高自身业务技能，运用掌握的会计信息和会计方法，积极反映管理活动中存在的问题，主动提出解决问题的合理化建议和办法、措施，协助领导决策，为管理决策层当好参谋，为改善单位内部管理、提高管理水平服务。

强化服务就是会计人员应该树立服务意识，摆正位置，文明服务，礼貌服务，不断提高服务质量，努力维护会计职业的良好社会形象，不断提升会计职业的社会声望。

《会计基础工作规范》规定，财政部门、业务主管部门和各单位应当定期检查会计人员遵守职业道德的情况，并作为会计人员晋升、晋级、聘任专业技术职务、表彰奖励的重要考核依据；会计人员违反职业道德的，由所在单位进行处理。

五、会计人员专业技术职务制度

为了加强会计人员队伍建设，合理使用会计人员，充分调动会计人员的积极性和创造性，提高会计人员专业能力，国家在国家机关、企业、事业单位以及社会团体等组织的会计人员中实行专业技术职务（职称）制度。目前，会计人员专业技术职务分为初级、中级和高级三个层次，初级只设助理级，高级分设副高级和正高级，初级、中级、副高级和正高级专业技术职务名称依次为助理会计师、会计师、高级会计师和正高级会计师。

按照规定，会计人员参加各层级专业技术职务评价，必须达到以下标准条件：遵守《中华人民共和国会计法》和国家统一的会计制度等法律法规；具备良好的职业道德，无严重违反财经纪律的行为；热爱会计工作，具备相应的会计专业知识和业务技能；按照要求参加继续教育。此外，助理会计师、会计师、高级会计师和正高级会计师还应分别具备以下标准条件：

助理会计师：（1）基本掌握会计基础知识和业务技能；（2）能正确理解并执行财经政策、会计法律法规和规章制度；（3）能独立处理一个方面或某个重要岗位的会计工作；（4）具备国家教育部门认可的高中毕业（含高中、中专、职高、技校）以上学历。

会计师：（1）系统掌握会计基础知识和业务技能；（2）掌握并能正确执行财经政策、

会计法律法规和规章制度；（3）具有扎实的专业判断和分析能力，能独立负责某领域会计工作；（4）具备博士学位，或具备硕士学位，从事会计工作满1年，或具备第二学士学位或研究生班毕业，从事会计工作满2年，或具备大学本科学历或学士学位，从事会计工作满4年，或具备大学专科学历，从事会计工作满5年。

高级会计师：（1）系统掌握和应用经济与管理理论、财务会计理论与实务；（2）具有较高的政策水平和丰富的会计工作经验，能独立负责某领域或一个单位的财务会计管理工作；（3）工作业绩较为突出，有效提高了会计管理水平或经济效益；（4）有较强的科研能力，取得一定的会计相关理论研究成果，或主持完成会计相关研究课题、调研报告、管理方法或制度创新等；（5）具备博士学位，取得会计师职称后，从事与会计师职责相关工作满2年；或具备硕士学位，或第二学士学位或研究生班毕业，或大学本科学历或学士学位，取得会计师职称后，从事与会计师职责相关工作满5年，或具备大学专科学历，取得会计师职称后，从事与会计师职责相关工作满10年。

正高级会计师：（1）系统掌握和应用经济与管理理论、财务会计理论与实务，把握工作规律；（2）政策水平高，工作经验丰富，能积极参与一个单位的生产经营决策；（3）工作业绩突出，主持完成会计相关领域重大项目，解决重大会计相关疑难问题或关键性业务问题，提高单位管理效率或经济效益；（4）科研能力强，取得重大会计相关理论研究成果，或其他创造性会计相关研究成果，推动会计行业发展；（5）一般应具有大学本科及以上学历或学士以上学位，取得高级会计师职称后，从事与高级会计师职责相关工作满5年。

六、会计人员继续教育制度

为了规范会计专业技术人员继续教育，保障会计专业技术人员合法权益，不断提高会计专业技术人员素质，我国对会计专业技术人员实行继续教育制度。

各单位具有会计专业技术资格的人员应当自取得会计专业技术资格的次年开始参加继续教育，并在规定时间内取得规定学分。不具有会计专业技术资格但从事会计工作的人员应当自从事会计工作的次年开始参加继续教育，并在规定时间内取得规定学分。

会计专业技术人员继续教育内容包括公需科目和专业科目。公需科目包括专业技术人员应当普遍掌握的法律法规、政策理论、职业道德、技术信息等基本知识；专业科目包括会计专业技术人员从事会计工作应当掌握的财务会计、管理会计、财务管理、内部控制与风险管理、会计信息化、会计职业道德、财税金融、会计法律法规等相关专业知识。

会计专业技术人员参加继续教育实行学分制管理，每年参加继续教育取得的学分不少于90学分。其中，专业科目一般不少于总学分的三分之二。会计专业技术人员参加继续教育取得的学分，在全国范围内当年度有效，不得结转以后年度。

各单位应当建立本单位会计专业技术人员继续教育与使用、晋升相衔接的激励机制，将参加继续教育情况作为会计专业技术人员考核评价、岗位聘用的重要依据。会计专业技术人员参加继续教育情况，应当作为聘任会计专业技术职务或者申报评定上一级资格的重要条件。

第三节　会计机构

一、会计机构的设置

一个单位总是存在着需要办理的各种会计事务。会计机构就是各单位贯彻执行会计规范，专门负责组织、领导和办理会计事务的职能部门。为了办理会计事务，做好会计工作，充分发挥会计的职能作用，各单位应当按照国家有关规定设置会计机构。

由于各企事业单位的规模不同、经营管理的特点不同，会计机构的设置就不可能完全一样。各单位在设置会计机构时，既要遵循国家有关规定，又应当以本单位会计业务需要为基本前提，要在满足加强经济管理要求的前提下尽量“精兵简政”。

一般说来，凡是大、中型企事业单位以及财务收支数额较大、会计业务较多的机关和其他组织，都应当单独设置会计机构。在实际工作中，财务收支数额不大、会计业务比较简单的单位，可以不单独设置会计机构。但是，《中华人民共和国会计法》规定，不单独设置会计机构的单位，应当在有关机构中设置会计人员并指定会计主管人员。

此外，《中华人民共和国会计法》规定，对于不具备设置会计机构和会计人员条件的单位，应当委托经批准设立的代理记账机构办理会计业务。代理记账机构办理会计业务必须符合国家统一的会计制度的规定。

二、会计岗位责任制

会计岗位责任制，亦称会计人员岗位责任制、会计工作岗位责任制，就是在会计机构内部按照会计工作的内容和会计人员的配备情况，合理分工，将会计机构的工作划分为若干个岗位，并为每个岗位规定职责和要求，使每一项会计工作都有专人负责，每一位会计人员都有明确职责的一种责任制度。实践证明，建立健全会计岗位责任制，有利于分清职责，考核会计人员的工作成绩，有利于加强会计管理，提高会计工作效率，保证会计工作有秩序地进行。各单位在组织管理会计工作中，应当结合自身实际，建立健全会计岗位责任制。

会计岗位责任制主要包括会计人员的岗位设置、各会计工作岗位的职责和标准、各会计工作岗位的人员和具体分工、会计工作岗位轮换办法、对各会计工作岗位的考核办法等内容。

各单位应当根据自身管理的需要，从本单位会计业务内容和数量的实际情况出发，结合会计人员配备情况，合理确定本单位会计工作岗位的分布。会计工作岗位可以一人一岗、多人一岗，也可以一人多岗，各单位可以根据自身特点具体确定。各个岗位上的会计人员在完成本职工作的同时，要与其他岗位上的会计人员密切配合，互相协作，共同做好本单位的会计工作。

实行会计人员岗位责任制，并不要求会计人员长期固定在某一工作岗位上，会计人员之间的分工，应该有计划地进行轮换，以便会计人员能够比较全面地了解和熟悉各项会计工作，提高业务水平，便于相互协作，提高工作效率，把会计工作做得更好。

三、会计机构内部稽核制度和内部牵制制度

各单位只有在会计机构内部建立会计稽核制度和内部牵制制度，按照内部管理制度的要求，科学合理地设置会计岗位，才能使会计机构有效的运转，真正发挥会计的监督职能，防止会计核算工作上的差错和有关人员的舞弊，提高会计核算工作的质量。

（一）会计机构内部稽核制度

稽核是稽查和复核的简称。会计稽核是会计机构本身对于会计核算工作进行的一种自我检查和审核工作，其目的在于防止会计核算工作上的差错和有关人员的舞弊。通过稽核，对日常核算工作中所出现的疏忽、错误等及时加以纠正或制止，以提高会计核算工作的质量。会计稽核是会计工作的重要内容，加强会计稽核工作是做好会计核算工作的重要保证。

会计机构内部稽核工作的主要内容包括：

第一，审核财务、成本、费用等计划指标项目是否齐全，编制依据是否可靠，有关计划是否正确，各项计划指标是否互相衔接等，审核之后应提出建议或意见，以便修改和完善计划与预算；

第二，审核实际发生的经济业务或财务收支是否符合法律、法规、规章制度的规定，如发现问题，应及时提出并采取切实措施加以制止和纠正；

第三，审核会计凭证、会计账簿、财务会计报告和其他会计资料的内容是否合法、真实、准确、完整，手续是否齐全，是否符合有关法律、法规、规章制度、规定的要求；

第四，审核各项财产物资的增减变动和结存情况，并与账面记录进行核对，确定账实是否相符，并查明账实不符的原因。

（二）会计机构内部牵制制度

内部牵制制度，也称钱账分管制度，是指凡涉及款项和财物收付、结算及登记的任何一项工作，必须由两人或两人以上分工办理，以起到相互制约作用的一种工作制度。例如，库存现金和银行存款的支付，应由会计主管人员或其授权的代理人审核、批准，出纳人员付款，记账人员记账，而不能由一人兼办。

实行内部牵制制度，主要是为了加强会计人员相互制约、相互核对，提高会计核算工作的质量，防止会计事务处理中发生的失误和差错以及营私舞弊等行为。《中华人民共和国会计法》规定，出纳人员不得兼任稽核、会计档案保管和收入、支出、费用、债权债务账目的登记工作。

第四节　会计规范

一、会计规范的含义和内容

“规范”是指约定俗成或明文规定的标准。将规范延伸到会计领域，即可明确会计规

范的含义。所谓会计规范，就是以一定的会计理论为基础制定的，协调、管理会计工作的各种法律、法令、条例、规则、制度等规范性文件的总称。它是对会计工作所作出的一系列约束，是会计工作的标准和评价会计工作质量的客观依据。

通常，一个国家会计规范的内容与其会计发展演变的状况密切相关，而从根本上说，一个国家会计规范的建立、制定和完善，则主要受其政治、法律、经济、科技、教育和文化等环境的影响。

从目前的实际情况看，我国的会计规范涉及会计核算工作、会计监督工作、会计人员、会计机构的各个方面，已构成一个较为完善的会计规范体系。总体而言，我国现行的会计规范体系大致可以分为会计法律、会计行政法规、会计制度和会计准则等层次。其中，会计法律是指导会计工作、调整经济生活中会计关系的纲领性文件；会计行政法规是对会计工作的原则性规定；会计制度和会计准则是规范会计工作的具体依据和标准。

二、会计法律

会计法律是指为了体现国家利益和根本意志而由国家立法机关经过一定的立法程序制定的，强迫会计行为主体必须实施，用以指导会计工作、调整经济生活中会计关系的法律。在会计规范体系中，会计法律最具权威性、最具约束力，是纲领性文件。为了规范会计工作，世界各国通常都会以不同形式制定会计法律。

我国的会计法律是由国家最高权力机关——全国人民代表大会及其常务委员会制定，以中华人民共和国主席令的形式颁布实施的会计法律规范，它是会计工作的基本大法，在会计规范体系中处于最高层次，是制定其他各层次会计规范的基本依据。

目前，我国最主要的会计法律是《中华人民共和国会计法》(简称《会计法》)。同时，我国规范会计行为的专业法律还有《中华人民共和国注册会计师法》《中华人民共和国审计法》。此外，《中华人民共和国公司法》、《中华人民共和国外商投资法》、《中华人民共和国企业破产法》、《中华人民共和国证券法》、《中华人民共和国合同法》以及各项税法等经济法律的相关条款，也有对相关会计行为的法律规定。

三、会计行政法规

我国的会计行政法规是指由国家最高行政机关——国务院根据会计法律制定，以中华人民共和国国务院令的形式颁布实施的会计规范。在会计规范体系中，会计行政法规是对会计工作的原则性规定，其权威性、约束力仅次于会计法律。

会计行政法规一般以条例的名义发布。我国现行的会计行政法规主要有2000年6月21日中华人民共和国国务院令第287号发布、自2001年1月1日起施行的《企业财务会计报告条例》和1990年12月31日中华人民共和国国务院令第72号发布、自1990年12月31日起施行的《中华人民共和国总会计师条例》。

四、会计制度

在我国，由于人们对“制度”二字的理解不同、应用场合不同，会计制度有多种含义。在人们一般日常用语中，会计制度泛指会计规范，会计制度就是会计规范的别称；在更多情况下，人们常说的会计制度是狭义的，要么是指会计核算制度，如《企业会计制度》《行政单位会计制度》等，要么是指单位内部的会计制度。我们认为，我国会计规范体系中的会计制度可以分为两种层次，即国家统一的会计制度和单位内部的会计制度。

国家统一的会计制度，是指国务院财政部门根据会计法律和会计行政法规制定的关于会计核算、会计监督、会计机构和会计人员以及会计工作管理的制度。国家统一的会计制度属于会计规章，其名称一般冠以“制度”“准则”“规范”“规定”“办法”等，如《会计基础工作规范》《会计档案管理办法》《会计人员管理办法》《会计专业技术人员继续教育规定》《关于深化会计人员职称制度改革的指导意见》等。在会计规范体系中，国家统一的会计制度处于第三层次，它在会计规范体系中所占的比例往往最大，涉及面最广，具有针对性强的特性。

单位内部的会计制度，是指各单位根据《会计法》和国家统一的会计制度的规定，结合单位类型和内容管理的需要，自行制定或委托社会会计服务机构代为制定，用以处理会计事务的内部会计管理制度。单位内部的会计制度主要包括内部会计管理体系、会计人员岗位责任制度、账务处理程序制度、内部牵制制度、稽核制度、原始记录管理制度、定额管理制度、计量验收制度、财产清查制度、财务收支审批制度、成本核算制度、财务会计分析制度等。在会计规范体系中，单位内部的会计制度处于第四层次，它是结合单位自身需要而对国家统一的会计制度的进一步补充。

五、会计准则

所谓会计准则，是指会计人员在从事会计工作的过程中，在对交易或事项进行确认、计量以及在编报财务会计报告时，应当遵循的基本规则和指南，也是评价和鉴定会计工作质量的标准、依据。

会计准则既是对会计实践活动的规律性总结，又具有指导会计实务的功能，它直接指出会计应该怎样和不应该怎样。因此，会计准则是会计行为的指南，是生成和提供高质量会计信息的重要技术标准，是会计人员从事会计工作所应遵循的规范。此外，会计准则也是构成现代会计理论体系的核心内容，没有会计准则，也就无所谓会计理论。因此，加强对会计准则的研究，制定和实施切实可行的会计准则，具有十分重要的理论意义和现实意义。

我国现行的会计准则可以按其适用范围分为两大体系：一是适用于企业的会计准则，也称营利组织会计准则；二是适用于非企业的准则，也称非营利组织会计准则，我国现行会计准则体系中的非营利组织会计准则主要是财政部发布的《政府会计准则》。

我国现行会计准则体系中的营利组织会计准则包括企业会计准则和小企业会计准则，以下分别作简要介绍。

（一）企业会计准则

我国现行的企业会计准则是规范企业会计确认、会计计量、会计报告的会计准则，它由基本准则、具体准则和应用指南三个层次构成。

1.基本准则

我国企业会计准则中的基本准则是企业会计准则体系的概念基础，是企业会计准则体系的“纲”，在企业会计准则体系中起着统驭和指导作用，是制定具体准则和应用指南的依据。

我国现行企业会计准则中的基本准则是财政部于2006年2月15日发布的《企业会计准则——基本准则》，它类似于国际会计准则理事会的《编制财务报表的框架》和美国等国家或地区的“财务会计概念框架”。该准则共十一章五十条，主要就准则制定的目的和适用范围、财务会计报告的目标、财务会计报告使用者、会计基本假设、企业会计记账基础、企业应当采用的记账方法、会计信息质量要求、会计要素的定义、会计要素的确认条件、会计计量属性、财务会计报告体系等问题作出了规定。

2.具体准则

我国企业会计准则中的具体准则是“目”，是依据基本准则的原则要求，对特定交易或事项或者特定财务报表项目作出的具体规定。

我国现行企业会计准则中的具体准则已达四十多项，大体上可以分为三类：第一类是共性或通用具体准则，即用来规范所有企业一般都可能发生的交易或事项的具体准则，如“存货”“长期股权投资”“固定资产”“无形资产”“资产减值”“职工薪酬”“企业年金基金”“收入”“借款费用”“所得税”“公允价值计量”等具体准则；第二类是特殊性具体准则，即用来规范一般企业的特殊性交易或事项和特殊行业的交易或事项的具体准则，如“投资性房地产”“生物资产”“非货币性资产交换”“建造合同”“租赁”“石油天然气开采”等具体准则；第三类是报告类具体准则，即用来规范企业财务会计报告编制和会计信息披露的具体准则，如“财务报表列报”“现金流量表”“中期财务报告”“合并财务报表”“关联方披露”“在其他主体中权益的披露”等具体准则。

3.应用指南

我国企业会计准则中的应用指南是根据基本准则和具体准则制定的，是对具体准则的操作指引，是指导会计实务操作的细则，它有助于会计人员完整、准确地理解和掌握具体准则，确保具体准则的贯彻实施。

企业会计准则中的应用指南一般主要包括两个方面的内容：一是准则解释，主要是对各项准则的重点、难点和关键问题等进行具体解释；二是会计科目和会计报表，主要是对企业应当设置的会计科目、企业主要的账务处理、会计报表的格式和编制要求等进行具体说明。

应当指出的是，针对企业会计准则实施过程中可能出现的个别问题，我国财政部还随时以“会计准则解释”和“会计准则实施问题专家工作组意见”的形式予以指导。从这个意义上说，我国现行企业会计准则体系除了基本准则、具体准则和应用指南三个层次外，还包括“会计准则解释”和“会计准则实施问题专家工作组意见”。

（二）小企业会计准则

我国小企业的规模小、数量多。随着我国社会主义市场经济的不断发展和完善，小企业在我国经济中的地位日益突出，并且成为最活跃、最具有潜力的新的经济增长点之一。

为了规范小企业会计确认、计量和报告行为，促进小企业可持续发展，发挥小企业在国民经济和社会发展中的重要作用，根据《会计法》及其他有关法律和法规，财政部制定了《小企业会计准则》，并于2011年10月18日发布，自2013年1月1日起在小企业范围内施行，鼓励小企业提前执行，同时废止了2004年4月27日发布的《小企业会计制度》。

《小企业会计准则》适用于在中华人民共和国境内依法设立的、符合《中小企业划型标准规定》所规定的小型企业标准的企业，但有三类小企业除外：股票或债券在市场上公开交易的小企业；金融机构或其他具有金融性质的小企业；企业集团内的母公司和子公司。

《小企业会计准则》对小企业资产、负债、所有者权益、收入、费用和利润的确认、计量和报告，对外币业务处理，对财务报表的构成内容及其应当反映的主要信息，对需要设置的会计科目和主要账务处理等，均作了规定。

《小企业会计准则》借鉴了《企业会计准则》的制定方式，在核算方法上兼具小企业自身的特色，尤其采取了与税法更为趋同的计量规则，大大简化了会计准则与税法的协调。

第五节　会计档案管理

一、会计档案的内容

会计档案是指单位在进行会计核算等过程中接收或形成的，记录和反映单位经济业务事项的，具有保存价值的文字、图表等各种形式的会计资料，包括通过计算机等电子设备形成、传输和存储的电子会计档案。

各单位的会计档案是国家档案的重要组成部分，是记录各单位日常发生的经济业务、反映各单位经济活动情况的重要证据，是各单位的重要历史资料，是加强经济管理所需的主要资料来源。国家机关、社会团体、企业、事业单位、按规定应当建账的个体工商户和其他组织均应按照国家档案管理要求及财政部有关规定，加强对会计档案的管理。

各单位的会计档案一般分为以下四类：

（1）会计凭证类，包括原始凭证、记账凭证；

（2）会计账簿类，包括总账、明细账、日记账、固定资产卡片、其他辅助性账簿；

（3）财务会计报告类，包括月度、季度、半年度、年度财务会计报告；

（4）其他类，包括银行存款余额调节表、银行对账单、纳税申报表、会计档案移交清册、会计档案保管清册、会计档案销毁清册、会计档案鉴定意见书及其他具有保存价值的会计资料。

二、会计档案的日常管理

各单位会计档案的日常管理工作，概括地说就是立卷、归档、保管、查阅。

各单位在完成各项业务手续和账务处理程序后形成的会计档案，必须由会计机构按规定定期收集和整理立卷，装订成册，编制“会计档案保管清册”，归档保管。各单位的会计机构应当定期对各种会计凭证分类整理，装订成册，并顺序编号，归档保管；年终应将已更换的各种活页账簿、卡片账簿以及必要的备查簿连同账簿使用登记表装订成册，加上封面，统一编号，由有关人员签章，与订本账簿一并归档保管；年终应将全年编制的财务会计报告按时间先后顺序整理，装订成册，加具封面，归档保管。

当年形成的会计档案，在会计年度终了后，可由单位会计机构临时保管一年，再移交单位档案管理机构保管。因工作需要确需推迟移交的，应当经单位档案管理机构同意。单位会计机构临时保管会计档案最长不超过三年。临时保管期间，会计档案的保管应当符合国家档案管理的有关规定，且出纳人员不得兼管会计档案。单位会计机构在办理会计档案移交时，应当编制“会计档案移交清册”，移交本单位档案机构保管的会计档案，原则上应当保持原卷册的封装。个别需要拆封重新整理的，档案机构应当会同会计机构和经办人员共同拆封整理，以分清责任。未设立档案机构的单位，应当在会计机构内部指定专人保管。

按照规定，单位因撤销、解散、破产或其他原因而终止的，在终止或办理注销登记手续之前形成的会计档案，按照国家档案管理的有关规定处置。单位分立后原单位存续的，其会计档案应当由分立后的存续方统一保管，其他方可以查阅、复制与其业务相关的会计档案。单位分立后原单位解散的，其会计档案应当经各方协商后由其中一方代管或按照国家档案管理的有关规定处置，各方可以查阅、复制与其业务相关的会计档案。单位分立中未结清的会计事项所涉及的会计凭证，应当单独抽出由业务相关方保存，并按照规定办理交接手续。单位因业务移交其他单位办理所涉及的会计档案，应当由原单位保管，承接业务单位可以查阅、复制与其业务相关的会计档案。对其中未结清的会计事项所涉及的会计凭证，应当单独抽出由承接业务单位保存，并按照规定办理交接手续。单位合并后原各单位解散或者一方存续其他方解散的，原各单位的会计档案应当由合并后的单位统一保管。单位合并后原各单位仍存续的，其会计档案仍应当由原各单位保管。建设单位在项目建设期间形成的会计档案，需要移交给建设项目接受单位的，应当在办理竣工财务决算后及时移交，并按照规定办理交接手续。单位之间交接会计档案时，交接双方应当办理会计档案交接手续。移交会计档案的单位，应当编制“会计档案移交清册”，列明应当移交的会计档案名称、卷号、册数、起止年度、档案编号、应保管期限和已保管期限等内容。交接会计档案时，交接双方应当按照“会计档案移交清册”所列内容逐项交接，并由交接双方的单位有关负责人负责监督。交接完毕后，交接双方经办人和监督人应当在“会计档案移交清册上”签名或盖章。

单位应当严格按照相关制度利用会计档案，在进行会计档案查阅、复制、借出时履行登记手续，严禁篡改和损坏。单位保存的会计档案一般不得对外借出。确因工作需要且根据国家有关规定必须借出的，应当严格按照规定办理相关手续。会计档案借用单位应当妥善保管和利用借入的会计档案，确保借入会计档案的安全完整，并在规定时间内归还。单位的会计档案及其复制件需要携带、寄运或者传输至境外的，应当按照国家有关规定执行。

单位委托中介机构代理记账的，应当在签订的书面委托合同中，明确会计档案的管理要求及相应责任。

三、会计档案的保管期限

按照规定，会计档案的保管期限分为永久和定期两类，定期保管期限一般分为10年和30年。保管期限的计算从会计年度终了后的第一天算起。企业和其他组织会计档案的保管期限见表11-1。

表11-1　**企业和其他组织会计档案保管期限表**

会计档案名称	保管期限	备注
一、会计凭证类		
1.原始凭证	30年	
2.记账凭证	30年	
二、会计账簿类		
1.总账	30年	
2.明细账	30年	
其中：固定资产卡片		固定资产报废清理后保存5年
3.日记账	30年	
4.其他辅助性账簿	30年	
三、财务会计报告类		
1.月度、季度、半年度财务会计报告	10年	
2.年度财务会计报告	永久	
四、其他类		
1.银行存款余额调节表	10年	
2.银行对账单	10年	
3.纳税申报表	10年	
4.会计移交清册	30年	
5.会计档案保管清册	永久	
6.会计档案销毁清册	永久	
7.会计档案鉴定意见书	永久	

注：本表所列会计档案保管期限为最低保管期限，各类会计档案的保管原则上应当按照本表所列期限执行。

四、会计档案的鉴定及销毁

单位应当定期对已到保管期限的会计档案进行鉴定，并形成“会计档案鉴定意见书”。会计档案鉴定工作应当由单位档案管理机构牵头，组织单位会计、审计、纪检监察等机构或人员共同进行。经鉴定，仍需继续保存的会计档案，应当重新划定保管期限；对保管期满，确无保存价值的会计档案，可以销毁。

经鉴定可以销毁的会计档案，应当按照以下程序销毁：

1.单位档案管理机构编制“会计档案销毁清册”，列明拟销毁会计档案的名称、卷号、册数、起止年度、档案编号、应保管期限、已保管期限和销毁时间等内容。

2.单位负责人、档案管理机构负责人、会计机构负责人、档案管理机构经办人、会计机构经办人在“会计档案销毁清册”上签署意见。

3.单位档案管理机构负责组织会计档案销毁工作，并与会计机构共同派员监销。监销人在会计档案销毁前，应当按照“会计档案销毁清册”所列内容进行清点核对；在会计档案销毁后，应当在“会计档案销毁清册”上签名或盖章。

应当注意的是，保管期满但未结清的债权债务会计凭证和涉及其他未了事项的会计凭证不得销毁，纸质会计档案应当单独抽出立卷，电子会计档案单独转存，保管到未了事项完结时为止。单独抽出立卷或转存的会计档案，应当在“会计档案鉴定意见书”、“会计档案销毁清册”和“会计档案保管清册”中列明。

[本章思考题]

1. 单位配备的会计人员应当符合哪些要求？
2. 会计人员的职责、权限有哪些？
3. 会计人员的职业道德包括哪些内容？
4. 各单位应当如何设置会计机构？
5. 我国会计规范体系包括哪些内容？
6. 我国现行企业会计准则体系是如何构成的？
7. 各单位的会计档案包括哪些内容？
8. 国家对企业会计档案的保管期限是如何规定的？保管期满的会计档案如何销毁？